城乡协调发展河南省协同创新中心
河南省科技金融创新研究重点实验室 联合资助

"一带一路"背景下人民币国际化内在机理研究

STUDY ON THE INTERNAL MECHANISM OF RMB INTERNATIONALIZATION IN THE CONTEXT OF "THE BELT AND ROAD"

焦继军 著

RMB INTERNATIONALIZATION

中国经济出版社
CHINA ECONOMIC PUBLISHING HOUSE
北 京

图书在版编目（CIP）数据

“一带一路”背景下人民币国际化内在机理研究 / 焦继军著.
北京：中国经济出版社，2017.8（2024.6 重印）
ISBN 978-7-5136-4841-7

Ⅰ.①一… Ⅱ.①焦… Ⅲ.①人民币—金融国际化—研究 Ⅳ.①F822

中国版本图书馆 CIP 数据核字（2017）第 213095 号

责任编辑　姜　静
助理编辑　汪银芳
责任印制　马小宾
封面设计　华子图文

出版发行　中国经济出版社
印 刷 者　三河市金兆印刷装订有限公司
经 销 者　各地新华书店
开　　本　710mm×1000mm　1/16
印　　张　15.75
字　　数　260 千字
版　　次　2017 年 8 月第 1 版
印　　次　2024 年 6 月第 2 次
定　　价　69.80 元
广告经营许可证　京西工商广字第 8179 号

中国经济出版社 **网址** http://epc.sinopec.com/epc/ **社址** 北京市东城区安定门外大街 58 号 **邮编** 100011
本版图书如存在印装质量问题，请与本社销售中心联系调换（联系电话：010-57512564）

前 言

在经济金融日益全球化的今天，掌握一种国际货币的发行权对于一国经济的发展具有十分重要的意义。当一国的经济实力增强后，其货币必然要走出国门，向国际化的道路迈进，这是国际经济金融发展的必然规律。一国货币的国际化程度是本国经济在世界经济中地位的体现。历史上各国都十分重视本国货币的国际化问题。

如果说 1997 年亚洲金融危机爆发时，由于资本市场管制及人民币不可自由兑换而使中国经济幸免于难的话，那么如今在资本市场已经初步开放和人民币自由兑换程度不断提高的情况下，面对由美国次贷危机引发的全球金融危机，我们就没有那么幸运了。目前的国际货币体系，不断强化着美元的单极国际货币地位。事实上，在金融危机环境下，中国经济正遭受美国经济的绑架：首先，中国的出口高度依赖美国，美国社会的需求变化会直接影响中国的出口水平，从而进一步影响中国经济增长；其次，在结、售汇体制下，中国大量的贸易顺差倒逼高能货币的信用创造，引发国内信用膨胀；再次，中国外汇储备过度依赖美元，美元汇率的变化直接关系到中国外汇储备的资产价值；最后，由于储备资产主要集中于美元，中国的外汇储备又不得不以美元资产的形式重新流回到美国，被美国低成本使用。在这个逻辑关系中，中国明显处于被动地位——由于金融危机中美元资产的贬值，中国若继续持有美元资产，明显于自身不利；但若抛弃美元资产，则会造成美元更大的贬值和资产缩水。美国也正是以此要挟中国继续持有美元资产，致使中国投鼠忌器，后顾多多。

2008 年金融危机中中国经济被动局面的形成，究其深层原因在于目前的国际货币体系完全着眼于发达国家利益，漠视发展中国家利益，以及美国推行美元霸权，解决的根本办法就是改革国际货币体系，以切断美国利益输送的源泉，同时积极推进人民币的国际化进程，改变国际储备货币格局不合理的局面。金融危机的爆发和国际金融格局的演变，使得国际货币体系改革和人民币国际化的研究显得更为迫切。后金融危机时期，中国应抓住现有国际货币体系重构这一契机，制定人民币国际化战略，加速推进人民币国际化进程，从而改变中国在全球货币金融体系中的弱势地位。

近年来，随着中国经济的快速增长及综合国力的增强，人民币得到了越来越多国家的认可，人民币的国际使用范围不断扩大，人民币的国际化已成为一个现实问题。目前，人民币在国际货币中的支付结算、交易投资和储备货币三大职能都在不断完善，使用规模也在不断扩大，并且发挥着积极的作用。2015 年 11 月，人民币被纳入“SDR”货币篮子，表明人民币跨入国际货币行列的步伐进一步加快。

然而，货币的国际化并没有现成的模式可循，各国货币在国际化的历程中走了不同的道路，这其中既有主观因素的影响，也是各国国情使然。人民币的国际化及其方式将对宏观经济政策带来严峻的挑战，较早研究并制定相应的人民币国际化战略和过渡性安排实属必要。我们必须根据本国实际和国际货币制度新的背景，以新的思维去探讨人民币国际化的道路，最大限度地避免经济金融全球化条件下中国经济运行的系统性风险。

人民币国际化的真正目的是促进国际经济金融秩序稳定，同时在国际金融资源的配置中抢占先机。中国目前仍然是一个发展中国家，在国际经济和金融领域的作用有限，在人民币国际化进程中本国利益与他国利益之间会存在一定的矛盾与冲突，金融对外开放程度的提高也将会给中国带来资本流动不稳定等风险。为了控制人民币国际化进程中的风险，中国必须做好过渡性安排，以渐进方式推进人民币国际化进程。在人民币国际化的进程中，不顾国际金融环境而一味强调人民币的国际化是不可取的，切忌忽视人民币国际化可能给国内经济发展带来的各种负面效应。

本书以金融全球化条件下的金融开放为背景，在国际金融资源共享和国际金融环境协调的框架内，结合中国在国际金融领域话语权及“一带一路”倡议背景下人民币国际化的现实可能性和必然性，对货币国际化的规律、条件和效应以及人民币国际化的现实基础和国际化战略进行深入探讨。从人民币汇率制度选择、资本项目可兑换及金融市场开放等方面提出人民币国际化的路径及策略，阐明人民币国际化的逻辑关系和内在机理，以期能为人民币的国际化进程提供理论和实践方面的参考和借鉴。

本书的写作得到了河南财经政法大学金融学院郑秀峰院长的鼓励和支持，还得到了河南财经政法大学城乡协调发展河南省协同创新中心王利军教授的指导和帮助，在此表示衷心的感谢。同时，笔者希望借此机会向为我们的调研提供便利的机构和企业表示感谢，向万得资讯张见生先生在软件支持及数据获得方面提供的帮助表示感谢。此外，本书写作过程中引用参考了部分专家学者的研究成果，在此一并致谢，引用成果已尽可能在文中注明，如有遗漏或不妥之处恳请批评指正。在本书写作过程中，河南财经政法大学硕士研究生贺玉聪、王冰冰及赵洋涛同学参与了课题调研、数据整理、图表绘制及文字修改等工作，提出了建设性的意见，在此一并表示感谢。

特别感谢中国经济出版社姜静女士对本书出版给予的帮助和支持，她以高度的职业精神和专业素养努力工作，为本书的出版付出了大量心血。
当然，由于本人水平所限，书中难免有粗疏、不妥甚至错误之处，敬请各位前辈、同人等不吝指正。

焦继军

2017 年 6 月于郑州龙子湖畔

目　录

第五章 人民币的自由兑换与汇率制度选择

第六章 人民币加入 SDR 与提升中国金融话语权

第一章 绪 论

一、问题的提出：国际货币运动中权利义务的不平衡性

在经济全球化和金融全球化的背景下，国际货币运动中的不平衡性日益加剧，发达国家和发展中国家所承担的权利与义务、利益与风险极不相符。由于发达国家与发展中国家、经济金融大国与经济金融小国在经济实力上的巨大差距，所以现行国际货币制度主要反映和渗透着发达国家的意志和利益，忽视了广大发展中国家的实际情况和利益。国际货币运动中权利义务的不平衡性主要体现在以下几个方面：国际货币体系的不公平性、国际货币运行协调的局限性以及金融大国的金融外交和金融霸权等。

（一）国际货币体系的不公平性

目前的国际货币体系在基本理念、宗旨、原则等方面主要反映和体现了发达国家的利益，在规则的制定和实施上由少数发达国家主导，发展中国家在很大程度上只是被动的接受者和跟随者，始终处于弱势地位，难以获得权利和义务的平衡。发展中国家在储备货币依赖、汇率制度选择、国际收支调节和国际投机资本冲击的抑制等方面均受到不利影响。

首先，目前的国际储备体系仍未彻底摆脱美元的统治，没有真正实现国际储备体系的平衡和制约机制，少数国别货币垄断国际货币的内在矛盾——“特里芬悖论”依然存在。建立在少数发达国家国别货币基础上的国际储备货币制度，必然造成发展中国家对发达国家货币的依赖性，也内在地决定了国际汇率制度、国际收支调节机制和国际金融规则的不平等性。

各储备货币发行国的货币管理当局均依据本国国内经济需要和货币流通

状况来制定货币政策。由于国别货币的发行与一国的黄金储备脱钩，储备货币发行的约束机制几乎不复存在，因此储备货币的发行数量最终会远远超过储备货币发行国政府对其货币承诺的兑现能力。这就意味着，如果各国同时以这些储备货币从储备发行国购买商品和劳务的话，其中有相当一部分购买力不能实现。而广大发展中国家却只能被动地接受并以经济金融大国的货币作为国际储备，深受汇率波动和储备货币发行国通货膨胀的影响。

其次，在国际收支的调节机制上，现行国际货币体系继承了布雷顿森林体系的原则，完全由逆差国自我调节，在制度设计上无任何有效措施来帮助逆差国恢复国际收支平衡。由于发展中国家无法像储备货币发行国那样通过不断输出本国货币来弥补经常项目逆差，使得其保持国际收支平衡存在严重困难。

最后，国际金融机构职能的发挥存在着不平衡性。现行国际货币体系下的国际金融机构被少数发达国家所操控，其宗旨和金融救助规则基本上均以发达国家的经济、金融发展水平与市场模式为出发点，很少考虑发展中国家的利益。发展中国家在国际金融机构规则的制定过程中难以发挥作用，在国际金融机构决策中的影响很小。同时，国际金融机构的管理缺乏民主，领导机构的表决权单纯按资本份额来分配，发展中国家在国际金融机构中仅处于从属地位。例如，美元在国际货币基金中占有很大的份额，国际货币基金组织也始终以体现美国的国家利益为主线，美国拥有国际货币基金贷款的一票否决权。美国作为国际货币基金组织的主要股东，希望通过国际货币基金组织的援助政策把受援国经济纳入美国经济金融的战略轨道，以实现全球经济美元化的战略目标。

世界经济的不平衡发展和金融自由化趋势，使得货币替代问题日益突出。由于美元是最主要的国际储备资产，货币替代的主要形式表现为美元化（Dollarization），其中以拉美国家的“美元化”现象最具代表性。

在开放经济背景下，美元化会导致一国宏观经济发生较大的波动，扰乱一国正常的金融秩序，削弱政府财政税基。更为严重的是，美元化不仅会弱化一国的财政政策的收入效应，还会影响一国的货币政策的独立性及货币政策与汇率政策的协调性，使本国经济不得不适应美国经济的变化，付出失去货币主权的沉重代价。

部分发展中国家以放弃货币的主权和对本国经济的调节能力为代价，试图通过实行美元化获得经济的相对稳定和经济一体化的利益。但是，不是任何发展中国家在付出了代价之后都可以得到利益。对于规模较小和开放程度较高的国家来说，它们可以比较灵活地进行经济结构的调整，在经济方面的适应能力比较强，容易形成与美国互补的国际分工格局，用美元替代本币以及跟随美国经济政策所受到的损害相对较小。而对于规模较大和开放程度较低的国家来说，它们的经济结构刚性比较强，经济结构的调整对经济的影响面较广，难以形成对自己有利的国际分工格局，这些国家不可能从美元化制度中得到较大的利益。由此可见，美元化制度不是发展中国家的最优选择，在发展中国家中不具有普遍的适用性。

货币替代现象反映了发展中国家货币主权的让渡和发达国家对发展中国家经济金融资源的全面控制和支配，是经济全球化趋势的一种表现。发达国家凭借其在经济、金融和贸易等方面的优势地位，不但在经济全球化的进程中获得了绝大部分利益，而且加强了对发展中国家政治、经济和金融的控制。

（二）国际货币运行协调的局限性

在国际货币运行协调过程中，各国所处的地位不同，因而会产生不均等的利益分配，从而使国际货币运行协调受到制约，国际货币运行机制不能有序和有效地进行。一国因其自身利益而实施的金融和经济政策会遭受相关国家的相应报复，从而导致国家间的经济矛盾和利益冲突，使世界经济出现共振。

协调利益的均等性是各国参加国际货币运行协调的基础，但有关国家在协调中的不同地位，使协调的利益分配出现倾斜和不稳定，影响参加协调的国家的协调行为。发达国家在国际货币运行协调中居于中心地位，因而在协调中总是以其国家利益和集团利益为主要目标，很少考虑发展中国家的利益。而发展中国家只能被动地参与国际货币运行协调，在协调中处于从属地位，影响其协调的积极性和有效性。在浮动汇率制度下，国际金融政策协调实际上是国际货币发行国之间的博弈，各国在博弈的过程中力图使自己的利益最大化，这种利益既包括经济利益也包括政治利益。其结果往往是经济大国起主导作用，弱小国家利益受损。显然，利益分配不均会使政策协调机制出现障碍。

伴随着金融全球化的发展，国际金融动荡已成为常态，这使世界各国都处于一个不稳定的状态之中。20 世纪 70 年代以来，随着世界经济一体化的加速和资本管制的放松，国际游资迅猛增加，国际金融市场上存在着大规模的资本流动，对发展中国家的经济金融造成了严重冲击，同时也使得国际金融的动荡产生巨大的波及效应和放大效应，一国经济和金融形势的不稳定，通常都会通过联系日益紧密的国际金融市场渠道迅速传递给所有关联国家。更为严重的是，国际金融动荡及其迅速产生的波及效应使得任何单个国家，甚或国际金融组织，在与国际金融动荡的抗衡中均处于弱势地位。金融全球化的发展无疑对世界各国和国际经济组织提出了严峻的挑战，但其不利后果在发展中国家可能显示得更为充分，影响也可能更大。

（三）经济金融大国的金融外交与金融霸权

金融对国际关系产生重要影响始于 19 世纪，现代金融外交则产生于“二战”后期。当今国际关系体系的显著特征是：金融力量越来越成为影响各个国家社会政治经济生活的基本因素之一，也是造成某些发展中国家政治经济危机和社会动荡的直接原因。对于经济强国来说，对外投资和政府援助意味着对落后国家经济的广泛渗透，并对其国内政治生活产生影响。对受援国来说，外资、援助和贷款必然使本国和发达国家之间形成依附关系，它们在获得投资和贷款的同时，常常被迫接受发达国家附带的苛刻经济条件和政治条件。

实质上，一个时代的国际金融体系，往往体现着该时代霸主国的利益特征。霸主国的货币是全球金融关系的基础，其资本又是广大发展中国家的主要资金来源，霸主国通过金融手段可以对国际经济和外交事务施加深刻的影响。金融力量能够发挥巨大作用，它可以在不破坏国际关系基本准则的前提下，利用自身强大的金融实力，控制发展中国家的经济主权，以达到和平时期控制其他国家经济命脉的目的。金融外交便是在这样的背景下产生的，而金融力量与军事力量一样，已成为当代经济金融大国一种新式的、更加有效的外交武器，以及实现其国家战略目标的手段。由于金融力量在国际关系中的地位和作用日趋强大，经济金融强国政府往往将金融事务上升到国家利益的重要高度，通过各种外交和政治手段处理各国之间的金融事务及争端。

美国经济所拥有的重要优势，是一个世纪以来所培育出来的全球金融与货币霸权，“美元特权”构成了美国全球金融霸权地位的基础，从而形成了美国控制全球金融资源的能力，而这一切都得益于美国所奉行的强势美元政策。促成美国成为世界霸主的强大动力是“二战”后初期美国所拥有的无与伦比的雄厚金融实力，美国前国务卿布热津斯基也曾在一次演讲中发出过“美元的命运就是美国的命运”的感慨。美国运用强大的经济实力建立了一个以美国为核心的国际金融体系——布雷顿森林体系，通过金融霸权来实现其经济霸权，从而达到实现政治和军事霸权的目的。由于美元是最主要的国际储备货币，所以美国能够获得全球最大的铸币税收益，并进一步增强了美国的经济金融实力，使美元的地位更加稳固。由此可见，美元铸币税实际上是构建美国金融霸权的基础，也是美国金融霸权的核心所在，巨额的铸币税收益支持了美国在世界经济格局中的超强地位。

毫无疑问，美国是世界上获得国际铸币税最多的国家。在布雷顿森林体系下，通过“双挂钩”的货币制度安排，美国事实上独自享受了全部国际铸币税收益。布雷顿森林体系崩溃后，美元的霸权地位虽然在一定程度上有所削弱，但却依然能使美国突破贵金属界限的制约，更大程度地获取国际铸币税利益。

美国对世界各国输出美元的主要途径是用美元直接弥补国际收支的巨额逆差，而不必通过提高出口能力来赚取外汇。20 世纪 60 年代，美国将国际社会对美元的信任滥用到极点，利用国际金融体系培植起来的美元信誉，巧妙地将成本分摊给它的主要盟国，尤其是西德和日本。面对苏联的威胁，出于政治和战略的需要，西德和日本同意为美国因在海外采取霸权行动而导致的国际收支赤字融通资金，这意味着同盟国必须忍受美国的大量贸易逆差。只要盟国不立即用盈余的大量美元向美国兑换黄金，美元的霸权地位就可以继续存在下去。布雷顿森林体系的解体从表面上看是其具有不可克服的技术难题（特里芬悖论），但从本质上讲，实际上是国际货币铸币税收益分配的不均衡导致西方其他发达国家挑战“美元霸权”、要求分享国际货币铸币税的必然结果。

（四）中国参与国际金融资源配置的重要步骤——人民币国际化

在金融全球化与金融开放的背景下，国际金融资源的配置必须协调进行。然而，在国际金融资源的占有和配置方面，各国的利益和风险并不相符。为了达到有利于本国经济发展的目的，各国在国际金融资源的占有和配置方面展开了激烈的竞争和博弈。由于种种复杂原因，全球性国际金融资源的开发配置主体的“市场准入”是受到限制的，这就产生了“市场准入”的人为垄断，使这类资源开发配置的“成本与收益”和“风险与收益”存在明显的不对称性。全球性国际金融资源开发配置在强烈的经济利益和政治利益驱动下竞争加剧，使得金融资源的占有与控制出现不公。

国际货币是一种十分重要的金融资源，拥有了它，就等于部分地取得了国际金融资源配置的控制权。在经济金融日益全球化的今天，掌握一种国际货币的发行权对于一国经济的发展具有十分重要的意义。一国货币充当国际货币，不仅可以获得铸币税收入和大量低成本的国际资本供应，还可以部分地控制别国的金融资源，在一定程度上对世界经济施加影响。历史上各国都十分重视本国货币的国际化。围绕货币国际化的问题，各国长期以来展开了激烈的竞争。这种竞争突出地表现为国际货币体系中各主要货币的绝对与相对地位的确定与角逐，对各种全球性、区域性金融机构领导权的争夺，游戏规则的制订，以及全球性国际金融资源开发配置中的垄断性与不对称性。中国要想在全球金融资源的竞争与博弈中占据一席之地，就必须加入货币国际化的角逐，因此，人民币的国际化就成为占领国际金融资源配置制高点的重要手段。

从20世纪70年代初到90年代末，尽管大多数西方发达国家实行了浮动汇率制，但在本质上并没有完全打破美元在国际货币体系中的统治地位，国际货币体系仍然是美元独霸的、不稳定的单极格局。由于汇率的频繁波动，为大规模投机活动提供了条件，金融危机频繁发生。20世纪80年代的“拉美债务危机”、90年代初的“英镑危机”、90年代中的“墨西哥金融危机”、90年代末的亚洲金融危机以及2008年的美国次贷危机等，无一不是由于国际货币体系不稳定导致投机活动猖獗的结果，暴露出这种单极国际货币体系存在的严重缺陷。

随着经济全球化、区域化的发展，欧洲国家率先进行了区域货币一体化的尝试。作为一个区域性国家集团的共同货币，欧元的背后有欧元区国家整体经济实力的支撑，使之成为能够与美元相抗衡的新的强势货币。欧元的问世，为两极格局的国际货币体系的形成奠定了基础，从而打破了过去长达半个世纪之久的美元一统天下的局面。国际货币体系的两极格局看起来比过去的单极格局要稳定一些，但只有当第三种强势国际货币出现并与前两者形成“鼎足”之势后，国际货币体系才有可能真正相对稳定下来。国际社会呼唤第三方强势货币的出现。

日本从 20 世纪 70 年代就开始讨论日元的国际化和建立日元货币圈的问题。1999 年年初，日本提出了建立日元、美元、欧元“三极货币体制”的设想。然而日本的这种尝试却受到诸多客观不利因素的限制。首先，日本经济自身国际化程度不高；其次，日元汇率大起大落，难以承担作为稳定的国际货币的职责；最后，日本政府近年来在经济政策上的利己做法，特别是在 1997 年亚洲金融危机中的表现让亚洲国家大失所望。由于在这几个方面存在严重缺陷，日元要成为世界货币独立的一极，至少目前时机尚不成熟。

从发展趋势上看，中国的大国开放经济模式几乎难以逆转，那么，如果人民币资产不能成为各国金融资产配置的重要内容，金融开放的风险就会相当大。因而，中国经济金融国际化中非常重要的一项就是人民币发展成为国际货币，走向世界。长期以来，人民币的非自由兑换和非国际化，使得中国经济发展处于竞争的劣势。在国际贸易中采用对方国家或第三国货币计价，使中方企业处于被动地位，承担着较大的外汇风险；在国际债务、对外投资和引进外资方面，也增大了货币方面的交易成本和外汇风险。此外，人民币在信息不完全、不对称的封闭状态中运行，也使得人民币汇率扭曲，对国内、国际经济金融资源起不到有效的配置和调节作用。

纵观发达国家的发展历程，其本国货币大都伴随着其经济的成长而逐步成为国际货币。相反，当一国经济衰退时，其本国货币的国际地位必然不断下降。货币国际化和一国的经济金融发展程度密切相关。一国货币国际化程度体现了本国经济在世界经济中的地位，反映了本国经济实力的强弱，是本国经济国际化的标志。当一国经济实力增强之后，其货币必然要走国际化的道路，这是国际经济发展的必然规律。作为发展中国家，中国的发展目标是明确的，即建立社会主义市场经济并与世界接轨。其中很重要的一个目标就是要提高人民币的国际地位，进而实现人民币的国际化。虽然目前还不完全具备人民币国际化的条件，但不能等经济达到发达国家的水平以后再去考虑这一问题，而必须根据本国实际和国际金融领域新的背景，以新的思维去探讨人民币国际化的道路。事实上，近年来中国经济的快速增长及综合国力的增强，为人民币走向世界打下了坚实的基础。在中国与周边国家和地区的边境贸易中，人民币已经被普遍用作支付和结算的硬通货，人民币与这些国家和地区的货币可以自由地兑换，人民币的多边性、自由性和稳定性得到了一定程度的体现。在越南、缅甸等东南亚国家，人民币可以全境通用，一些国家甚至官方正式宣布人民币为自由兑换货币，并逐日公布人民币与本币的汇率。同时，中国政府对中国居民出境所携带人民币的限制不断放宽，人民币的封闭历史被逐步打破。进入21世纪以来，随着中国经济实力的增长及金融体制改革进程的加快，人民币币值稳中有升。在1997年亚洲金融危机期间，中国政府坚持实行人民币不贬值政策，对稳定亚洲经济和金融做出了重要贡献，表现出中国作为发展中的经济大国对国际事务高度负责任的态度，周边国家和地区将逐渐认可并接受以人民币作为交易货币和清算货币。2015年，人民币被IMF纳入SDR货币篮子，标志着人民币初步获得国际货币地位。随着中国“一带一路”倡议进程加快以及人民币在周边国家和地区的广泛使用和流通，有关人民币国际化的问题备受业内人士和社会各界的关注，相应地，人民币的国际化问题也成为政府金融政策的重点。

二、文献综述：人民币国际化研究的起点

系统回顾国内外关于货币国际化的研究成果，有利于明确人民币国际化研究的进程、方向、成就及不足。关于货币的国际化问题，国外现有相关研究大多集中于金融开放的效应和步骤、资本项目开放与国际资本运动、国际货币制度的发展演变和改革、东亚货币合作与一体化、区域货币一体化及欧元的理论与实践等问题。

从国内的研究情况看，理论界从20世纪90年代中期就开始探讨人民币国际化问题，特别是在1997年亚洲金融危机期间，人民币的稳定使得其国际威望大大提高，流出国境的数量也大大增加。人民币的境外流通引起了中国

决策层和理论界的高度关注，理论界也就人民币的国际化问题进行了多方探讨。进入21世纪以来，随着中国经济实力的增长、国际地位的提高及金融体制改革进程的加快，金融开放步伐也进一步加快，人民币国际化成为金融研究的热点。

目前人民币国际化的研究主要集中在以下几个方面：

（一）人民币国际化的成本收益比较

Cohen（2012）、Chinn 和 Frankel（2008）等对货币国际化的成本和收益进行了一般性分析，认为货币国际化的收益包括扩大投资者范围、降低借款成本、方便国际贸易结算等，货币国际化的成本主要包括增加了货币需求的波动性、加大了货币政策操作难度等。

美国经济学家金德尔伯格（Kindleberger，1972）从国际储备货币发行利益的角度论述了国际货币对一国经济的影响。

钟伟（2002）、陈雨露等（2005）、张宇燕和张静春（2008）、高海红和余永定（2010）认为，中国实行货币国际化可以获得的利益，包括分享国际铸币税、降低中国企业面临的汇率风险、提高金融机构的融资效率、推动跨境贸易等。但货币国际化的成本又不可忽视，如果完全放开资本账户，可能存在遭受国际投机者攻击的风险。

潘英丽和吴君（2012）认为，人民币国际化的核心利益在于：中国参与全球化的经济活动可通过国际商品和资产的人民币计价摆脱汇率风险，并取得战略定价的主导权。

周宇（2013）认为，人民币国际化在一定程度上有助于降低中国对外投资风险。

王国刚（2014）认为，人民币国际化有助于提高国际储备货币体系的公平性，增进国际储备货币体系的稳定性。

张岸元（2014）认为，人民币国际化是我国参与国际货币体系改革的战略基点，有利于增强我国货币政策调控的主动权，也有利于部分对冲外汇储备损失。

（二）人民币国际化的实证检验

关于人民币国际化的度量问题，国内相关的研究主要集中于最近十年。

相关学者借鉴国外研究模型，利用现代计量工具，探求各种影响人民币国际化的相关因子。

陈雨露等（2005）对可计量的货币国际化利益进行了实证分析，探讨了可能从人民币国际化中获得的经济利益。

李稻葵和刘霖林（2008）对各国央行国际储备、贸易结算和国际债券中的各国货币比重进行了模型计量，找出影响一国货币国际化水平的显著性内在因素，并进行了回归分析，假设了人民币在可以自由兑换的前提下在国际货币中可能占据的比重。

丁剑平和楚国乐（2014）以美、欧、日、英的面板数据为样本，采用非线性面板平滑转换回归（PSTR）模型对国际货币的影响因子进行了研究。

乔慧超和沙文兵（2015）利用日元1960—2011年的季度数据进行了SVAR实证分析，分析了日元国际化对日本宏观经济的影响。分析表明，在人民币国际化进程中保持货币政策的独立性和有效性，是不重蹈日本覆辙的重要条件。

（三）从国际货币体系不平衡与人民币国际化的关系视角进行的研究

改革国际货币体系的呼声由来已久，特别是最近两次金融危机的爆发，使得国内外学者再次聚焦于此，并提出了多种改革方案。

美国的理查德·邓肯（2007）指出，目前的国际货币体系可以称作“美元本位制”，它使得美国把美元负债输送给主要贸易伙伴，为大量的经常账户赤字提供融资。

焦巍（2007）指出，美元本位制、浮动汇率和缺乏有约束力的国际协调机制是造成各国对美元资产的高度需求和世界经济失衡的根本原因。只有通过开发新的国际储备资产，回到某种相对固定的汇率制度并制订有约束力的国际协调机制，才能从根本上改变全球经济失衡的局面。

潘理权（2007）通过分析美元、欧元双寡头的国际货币体系认为，寡头垄断的三元国际货币格局才是21世纪国际货币体系的理想选择。

李扬（2008）认为，目前主要由西方发达国家主导的国际货币体系使包括中国在内的亚洲非关键货币国家始终处于汇率波动的风险之中，货币政策的制定在国内经济形势要求与维护国际收支平衡间左右为难。

徐琤（2010）认为，金融危机的出现使得国际货币体系原有的平衡被打破，需要建立一种新的平衡，这也是国际货币体系改革的外在推动力，但是从利益博弈与国际资本流动运行现状来看，国际货币体系发展的最优选择还是协调与合作。

王国刚（2014）从权益配置机制的视角出发，认为要扮演国际货币的角色就意味着需要协调各方利益，那种单纯从自身利益出发的货币国际化不可取。

总体来说，多数学者认为，目前的国际货币体系威胁着全球经济金融安全，确有改革之必要。

（四）人民币国际化的策略及路径

日本学者菊地悠二（2002）从日元发展的历史角度，论述了日元的国际化进程。

李靖、管涛、何帆等（2004）认为，人民币跨境结算是人民币国际化的早期阶段，目前的人民币国际化呈现区域性的特点，实现更大范围的人民币国际化尚需时日。

李稻葵（2008）认为，可以采取双轨制，充分发挥境内、境外两个市场的作用。在境内实行有步骤、渐进式的资本账户下可兑换，逐步改善金融市场的运作效率；在境外充分运用中国香港地区的优势，尽快扩大人民币证券市场规模，创造人民币国际化的成熟条件。

王元龙（2009）认为，分步走的人民币渐进国际化路径具有较好的可行性。应注意缓解人民币流通量不足的问题，与相关国家签订货币互换协议，开展人民币的国际贸易结算，发行人民币债券，努力构建人民币的市场微观基础。

曹凤岐（2010）认为，人民币要成为国际储备货币，应先成为亚太区域性货币。人民币只有首先在亚太区域成为强势货币，才能减少对美元的依赖和所受到的束缚。

刘力臻（2010）认为，人民币应先具备计价、结算和投资功能，在此基础上再推动人民币成为国际储备货币。

甄峰（2014）认为，国际化不仅是货币金融问题，更是战略和全局性的发展问题，可从国内改革、国际参与和跨境安排三个方向推进。

王慧（2015）认为，人民币的投资职能处于起步阶段，储备职能则尚处于萌芽时期。

总体来看，上述文献对人民币国际化问题进行了一定的合理性判断，也提出了有价值的政策建议，研究内容深入全面、各有侧重。但是国际经济形势复杂多变，在人民币国际化进程中难免存在一些现实的问题，需要进一步结合实际情况和最新的国家方针政策进行探究。目前，我国已实现了人民币经常项目的可兑换，因此，人民币国际化研究的重点应放在资本项目的可兑换、人民币汇率制度的选择、国内条件的配套及人民币国际化进程中的风险防范等问题上。本书将对上述问题进行深入思考，并在前述研究成果的基础上，结合我国“一带一路”建设，着重从国际金融资源配置的角度对人民币国际化及政策效应进行全方位的战略研究。

三、本书结构体系和主要内容

（一）技术路线

本书将人民币国际化纳入国际金融合作和金融协调发展问题进行研究，围绕国际金融资源配置的竞争和博弈展开分析。对货币国际化的规律、条件和效应以及人民币国际化的现实基础和国际化战略进行深入探讨，论证人民币国际化的内在逻辑关系及人民币国际化的必然性。其逻辑关系体现为：中国经济的发展必然会寻求货币的国际化，货币的国际化会进一步促进中国经济的发展，这是和中国的“一带一路”倡议及经济金融强国地位相适应的；同时，人民币国际化也是提高中国金融国际话语权的必由之路。

（二）研究对象

本书的研究对象为人民币，主要研究人民币的属性、发行、流通、价值保证、汇率形成机制、国内外流通现状、境外人民币的回流机制、人民币的可兑换性、人民币与其他国际储备货币的关系等要素和内容。作为国际储备货币的人民币应履行如下职能：作为大宗商品和国际贸易的计价货币；作为国际金融市场的标价及交易货币；作为各国官方储备货币；作为各国民间储藏货币；作为 SDR 货币篮子的组成货币等。

（三）结构安排

本书首先阐述货币国际化的定义及程度的界定，然后从历史的角度论述各国货币国际化的进程，并在对各国货币国际化进行比较的基础上，总结出货币国际化的规律即一般性特征。其次分析货币国际化的条件和效应，在此基础上，结合中国的经济金融体制改革进程，对人民币国际化的条件进行考察，对跨境贸易人民币计价结算现状及意义进行分析，对人民币国际化必须解决的两个重要问题——人民币的自由兑换与汇率制度选择进行论述。最后结合人民币加入 SDR 货币篮子及“一带一路”倡议中人民币国际化的机遇和挑战，提出人民币国际化的战略、实现路径及风险防范措施。

（四）主要内容

本书正文共分为八章。

第一章为“绪论”。主要阐述人民币国际化问题的提出、人民币国际化文献综述及本书的框架结构和内容，为后面的研究奠定基础。

第二章为“货币国际化的定义、本质及各国货币国际化比较”。首先对货币国际化的定义、内涵及货币国际化程度进行探讨和界定。其次从历史的角度分析英镑、美元、德国马克、日元等国际储备货币形成和发展的进程，从各主要国际货币国际化的进程中总结出货币国际化的一般规律和经验教训，从而对人民币国际化起到借鉴作用。

第三章为“货币国际化的条件、效应及人民币国际化可行性分析”。首先论述货币国际化所需要具备的条件，对货币国际化的成本和收益分别进行分析。其次结合中国的经济金融体制改革进程，对人民币国际化的条件进行考察，讨论人民币国际化的现实基础，进行人民币国际化的可行性分析。

第四章为“跨境贸易人民币计价结算”。主要分析人民币在跨境贸易中的计价结算现状，通过跨境贸易计价结算推进人民币国际化进程。

第五章为“人民币的自由兑换与汇率制度选择”。首先分析人民币境外流通的现状。其次结合中国经济金融体制改革的进程，集中讨论与人民币国际化紧密相关的两个难题——人民币资本项目的自由兑换及人民币汇率制度的选择，论述了人民币可自由兑换与资本市场开放的关系及人民币可自由兑换的步骤，探讨了更具弹性的人民币汇率制度选择取向。

第六章为“人民币加入 SDR 与提升中国金融话语权”。首先论述人民币加入 SDR 货币篮子对人民币国际化的重要影响。其次论述人民币国际化进程中国际金融资源的占有与博弈，要特别注意国际金融环境的协调和平衡。

第七章为“‘一带一路’倡议与人民币国际化”。主要结合“一带一路”政策导向，就中国“一带一路”倡议中人民币国际化的机遇和挑战进行分析，通过“一带一路”建设推进人民币国际化进程。

第八章为“人民币国际化战略与风险防范”。主要提出人民币国际化的战略、路径及策略选择，并就人民币国际化进程中的风险防范问题进行论述。

第二章 货币国际化的定义、本质及各国货币国际化比较

货币国际化是当前国际金融领域的热点议题。国际货币是货币国际化的结果，当一种货币的积极因素发生较大的增长时，就会取代原有的国际货币，从而形成新的国际货币，国际货币格局就会形成新的平衡。货币国际化涉及各国的经济利益和世界金融格局，因而各国都非常重视货币国际化问题。各主要资本主义国家的货币国际化道路各不相同，各有其特点。

第一节 货币国际化的定义和本质

货币国际化并无十分严格的定义，主要是指国别货币在世界范围内发挥计价结算、国际储备及交易流通等职能的经济活动。货币的一般等价物职能超越了国界的范围，就发挥国际货币的职能。货币国际化是一个动态的转变过程，在这个过程中，新、旧国际货币会形成一个相对的平衡。

一、货币国际化的定义

关于货币国际化（Monetary Internationalization），学术界并未形成一个严格、统一、权威的定义。为了研究的方便和口径的统一，我们对货币国际化的定义如下：货币国际化是指一国货币能够在国际范围内执行货币的基本职能，即充当国际支付手段、国际购买手段和财富的国际转移手段，使国别货币越出国界，在世界范围内发挥媒介作用，作为支付工具和国际储备工具作用的一个动态运动过程，以及由此运动过程所形成的一个相对稳定状态。

货币国际化可从动态和静态两个方面来理解：从静态的角度看，是指一国货币作为完全的、充分的和高度自由兑换货币，被各国政府用作国际储备货币，被世界各国居民持有，在国际货币体系中发挥媒介作用；从动态的角度看，是指在货币发行国的允许和政策目标引导下，一国货币越出国界，在世界范围内自由流通、交易和兑换，在国际贸易结算、国际借贷和国际储备方面成为国际记账单位，并被国际社会广泛接受的主观和客观经济过程，属于国际货币运动的范畴。

与货币国际化紧密相连的另一个概念是国际货币（International Currency），也有人将其称为关键货币（key Currency）、储备货币（Reserve Currency）或媒介货币（Vehicle Currencies），其实质并无较大区别。国际货币是在世界范围内媒介各国之间商品流通的一般等价物，作为各国政府与私人财富储藏的储备手段，是一国用于计价、对外贸易和国际资本交易的货币。作为国际货币，它具备三种传统的货币职能，即计价单位、交易媒介和价值贮藏手段，其中交易媒介是其最主要的职能。国际货币在官方领域往往被用作官方储备货币、金融市场干预货币和实行钉住汇率制国家的汇率钉住货币，在私人领域则被用作贸易结算货币、外汇周转货币、金融投资货币及在国外流通使用的替代货币。

货币国际化和国际货币之间的关系可作如下描述：货币国际化的发展形态是形成国际货币，国际货币是货币国际化动态运动的结果。因此，货币国际化的过程也就是国际货币的形成过程。

一国货币的国际化需要具备许多条件，其中最基本的前提条件是成为完全可自由兑换货币。货币的完全可自由兑换是指：第一，一国货币不仅能在国内自由地转换成外国货币，而且也能够在国外自由地转换成其他货币，普遍地为国际社会所接受和承认，在世界范围内自由兑换、交易、流通；第二，一国货币不仅在经常项目下可兑换，并且在资本项目下也可自由兑换。

值得注意的是，货币的可兑换与国际化不是同一个概念，国际货币一定而且必须是可自由兑换货币，但可自由兑换货币并不都是国际货币。货币国际化是在可自由兑换基础上进一步发展的结果，货币国际化过程包含实现自由兑换的过程。两者的区别在于：第一，货币的自由兑换仅是指本币兑换成外汇时支付和转移的程度，而货币的国际化是指本币充当国际支付和转移手段的能力，是指这种货币发挥国际计价、结算、支付作用，充当国际清算手段和国际储备资产，在世界范围内自由兑换、交易、流通，为国际社会所接受的综合能力；第二，成为可自由兑换货币虽然也需要具备相应的条件，但可兑换的实现只须在条件具备后，由货币当局宣布取消对外汇交易的限制和放松外汇管制即可①。但一国货币成为国际货币却不是货币发行国的主观愿望可以决定的。在成为可自由兑换货币后，一国货币是否在国际经贸交往中得到各国私人和政府的广泛使用，取决于其他国家对它的接受意愿，这种意愿来自对该货币购买力及稳定性的信心，而这种信心的取得又来自支撑该货币的经济体的实力以及使用该货币进行交易成本的降低等诸多因素。一国货币的国际化是该国生产力、综合国力、对外经济金融国际化水平发展到一定阶段后自然形成的。从世界经济和金融发展的历史看，只有少数经济实力强大，在国际贸易、金融等方面占有很大份额国家的货币才能为国际社会所接受，进而成为国际化的货币。货币的国际化是一国综合经济实力和国际政治文化地位在货币领域的反映。

国际货币最初为金、银，以后逐渐变为仅有黄金。黄金以其特殊的自然属性，取代曾经充当国际货币的物质商品，成为国际商品价值的表现形式，具有了国际货币的全部职能，它以“贵金属块的形式”② 超越国内流通领域，成为全球统一的支付手段、购买手段和一般社会财富的化身。在金铸币本位制时期，一些经济贸易强国发行的金铸币往往代替黄金的自然形态而成为国际货币。在纸币本位制度时期，各国实际流通的货币已经没有金、银铸币，而是作为价值符号的不兑现的信用货币。这是各国经济金融发展的客观要求，也是一国主权的体现。随着国家货币成为国际货币及其在世界贸易和投资方面所起作用的增强，国际货币的发行和流通经常被一个或几个世界经济强国所支配。在历史上，英镑、美元都曾先后作为唯一的国际储备货币发挥作用。目前，国际货币的职能已被包括美元在内的一些在国际上广泛流通的不兑现信用纸币所分担。不仅有多种货币被用作国际储备货币，而且也有多种货币

---

①、如果不根据本国的经济实力而贸然宣布货币的可自由兑换则隐藏着极大的风险。例如，1991年泰国在其经常项目长期持续逆差的情况下宣布泰铢完全可自由兑换，并开放资本项目。虽然泰铢成了一种可以完全自由兑换的货币，但由于泰国还不具备一定的经济实力，在1997年终因无法抵御外来冲击而酿成金融危机。

② 马克思．资本论（第1卷）［M］．北京：人民出版社，1975：164.

被用作钉住汇率的目标货币。美元、欧元[①]、日元、英镑、瑞士法郎等是目前主要的国际货币，其中最主要的是前三种。SDR 虽然不具备货币最重要的流通手段职能，但作为国际记账货币，它可以在国际用作支付手段、储备货币和钉住汇率的目标货币，因而可以看作是“准国际货币”。

二、货币国际化的本质和国际货币发行的价值基础

（一）货币国际化的本质

源于商品交换的货币，随着经济的不断发展，强有力地控制、牵动着经济的发展过程。而货币本身又在不断地演进，深刻地印证着经济的发展历程。货币的产生是商品交换扩大与发展的必然结果，是从具体商品到一般等价物的自然演变过程。在货币产生的初期，货币以其载体自身的价值为基础，充当商品交换的一般等价物。以货币为媒介的商品交换并不需要信用的帮助，因为获得货币就等于同时取得了换回相应价值的产品或劳务的权利。货币的流通不带有丝毫的强制性质，因此可被称为自然货币。“自然货币（Natural Currency），是指在交易中自然产生、自由使用的货币，一般是指国家货币产生之前的原始货币或由该时期商人或银行家们自由发行、在特定范围内自由流通的货币。”[②]但商品生产的增长要求开发更有效的交换媒介，以满足商品的交换和分配。于是，随着国家的产生，为了增加国家铸币收益，扫除贸易的货币阻隔，调节与控制经济运行，政府开始以国家名义垄断货币发行，自然货币由此逐步过渡到国别货币。“国别货币（National Currency）是指由国家发行和组织流通的货币，它以政府法令形式强制使用，而在该国完全排除其他货币的存在。国别货币是相对于自然货币而言的。”[③]

货币的一般等价物职能超越了国界的范围，就发挥国际货币的职能。最初国际货币职能的发挥是由金属货币来承担的，它抛弃了各国政府的官方记号，具有一般性的特征。其一般性体现在它以贵金属的自然形状来发挥作用，不带有任何国别的特征，因而能够作为无差别的人类劳动的代表与世界商品劳务相对应，从而被世界各国所接受。纸币取代金属货币后，国别货币的流

① 2002 年 1 月 1 日后欧元成为欧元区的法定货币，德国马克被欧元所取代，退出流通。

②③ 雷志卫．欧洲货币联盟的理论基础与运作机制［M］．北京：中国金融出版社，2000：20.

通就受到了国界的限制。一国货币能否成为国际货币，其根本决定因素在于货币发行主体国家的经济实力，然后才是诸如政治等其他因素，只有那些价值稳定并可自由兑换的国别货币才有可能作为国际货币被使用。在这个基础上，纸币不但能代表金属货币流通，而且是购买力的临时寄所，可以在流通中断时退出流通，成为闲置状态的货币，起着储备货币的作用。但严格地说，纸币没有价值贮藏职能，只有变相的储备货币职能。金属货币具有价值贮藏职能是由于其稳定不变的内在价值，而储备纸币保存的则是其购买力，它会随着纸币发行量或物价水平的变动而变化。

货币的永恒魅力在于其一般等价物的性质，在此基础上，货币才具有计价、媒介和储藏三大功能，并实现货币职能的区域延伸。从自然货币到国家货币再到国际货币，是货币一般等价物性质的逐步上升过程。国家货币是政府信用对自然货币在一般等价物性质基础上的延伸，而国际货币相对于国家货币而言，则是货币一般等价物职能的进一步强化。

国际货币是突破了国内流通界限而在世界市场上作为一般等价物来发生作用的货币。国别货币的国际化其实质是货币各种职能在国外的延伸，是货币发行国经济实力的体现。国别货币充当国际货币，也是货币一体化过程，经济联合体之间的合作与依赖关系随着国际贸易发展而突破国界，这种突破将对货币信用提出更高层次的要求。尽管货币的发行存在着国界，但当一种货币因经济发展而能够稳定地体现商品价值时，它就可能突破国界而成为在国际上进行商品交换的媒介工具，从而突破国别货币的信用范畴，以现有货币成为国家之间进行交易的价值载体，进而上升为国际货币。

货币的国际化是一国经济社会生产力发展到一定阶段的必然结果，是其经济国际化的产物。正如马克思所指出的：只有对外贸易，只有市场发展为世界市场，才能使货币发展为世界货币。国际货币的形成对世界经济的发展，特别是国际商品交换，起着巨大的促进作用。

（二）国际货币发行的价值基础

19 世纪早期，英国的李嘉图学派及通货学派认为，国家纸币不过是黄金的符号。要使纸币保持价值，就必须使其与货币发行当局的黄金储备保持固定的比例关系，在黄金储备增加时增加纸币的发行，在其减少时减少纸币发行。布雷顿森林体系下的美元，其价值和黄金挂钩，在其作为国际货币流通的背后，有着一定的黄金基础。随着布雷顿森林体系的崩溃和黄金非货币化的完成，目前世界各国所使用的都是不兑现的信用纸币，它的发行和流通并不再以黄金作为其价值保证。现代银行制度的发展，特别是中央银行制度的发展，加上国家政权力量对于社会经济生活中信用规则的认同和保护，使得纸币的发行不再需要足额的商品性货币价值支持，非足额准备的国别性货币也就能够作为国际性货币发挥作用。

在现代国别性货币制度下，一国发行的国别性货币不再以黄金作为直接的价值基础，而是以本国的商品与劳务和经济实力作为价值基础。支持一国货币作为流通手段等功能的，是一个主权国家在所发行货币上的国家信用，即国家承诺并保证货币持有者能够自由地兑现货币所标明的商品或劳务的价值。这就使得经济与贸易的往来由以往黄金这种自然物的价值来保证，转变为由国家主权下货币信用和制度来保证。第二次世界大战后，世界经济的区域化、全球化和一体化日益加强，相对稳定的国与国之间的信用关系，以及国际公认的一些货币支付制度与规则，使得国别性货币的运动有了新的表现。国别性货币不再受制于足额黄金价值基础的束缚，缓和了国别性货币特征与国际货币职能发挥之间的矛盾。价值让出一方对于价值的回归更多地依靠信用制度的力量，依靠国际上某种成形的制度和惯例，而不是依靠黄金货币“物”的真实性。正是由于这样的原因，一些经济实力强大国家的货币也就具有了国际性货币的某些功能，并且哪个国家的货币能够暂时地成为国际货币是很不确定的，这完全取决于该国的经济实力与国际信誉，取决于各种国别性货币市场价值的相对稳定程度。

强有力的政府可以在主权范围内替代经济水平作为货币价值的支撑力量，但也决定了信用货币的“虚幻性”特征，这种“虚幻性”把货币稳定置于持有者对政府的预期之上。该预期的不确定性成为货币波动的潜在因素，因而也成为货币职能国际化扩展的障碍。尽管黄金作为国际货币的地位已大大下降，但其地位至今没有丧失。国际货币的发行也根本不能脱离真实的价值基础，从经验来看，目前还没有任何一个国家或地区不储备黄金。从理论上讲，对于任何国别性的制度货币，它被人们所接受的基础就是它对于发行国商品与劳务的索取权，因此，国别性货币本身必须是代表价值的。由于现代国别性货币本身不存在实际价值，因此货币的发行者必然要保证货币持有者可以自由地、无任何障碍地在发行国得到相应的商品与劳务。因此，只有真正代表着黄金等“自然货币”价值的国别性货币，才能走出国界。

对于货币国际化本质和国际货币发行的价值基础的研究，使我们不能一味强调货币本身的国际化，而对货币本身具有的真实价值基础视而不见。

第二节　货币国际化程度的界定

一国货币是否作为国际货币并无统一的标准，与主权国家发行的国别货币相比，一国货币作为国际货币除了在发行国使用外，还可以在世界范围内发挥作用。货币国际化的程度主要由货币发挥的职能来衡量，一般从该货币在国际储备中的占比、金融市场交易中用作标价货币的占比以及私人财富保存使用该货币的多少等方面来衡量。

一、国际货币的职能

在国内货币理论中，货币有三种职能：记账单位、交换媒介和价值储藏。当一国货币走出国境后，就同样要在国际上发挥货币的这三种职能，我们可以在国际经济的范畴内来解释国际货币的选择。

表 2-1　国际货币的职能

职能	来源	私人	官方
国际记账单位	信息成本	开具发票标值货币	钉住货币、平价
国际交换媒介	交易成本	媒介货币	干预货币、政府结算货币
国际价值储存	价值稳定	投资货币	储备货币

表 2-1 总结概括了国际货币的三种职能：国际记账单位、国际交换媒介和国际价值储存。

第一，国际记账单位的职能起源于信息成本。当各种产品在世界范围内以通用的国际货币标价时，这些产品价值的相关信息就传递得更快。由于国际货币在与其他货币相比时具有信息优势，所以私人部门在国际贸易合同中使用国际货币用于出票业务，作为开具发票的标值货币，在国际贸易中发挥记账单位的作用。在官方，国际货币还被作为其他货币钉住汇率的基础货币，作为其他国际货币的定值单位发挥平价作用。国际货币的国际记账单位职能，使国际货币在世界范围内发挥价值尺度的职能，并成为各国货币的共同尺度。

第二，国际货币在世界范围内可充当一般等价物，而其他货币则不具备这种职能。国际货币的交换媒介职能来源于交易成本。以国际货币作为中介，其他货币相互进行转换的成本就比它们之间直接进行转换所花费的成本要小。同时，使用国际货币作为交易中介的效率高，因此被作为私人（主要指银行同业）交易的中介。这也意味着中央银行在干预外汇市场以达到目标汇率水平时也主要使用国际储备货币，因为它是私人（主要指银行同业）之间买卖非储备货币的中介，能够被私人部门所接受。发挥国际交换媒介作用的国际货币的选择，取决于货币发行国经济规模的大小及其他一些因素。一个国家的经济规模越大，同时拥有更自由的金融、资本、外汇市场，那么，以该国货币计价的金融资本交易就越多。于是，从规模经济来看，交易成本、探索成本及信息成本就会越低，流动性、运用与筹集的便利性则将越大。一国货币作为国际交换媒介，即被用作资产货币和外汇市场上的交易货币，则这种货币不仅可作为保值手段，而且可作为交换手段、计算单位，从而产生良性循环。

第三，国际货币的价值储藏职能来自其价值的稳定性。未来价值的确定性会增强货币的购买力储藏的职能。同时，只有价值稳定的货币才能够被用作国际货币。在私人部门，价值储藏的职能使得国际货币能够被用作国际存款、贷款和债券发行的标价货币，在官方则被用作国际储备货币。

从规模效应的观点来看，具有多种职能的国际货币为数极少，有时只有唯一的一个。表 2-1 中的多种职能可以由不同货币来承担。在金本位制度下，黄金和英镑曾分担了政府部门方面的职能和民间方面的职能。20 世纪中期，美元被作为储备货币和干预货币使用。实行浮动汇率制后，马克和日元逐渐被作为保值手段。目前，欧元、英镑和日元以及其他货币作为区域性的国际货币，对美元起到补充的作用，从而形成国际货币格局的多元结构。

二、货币国际化程度的衡量

一种货币的国际地位的强弱，主要看它在发挥国际货币职能方面起多大的作用。前面说过，货币国际化是一个动态的演变过程，是一个从量变到质变的过程，因此，货币国际化的衡量只有相对的标准而没有绝对的标准，在这里使用层次划分的方法也许是一种可行的办法。

对照上述国际货币功能，一种货币充当国际货币必须在国际贸易计价结算中发挥普遍的作用；必须能够成为国际货币市场的借贷货币，作为国际债券面值货币，在国际资本市场中发挥作用；必须能够充当国际储备。因此，货币的国际化应从以下方面来衡量：国际贸易结算、标值国际金融流动、作为小国货币钉住的目标、中央银行和外汇贸易的储备。当然，这个标准并不是绝对的。

按照这样的标准，货币国际化的程度可从不同的角度划分为不同的层次：

第一，从国际货币在国际储备中所占份额大小的角度，可分为主要国际储备货币、补充国际储备货币和较少具备储备职能的准国际货币。

表 2-2　在确定的官方外汇持有总量中各国货币所占的份额（%）

币种	年份				
	1977	1981	1985	1989	1993
美元	80.3	73.1	65.1	51.4	55.6
英镑	1.8	2.2	3.2	2.3	2.9
德国马克	9.3	13.4	15.5	17.8	14.0
法国法郎	1.3	1.4	1.2	1.4	2.2
瑞士法郎	2.3	2.8	2.4	1.4	1.1
荷兰盾	0.9	1.2	1.0	1.1	0.6
日元	2.5	4.3	7.6	7.2	7.7
非指定的货币	1.6	1.4	3.9	6.6	7.3
欧洲货币单位	—	—	—	10.8	8.6

资料来源：国际货币基金组织《年度公告》（1998），第 111 页。

表 2-3　已分配国际储备中各国货币所占份额（%）

币种	年份											
	1997	1998	1999	2002	2007	2008	2009	2012	2013	2014	2015	2016
美元	65.1	69.28	71.01	66.50	63.87	63.77	62.05	61.47	61.25	65.21	65.79	65.30
欧元	—	—	17.9	23.65	26.14	26.21	27.66	24.05	24.20	21.18	19.09	19.15
人民币	—	—	—	—	—	—	—	—	—	—	—	1
日元	5.77	6.24	6.37	4.94	3.18	3.47	2.90	4.09	3.82	3.54	3.74	3.98
英镑	2.58	2.66	2.89	2.92	4.82	4.22	4.25	4.04	3.98	3.70	4.71	4.34
澳元	—	—	—	—	—	—	—	1.46	1.82	1.59	1.76	1.73
加元	—	—	—	—	—	—	—	1.42	1.83	1.75	1.77	1.96
瑞士法郎	0.35	0.33	0.23	0.41	0.16	0.14	0.12	0.21	0.27	0.24	0.27	0.16
其他货币	3.86	4.50	1.60	1.58	1.83	2.20	3.04	3.26	2.84	2.80	2.87	2.39
德国马克	14.48	13.79										
ECUs	6.07	1.30										
法国法郎	1.44	1.62										
荷兰盾	0.35	0.27										

资料来源：IMF DATE. Currency Composition of Official Foreign Exchange Reserves，COFER，IFS.

国际储备货币职能的发挥取决于一国货币能否和在多大程度上为各国政府或中央银行所持有，作为外汇平准基金干预外汇市场。从表 2-2、表 2-3 及图 2-1 可以看出，这三个层次的代表从高到低分别是美元，欧元，英镑、日元和其他国际货币等。自 20 世纪 70 年代开始，美元占国际储备货币的份额虽有下降的趋势，但仍占到一半以上，处于绝对的支配地位。在 1997 年，马克和日元合计占国际储备货币的份额为 20%左右；英镑、法郎和瑞士法郎合计不到 10%。在 2016 年，美元占国际储备货币的份额达到 65%，欧元占 20%左右，这两种货币所占份额历年来比较稳定，占到全部储备货币的 85%左右。而日元所占的份额逐年下降，目前仅占不到 4%。随着日元份额的下降，人民币则作为新的国际储备货币登上国际货币舞台。从 2016 年第四季度开始，人民币占储备货币的份额已经达到 1%，总额已达到 844.5 亿美元。可以预见，随着中国经济实力的增强，人民币所占份额将会持续扩大。

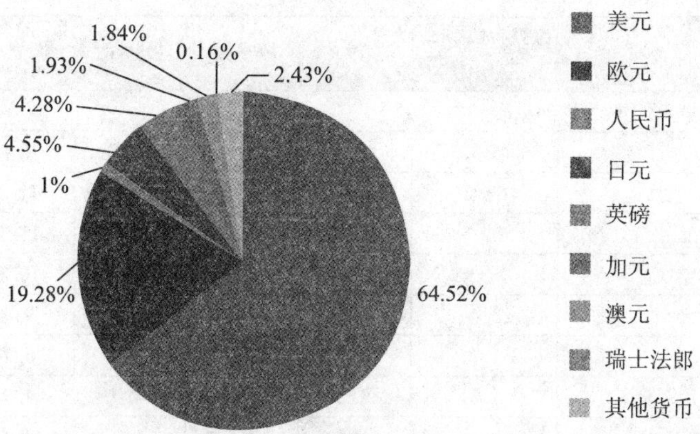

图 2-1　2017 年第一季度已分配国际储备中各国货币占比

第二，从发挥国际交换媒介职能的程度来看，可分为主要金融交易货币和辅助金融交易货币两个层次。

一国货币在国际金融产品交易中所占份额，即一国货币在作为国际存款、贷款、投资、债券发行和金融衍生产品的面值货币中所占的份额，表明了一国货币国际化的程度。

表 2-4　相对份额（基于外部资本市场数据）(%)

序号	类别	1981—1984 年平均值	1985 年	1986 年	1987 年	1988 年	1989 年[①]
	外部银行贷款的货币份额[②]						
	日元	5.9	18.5	16.1	10.8	5.6	5.3
	美元	83.3	62.5	67.0	65.1	69.9	77.0
	英镑	3.1	3.4	6.4	14.7	14.1	6.4
1	欧洲货币单位	1.3	7.1	2.2	2.4	2.8	4.6
	西德马克	1.7	2.1	3.0	2.4	2.2	3.2
	瑞士法郎	1.2	3.0	2.1	0.7	0.3	0.4
	其他	3.5	3.4	3.2	3.9	5.1	3.1
	总计	100.0	100.0	100.0	100.0	100.0	100.0

续表

序号	类别	1981—1984年平均值	1985年	1986年	1987年	1988年	1989年①
2	外部债券发行量的货币标价③						
	日元	5.7	9.1	10.4	13.7	8.4	8.3
	美元	63.2	54.0	53.9	38.8	41.2	51.9
	瑞士法郎	14.7	11.3	10.7	12.9	11.1	7.5
	西德马克	6.3	8.5	8.0	8.0	10.1	6.4
	英镑	3.4	4.0	4.6	7.8	9.4	6.8
	加元	1.6	1.6	2.3	3.4	5.7	4.0
	欧洲货币单元	1.7	5.2	3.4	4.0	4.9	5.2
	澳元	—	1.6	1.5	4.9	3.4	2.3
	法国法郎	—	1.1	1.7	1.3	1.3	2.1
	荷兰盾	1.8	1.3	1.3	1.1	1.2	0.9
	其他	1.6	2.3	2.2	4.1	3.3	4.6
	总计	100.0	100.0	100.0	100.0	100.0	100.0
3	欧洲货币存款的货币标价						
	日元	1.8	3.4	4.5	5.8	5.5	5.5
	美元	74.0	67.9	63.5	58.2	60.1	59.7
	西德马克	11.4	11.4	12.8	14.2	13.3	13.9
	瑞士法郎	5.8	6.4	7.2	7.7	5.4	4.9
	英镑	1.4	2.0	2.1	2.8	3.4	3.1
	法国法郎	0.9	1.2	1.2	1.4	1.3	1.3
	欧洲货币单位	0.5④	2.6	2.6	2.8	3.0	3.2
	其他	4.3	5.0	6.0	7.0	7.9	8.4
	总计	100.0	100.0	100.0	100.0	100.0	100.0

注：①欧洲货币存款的数据包含1989年9月在内；②外国和国际银行贷款，不包括贷款再协议；③包括国际发行量、外国发行量和特别安排；④包含在1983年前的其他目录里。

资料来源：转引自《新帕尔格雷夫货币金融大辞典》（第一卷），第674页。

表2-5　欧洲债券市场的发行货币构成（%）

年份	1985	1986	1987	1988	1989	1990	1991	1992	1993	1994	1995	1996
美元	70.9	62.9	41.3	42.4	55.2	38.9	31.6	37.4	37.4	40.6	38.9	44.2
日元	4.8	9.9	16.1	8.9	7.3	12.7	13.9	12.2	11.3	18.3	17.4	7.0
英镑	4.5	5.6	10.7	12.2	8.7	11.6	10.0	8.4	10.8	8.3	5.8	8.8
马克	7.0	9.1	10.7	13.3	8.0	10.2	7.9	12.2	13.9	8.6	19.6	17.1
欧洲货币单位	5.1	3.8	5.3	6.4	5.9	9.9	12.7	7.7	1.8	2.1	1.9	0.8

续表

年份	2005	2006	2007	2008	2009	2010	2011	2012	2013	2014	2015	2016
美元	46.5	53.2	38.5	31.6	40.7	48.7	53.6	50.3	54.2	56.8	58.2	—
日元	10.6	17.5	13.4	9.6	10.4	11.6	13.9	14.2	16.3	18.3	17.4	—
英镑	11.3	10.4	12.7	14.2	10.7	11.8	10.0	8.4	11.8	10.3	6.8	—
欧元	8.0	9.5	11.7	8.3	8.0	10.3	6.9	7.2	13.9	8.6	16.6	—
瑞士法郎	2.1	3.4	1.4	4.7	3.9	2.5	2.3	1.7	3.8	2.2	1.2	—
加拿大元	3.2	4.5	6.3	7.8	6.4	7.0	10.5	5.4	2.1	1.8	2.4	—

资料来源：OECD 统计。

这两个层次的典型划分是美元作为主要国际金融交易货币，欧元、日元、英镑和瑞士法郎作为辅助国际金融交易货币。从表 2-4、表 2-5 可以看出，在外部银行贷款标值中，美元占据着绝对优势地位，排在第二位的是英镑和日元，而马克和瑞士法郎所占份额则较小；在债券面值货币中，美元仍有很强的优势，欧元、英镑和日元的占比也较大，而其他货币的份额则很小；在欧洲货币存款标价货币中，美元仍是最主要的标值货币，而马克的份额则大大高于日元、瑞士法郎和英镑。可见，在以上三种国际金融交易职能中，美元都占据了绝对的优势，是最主要的媒介货币。而其他货币则在不同的市场上表现不同。

第三，从国际货币在国际贸易出票业务中所占的比重来看，可分为主要出票货币和有限出票货币。

出票货币是指在国际贸易中用于贸易标值和结算的货币。有关对国际发票使用的研究证明：①发达国家之间的制成品贸易中，开具发票时多用出口国货币；②在制造周期较长的、差异性制成品的贸易中，开具发票大多用出口国货币；③除了经常使用美元外，发达国家与欠发达国家之间的贸易大多用发达国家货币计价；④初级产品贸易一般用美元计价，在较小的范围内用英镑计价。据调查，美元在今天仍是最重要的出票货币，即一种既非出口商也非进口商的货币，在国际贸易计价结算中发挥着主要作用。

第四，从职能作用发挥的地域范围来看，可分为全球性国际货币和地区性国际货币。据调查，美元在全球各个地区都占有相当大的优势，但它占有压倒性优势、影响力最大的地区还是北美及中南美洲地区，欧元的势力范围在欧洲，同样地，日元主要的影响范围局限在亚洲。

第五，从一国货币被作为其他国家汇率钉住目标的国家数量看，可分为普遍的钉住货币和非普遍的钉住货币。作为钉住货币的主要因素是一国和储备货币发行国在政治、经济及贸易往来方面的密切程度。

表 2-6　主要货币用作其他国家的汇率钉定目标

年份	被钉定总计（个）	钉定下列货币的国家货币（%）						
		美元	法郎	特别提款权	英镑	（西班牙）比赛塔	西德马克	其他被钉定国家货币*
1975	80	57.5	16.2	12.5	8.8	1.3	0	3.7
1979	74	56.7	18.9	18.9	1.4	1.4	0	2.7
1980	72	54.2	19.4	20.8	1.4	1.4	0	2.8
1981	72	5238	19.4	20.8	1.4	1.4	0	4.2
1982	71	53.5	18.3	21.1	1.4	1.4	0	4.2
1983	64	51.6	20.3	20.3	1.6	1.6	0	4.7
1984	63	54.0	20.6	17.5	1.6	1.6	0	4.8
1985	62	50.0	22.6	19.4	1.6	1.6	0	4.8
1986	61	52.5	23.0	16.4	0	0	0	8.2
1987	65	58.5	21.5	12.3	0	0	0	7.7
1988	63	57.1	22.2	12.7	0	0	0	7.9
1989	58	55.2	24.1	12.1	0	0	0	8.6
1990	51	43.1	24.1	10.3	0	0	1.7	8.6

注：* 代表澳元、印度尼西亚卢比和南非兰特。

资料来源：转引自《新帕尔格雷夫货币金融大辞典》（第一卷），第 675 页。

从表 2-6 可以看出，以美元作为钉住汇率目标的国家数量占有很大优势，但法郎的表现也不错，而钉住英镑国家的数量则呈明显的下降趋势。

需要注意的是，各类分类方法所界定的货币国际化程度并不是完全一致的。总体来看，在对有关货币国际化的测验中，美元综合排名第一，在全球及各领域金融活动中都占据绝对主导地位。美元在国际贸易和银行同业市场中被广泛使用，并被用作国际储备资产。世界贸易中约有半数用美元计价，约有 65%的外汇储备以美元持有。排在美元之后的是欧元，欧元作为工具货币作用的发挥，仅次于美元，但欧元主要在欧洲范围及欧洲与其他地区的贸易中发挥作用，带有一定的地区性色彩。而第三层次的国际货币则是英镑和日元，它们在不同的领域有着不同的表现。由于日本对国内金融市场的种种限制，相对来说，日元很少被用作媒介货币。澳元、加元、瑞士法郎和人民币则作为第四层次的国际货币，在特定区域和特定经济金融领域发挥作用。

从以上资料还可以看出：不同的国际货币各自有自己的优势，英镑在外汇贸易和对外银行贷款方面表现良好。欧元启动前，法国法郎在那些把本币钉住它们的国家里保持了汇率稳定。2002 年欧元启动后，相对于美元在国际货币中的重要地位，欧元的国际地位主要取决于其在金融市场作为国际投资货币及外汇交易周转货币的地位，其在官方储备中作为国际储备货币的作用及在商品市场作为国际贸易结算货币的作用则相对较弱。

第三节　世界主要货币国际化的历史

货币国际化是一个漫长的发展过程。英镑是最早行使国际货币职能的由主权国家发行的国别货币，英镑的国际化经历了一个由盛转衰的过程。目前美元是最主要的国际货币，但美元成为国际货币也经历了一个较长的发展阶段。其他国际货币也都经历了各自的发展进程。

一、英镑的国际化

英镑（Pound Sterling）是最早的国际货币。1717 年英镑以黄金为标准固定了价格，英国铸币局局长伊萨克·牛顿（Isaac Newton）爵士将金价确定为每金衡盎司合（纯度为 0.9）3 英镑 17 先令 10 又 1/2 便士[①]。英镑成为标准化的货币单位，每 1 英镑含 7.32238 克纯金。这个价格一直延续到 1931 年英国放弃金本位。虽然金本位制在英格兰可追溯到 1717 年，但最终正式在法律上规定采用金本位制是在 1816 年 5 月。英国是世界上最早实行金本位的国家，金币本位法案规定，1 英镑含成色 11/12 的黄金 123.27447 格令（合 7.97 克）。1914 年第一次世界大战爆发以后，英国废除了金本位制，停止兑换黄金。1925 年 5 月 13 日，宣布实行金块本位制。随后，由于受到世界性经济大

① ［美］P. 金德尔伯格．西欧金融史［M］．北京：中国金融出版社，1991.

萧条的严重打击，英国于1931年9月21日被迫放弃金块本位制，英镑演化成不能兑现的纸币。

金本位制的实行，使得用商品衡量的英镑价值长期稳定，这使英国保持了长期的经济领先地位。英国直到19世纪70年代一直拥有世界最大的工业生产能力，是全球最大的贸易国和金融资产的供给者。英国国内银行及海外银行的发展有着悠久的历史，可办理对外贸易的结算和支付、对外贸易贷款、外汇买卖、票据的承兑与贴现等。到1910年，英国的海外银行有72家，分支机构5449个，形成了巨大的国际贸易结算网络①。各国也纷纷在伦敦设立银行和金融机构，各国的国际贸易都或多或少地使用英镑并通过英国的银行来结算，绝大部分的国际金融业务要通过英国来进行，伦敦成了当时世界上最大的国际金融中心。在近一个世纪的时期内，英镑充当了最重要的国际货币角色：全球贸易中最大一部分由英镑进行融资、记账、结算；外国资产中绝大部分以英镑计值；在贸易融资和贷款安排中英镑被广泛接受；最大部分的官方储备（除了黄金）是以英镑持有的。不同经济主体都不同程度地与英镑保持联系，英镑就像一系列同心圆的圆心。到第二次世界大战时，英国仍继续保持着主要贸易国家、世界资本与金融中心的地位。

由于当时英国经济实力堪称世界第一，英镑在当时的国际货币体系中占据着统治地位，因而实际上英镑等同于黄金。在国际金本位制后期，黄金的国际流动并不是唯一的和最重要的国际债权债务清偿方式。国际贸易通常以英镑计价，并且90%以上用英镑结算，许多国家中央银行的主要国际储备是英镑而非黄金。在伦敦开设英镑账户，不仅可以随时兑换黄金还可以获得利息，而储存黄金不仅没有利息，还要支付管理费用，在某种程度上，持有英镑比持有黄金更为方便和有利可图。

在整个19世纪，英国长期处于商品进出口贸易逆差地位，尤其是在1860—1880年英国最辉煌的20年间，逆差总额明显扩大，并在之后一直保持逆差，到1913年经常贸易逆差总额达到1.3亿英镑，占总出口价值的21%。借助贸易逆差，英国得以输出英镑。但是，经常项目下的本币输出是有限的，英国更主要的是利用大规模的对外投资将英镑推向世界。从英国正式启用金

① 宋则行，等. 世界经济史（上卷）[M]. 北京：经济科学出版社，1993：332.

本位制到第一次世界大战爆发，英国一直是对外投资最活跃的国家，对外投资总量始终处于主导地位。1913 年，英国对外投资额大于主要竞争对手法国、德国和美国三国对外投资的总和。输出的英镑又通过两条途径回流：一条是通过工业设备等资本品的出口、海外投资的利润收入；另一条是凭借伦敦国际金融中心的地位，通过非居民债务人在伦敦的存款来实现。

然而，从 20 世纪的最后 10 年开始，英镑的国际地位开始衰落，大量黄金远离英格兰银行的控制。1914 年第一次世界大战爆发，英镑成为不兑现的纸币。1925 年，英镑恢复金平价，实行金块本位制。但经济形势和战前相比已发生了巨大变化：第一，英国的国内商品价格上升超过其竞争对手美国，英镑实际上高估超出 10%；第二，战争使英国丧失了短期债权国的地位；第三，黄金向美国转移。战后，美国拥有世界黄金数量的一半以上，而英国的持有量降为 7%。1925—1931 年实行的金块本位制和英镑定值过高，带来了内外目标冲突。虽然国内经济萧条，但必须提高利率，以抵御黄金兑换，使英国在国际贸易中的竞争力大大削弱，同时也为美元的崛起提供了机会。

1929 年爆发了世界性的经济大萧条，世界范围内的资产价格下跌，人们对英镑的清偿能力开始产生怀疑，引发了大规模的金融资产变现。1931 年 9 月英国国会通过了金本位修正法案，废除了要求英格兰银行按原有价格出售黄金块的做法，英国放弃金本位。同时，英镑大幅贬值。英镑与黄金脱钩使得英格兰银行开始扩大英镑的发行，英国开始实行“廉价货币政策”①。

“二战”期间，英国货币政策的主要目的是从公众和银行体系筹措资金，同时还对经常账户和资本账户进行严格管制。战争期间巨大的军费开支，使英国背上了沉重的财政负担，其黄金外汇储备迅速流失，国际收支状况急剧恶化，英镑的对外汇率大幅度下跌。1939 年 9 月 1 日英镑汇率固定在 1 英镑兑 4. 03 美元的水平上，但到 1949 年 9 月 18 日贬值为 1 英镑兑 2. 80 美元，10 年间贬值了 30. 5%。

20 世纪 50 年代以后，英国的经济疲软、国际收支状况恶化的势头更趋严峻，英镑危机频频爆发，英镑的地位严重不稳。在布雷顿森林体系下，内外冲突问题在整个 60 年代缠绕着英国。一方面，英国要维持低利率促进生产和

---

① 新帕尔格雷夫货币金融大辞典（第三卷）[M]. 北京：经济科学出版社，2000：547.

就业；另一方面，它又要在2.80美元的水平上保持适度的储备。于是英国采用信贷和外汇管制，一直到1979年才完全废除外汇管制①。为了维持同美元的固定汇率，避免英镑汇率下跌，英国只得向国外借款，用美元在市场上购买英镑，同时在国内实行紧缩性的货币政策，提高利息率，从而导致国内经济停滞、失业增加。这时政府又改为采取扩张性的货币政策来刺激生产，由于利息率的降低，引起资金外流，对外收支又转为逆差，不得已又回到紧缩性的货币政策。紧缩政策和扩张政策不断地交替进行，使英国经济一直陷于停停走走的不畅状态。1967年英国被迫采取英镑贬值来调整对外收支逆差，英镑汇率进一步下降为1英镑=2.40美元，贬值幅度为14.3%。这是一个重大的转折点，使英镑作为储备货币的地位大幅下降。尽管按照1968年的《巴塞尔协议》外国中央银行和财政部不得减持英镑，但仍不能阻止这一趋势。

布雷顿森林体系解体以后，英镑汇率一路下跌，成为国际外汇市场上典型的“弱币”（Soft Currency）。20世纪70年代，OPEC决定在石油贸易中用美元取代英镑作为计价货币。1976年10月，英镑兑美元的汇率曾经跌至1英镑兑换1.60美元以下，兑其他主要货币的汇率也跌至新的低点。1972年6月23日，英国宣布除与英镑维持固定关系的货币以外，英镑实行有管理的浮动。英镑在20世纪70年代曾加入欧洲货币“蛇形体系”，但总的看来是单独浮动汇率。自1979年中，英国经济面临历史上最猛烈持久的通货紧缩，导致币值回升，但也造成了经济衰退。尽管作为欧洲货币体系的成员，英国并未参加1979年开始运行的汇率稳定机制（ERM），但在1990年10月，英镑仍正式加入了ERM，开始实行联合浮动。1992年9月，英国又宣布英镑暂时脱离欧洲货币体系。尽管英国是欧洲联盟的一个重要的成员国，但迄今为止，英镑并未加入2002年1月1日开始实际运行的欧元区。

第一次世界大战以后，为继续维持英镑的国际储备货币地位，同美国等国家相对抗，使外部经济力量的作用最小化，英国于1931年组建了英镑集团，其成员包括英联邦国家和地区（除加拿大外）、斯堪的纳维亚和葡萄牙等

① 1979年10月24日，英国完全废除外汇管制，除一些特殊进口物品需申请特殊进口许可证外，进口贸易大部分不受限制，同时取消对进口支付的限制，英镑和其他国家货币可自由携带出、入境，居民可以拥有、交易、进出口黄金，可以拥有外汇和各国有价证券，资本可以不受限制地流出、流人，放开对资产国际转移以及外国人在英国投资的限制。

脱离黄金并以英镑为核心的国家。“二战”前，英镑集团是在非正式、非政治的基础上运作的，没有成文规定和统一管理。1939年，英国颁布的外汇管制条例使之正式化，英镑集团首次成为一个具有限制性和法律规定的实体，并更名为英镑区。英镑集团成为英国外汇管制条例所限定的一个货币区——共同对非成员实行外汇歧视。20世纪30年代，英镑集团的成员有两个主要特征：第一，这些国家的货币与英镑保持一个固定的交换比率，因而继续实行钉住英镑的汇率制度。区内各国货币可以自由兑换，资金移动在区内不受限制，对区外国家则须经外汇管理机关批准，贸易、信贷都用英镑结算。在集团内部，不仅可以享受汇率稳定，还可以获得伦敦提供的金融资源。第二，将外汇储备的大部分乃至全部存放于伦敦，作为英镑区的共同储备，继续将英镑作为主要的储备。而英国则利用整个成员汇集的储备以支持英镑的稳定。在汇率剧烈波动且国家管制盛行的年代里，英镑区的这种安排为其成员提供了持续性的货币稳定及资本流动的自由，避免了最初在许多国家进行的竞争性货币贬值。

然而，随着英国在全球经济事务中地位的下降，英国作为一个贸易国家和资本来源国的地位持续下降，英镑开始迅速衰落。以殖民地自治为开端，附属地选择离开英镑区。随着各国政府在其外部商业、金融联系方面寻求更大程度的多样化，成员国与英镑的关系越来越松动，从英镑区获得的好处越来越少。英镑使用率的下降幅度，甚至还快于其国际贸易的萎缩。下面的情况可以说明英镑地位下降的事实：在1949年，当英镑贬值时，为保持与英镑的固定汇率关系，每一个海外成员的货币都实行了贬值。而到1967年，当英镑再次贬值时，只有一些小国成员和英国现存的附属地跟着一起贬值，大多数成员国根本不对其货币进行调整。当英镑在1972年开始单独浮动时，只有少数成员尝试与其共同浮动。

在20世纪70年代中期之前，英镑作为一种货币标准的作用实际上已经消失。随着成员国将其储备更多地转为美元或其他形式的国际流动资产，英镑作为一种储备货币的角色同样被逐渐削弱。相对于1951年的90%，英镑在1967年仍占成员国储备总额的2/3。然而，1967年英镑贬值后，为保护其储备免遭进一步损失，成员国将其储备转化为其他货币，使英镑储备量进一步加速下降。在1968年的前三个季度，官方英镑余额的减少超过了15%。为抑制这种趋势，英国政府在1968年9月宣布：如果每一个成员国保证在其总储备中维持英镑的最低比率，英国将把先前的外汇保证扩展到大多数现存的英镑官方余额。这种保证最初成功地维持了英镑的储备余额，但后来随着1972年6月英镑开始浮动，这种保证成本变得很高，最终在1974年11月被取消。随之而来的官方余额的收缩实际上已经使英镑失去了作为一种重要的国际流动资产组成部分的地位。

英镑区在20世纪70年代后期崩溃之前整整存在了将近半个世纪，但英镑区的成立并未能从根本上维持英镑的国际地位。英镑区在国际货币联系中的重要性在20世纪40年代达到了高峰，之后便进入了一个逐渐衰落的时期，这种衰落在1967年11月英镑贬值，特别是1972年6月英镑开始单独浮动时明显加速，不少成员国的货币与英镑脱离联系。1972年英镑开始自由浮动后，英国外汇管制重新限定在仅包括英国、爱尔兰、开曼群岛、海峡群岛和直布罗陀的范围以内。1979年3月，爱尔兰政府也中断了与英镑的联系。1979年10月，当英国官方外汇管制完全取消时，英镑区作为一个法律主体正式解散。

英镑国际货币地位下降，有以下几点原因：第一，从20世纪40年代末开始，英镑汇率大幅波动，部分原因是英国发生了较高的通货膨胀，使其从非英镑区国家吸引短期资本更加困难；第二，第二次世界大战后，英国持续实行外汇管制，使国际资本流动的效率降低；第三，“二战”后英镑区国家的贸易额在世界贸易总额中所占比重下降。

综上所述，英镑在第一次世界大战前国际货币地位的取得，主要是由于英国强大的经济实力、与世界各国紧密的贸易联系及广泛的海外投资。从英镑作为国际货币的发展历史看，其形成原因除了经济总量和对外贸易的发展以外，还有就是在19世纪70年代英格兰银行建立了使英镑币值稳定的货币制度。英镑的发行和黄金联系紧密，严格按照黄金价值基础发行，除英格兰银行保持英镑的币值稳定外，英国还建立了一系列信用制度增强人们持有英镑的信心。同时，因为当时世界货币性黄金大多集中于伦敦，英国金融和银行体系的自由以及政府对金融的管制较松，这些条件保证了英镑的流动性和信贷量能随时得到满足。事实上，第一次世界大战之后，英镑在国际货币体系中的地位就开始大幅下滑，而美元的地位则相应大幅上升，英镑逐渐被美元所取代。英镑在两次大战期间能够继续保持国际货币的地位是由于惯性的作用。由于历史的原因，英国同英联邦国家之间有紧密的经济贸易关系，加上英国有发达的金融市场，在海外也建立起了庞大的银行网络系统，致使英镑在国际支付结算和国际储备构成中仍保持着一定的比重。英镑国际货币地位的由强转弱，客观上反映了英国的总体经济实力以及英国国际经济地位的日渐衰落，也反映出货币国际化的一个基本规律，即一国货币的国际地位主要是由其经济实力所决定的。英镑区的建立、发展到衰落的历史表明，国际货币地位的确立是一个客观过程，国际货币地位的取得和保持是许多因素共同作用的结果，一味地试图主观取得和保持国际货币地位的努力是徒劳的。任何一种货币都不能永久地占据国际货币的地位，国际货币地位的确立是一个各国货币不断竞争和交替的过程。市场可以暂时地确立一种货币的国际地位，但它也可以部分或全部地夺走这种地位。

二、美元的国际化

美国建国之初，实行黄金—白银复本位制。根据1792年的《铸币条例》，1美元含24.75格令纯金，或371.25格令纯银（1盎司=480格令），金银的比价为1∶15。由于“劣币驱逐良币”机制的作用，金币逐渐退出流通，银币成为唯一流通的货币。为改变事实上的“跛行复本位制”（Limping Bimetallism），使黄金和白银同时流通，美国国会于1843年将1美元（Dollar）的含金量调低至23.32格令纯金，金币同银币的比价变为1∶16。1879年，美国停止铸造银币，1900年，正式宣布实行金本位制。1931年，在经济危机的冲击下，美国放弃金本位制，但仍规定美元的含金量。1934年1月美国宣布美元贬值，含金量减至0.888671克纯金，黄金官价由每盎司黄金20.67美元提高到35美元。贬值后的美元不能兑现黄金，只有外国中央银行可以按官价向美国兑换黄金。1971年8月美国实行“新经济政策”，完全停止美元按官价兑换黄金。随着布雷顿森林体系的崩溃，美元放弃固定汇率转而实行浮动汇率制度，其含金量的规定则完全失去了意义。

从美元纸币的发行历史看，1913年12月美国国会通过了《联邦储备法案》（*Federal Reserve Act*，1913），建立了联邦储备制度，将全美划分为12个“联邦储备区”，各设一家“联邦储备银行”，由这12家联邦储备银行发行“联邦储备银行券”（Federal Reserve Bank Notes）作为法定货币（Legal Tender）。1945年

6月12日起回收并不再发行“联邦储备银行券”，改为发行“联邦储备券”（Federal Reserve Notes）作为日常流通货币，也就是今天的美元纸币①。

19世纪末，美国的国内生产总值超过英国，成为世界第一，到1913年时，美国的工业产值已经占到了世界工业总产值的1/3。对美国来说，至少存在过三次历史机遇让美元成为国际货币：第一次世界大战的爆发将美国从债务国变为债权国的时间表大大提前，提供了第一次机会；1929年的大萧条摧毁了以金本位和自由贸易为标志的英国领导下的国际经济秩序，为美元的崛起扫清了障碍；“二战”的爆发则促使美国经济高速发展，最终成就了其世界经济霸主地位。在1944年“联合国货币金融会议”（布雷顿森林会议）上，44个与会国家接受了美国方案，决定成立世界银行、国际货币基金组织和全球性贸易组织，确立了美元—黄金挂钩制度以及布雷顿森林体系，使美元成为法律意义上的唯一的国际货币。至此，美元取得了国际货币的地位。

美元最初是在第一次世界大战末期作为主要国际货币出现的。在第一次世界大战期间，美国第一次变成国际净债权人，其经济实力大大增强。战后，美国拥有世界黄金数量的一半。从1914年到1973年，美元是唯一保持可以固定价格兑换黄金的货币。20年代，它在国际贸易和金融中的使用范围日益扩大。据阿尔伯（Aliber，R. 1966）的调查，直到1940年，海外持有流动性英镑资产的水平是持有美元的两倍。然而到了1945年，情况恰好相反，人们大量持有美元资产②。第二次世界大战使美元上升到了支配地位。第二次世界大战以后，美国凭借其经济和军事优势，通过建立以美元为中心的布雷顿森林体系，确立了美元在国际货币金融领域里的霸权地位。《国际货币基金协定》规定每盎司黄金合35美元为黄金官价，要求其他各成员国的货币无一例外地同美元保持固定比价。尽管黄金是布雷顿森林体系建立的官方储备资产，但美元是“二战”后货币体制真正的储备资产，从而使美元取得了“世界货币”的特殊地位。国际货币基金组织的其他成员国将美元等同为黄金，在它们的外汇储备中，大量地保存美元。“二战”后的一段时期，由于各国都需要

---

① Board of Governors of the Fed. The Federal Reserve System：Purposes and Functions［J］. Sixth Edition，Washington，D. C.，September 1974：15-16.

② Aliber，R. The Future of the Dollar as an International Currency［M］. New York：Frederick Praeger，Publishers，1966：19-20.

美国的商品而缺乏美元来支付，美元成为当时世界上独一无二的“硬货币”，致使一段时间内在世界上出现了所谓的“美元荒”（Dollar Shortage）。

在美元短缺的初期，欧洲和其他地区通过促进贸易平衡而逐渐增加赚取美元的能力，开始从战争毁坏的经济中复苏。到1958年，主要欧洲国家的国际收支得到了巨大改善，而美国的国际经济地位相对削弱，国际收支状况不断恶化，对外债务激增，黄金储备急剧下降，美元大量外流，各国中央银行储存了大量美元，美元的信誉日渐下降。到60年代中期，越南战争逐步升级，美国的财政金融状况和国际收支日趋恶化，国内通货膨胀的趋势也在加剧。各国中央银行持有的美元储备越来越多，大大超过了美国持有的黄金储备，国际上对美元的信心发生动摇。自1960年10月爆发战后第一次美元危机后，美元危机接连不断。外汇市场上大量抛售美元，同时抢购黄金风潮此起彼伏。一些国家为了避免因美元贬值而使外汇储备遭受损失，开始大量抛售美元，向美国挤兑黄金，导致美元币值不断下跌。1971年8月，美国单方面贬低了美元对黄金的比价，并宣布完全停止按官价自由兑换黄金。到1973年3月美元再度贬值以后，所有工业化国家都放弃了将自己货币钉住美元的努力，普遍实行浮动汇率制度。在此背景下，美元的币值更趋不稳，同其他“硬货币”的汇率持续大幅度下跌。

表2-7　布雷顿森林体系解体初期美元汇率的变动情况

年份	1972	1973	1978
美元兑瑞士法郎	1：3.8493	1：3.2440	1：1.6200
美元兑联邦德国马克	1：3.2225	1：2.6690	1：1.8280
美元兑日元	1：308.00	1：280.00	1：194.60

资料来源：国际货币基金组织有关各年年报。

实行浮动汇率后，国际社会对美元的需求仍是巨大的，因为要保持一个稳定的汇率，就需要更多的美元储备来干预外汇市场。此外，美元仍是外汇交易中交易量最大的货币，发达国家主要以美元形式借款，旨在稳定汇率的干预也主要在美元市场上运作。经过20世纪80年代经济结构的调整，美国基本摆脱了“滞胀”困境，进入90年代以后，又在“新经济”领域取得长足进步的基础上，实现了持续10年以上的强劲的经济增长，巩固和提高了它的国际经济地位。近年来美国经济的发展支持了美元在国际市场上的强势及主导地位。在目前的国际货币格局中，美元仍是最主要的国际货币，其他货币起着补充美元功能的作用。

美元贬值集中在两个时期：1977—1978 年和 1985—1986 年。美元国际地位的下降有以下原因：第一，美元购买力的下降。据塔弗拉斯和奥扎基（Tavlas, G. and Ozeki, Y. 1991）的研究，美元在 1973—1990 年期间购买力损失了 47%。美国 80 年代通货膨胀率的均值和方差尽管低于英国、法国、意大利等国，但高于日本、德国和瑞士这三个硬通货国家①。第二，美国 20 世纪 80 年代开始出现巨额的日益增长的国际债务，持续的美国经常项目赤字导致美元进一步贬值。

美元是继英镑之后最主要的国际储备货币，其原因是美国强大的经济实力和布雷顿森林体系的制度安排。在"二战"后的全盛期，美国的国民生产总值在世界生产总值所占份额一度达到 40% 以上，美国也成为继英国之后的"世界工厂"，美国出口在世界贸易出口额中的比例一度超过 25%。然而自 20 世纪 70 年代中期以来，美元的国际地位开始相对下降，这主要和美国经济在世界经济中的地位下降有关。20 世纪 90 年代后，美国经济开始强劲增长，美元作为世界经济中的核心货币的地位有了进一步的巩固和加强，从而继续占据着国际货币的龙头地位。2008 年美国次贷危机后，美国的经济实力有所下降。为了转嫁危机，美联储实行的量化宽松货币政策使得美元的地位有所削弱，但它目前仍是最主要的国际储备货币。

三、德国马克的国际化及欧元的产生

第二次世界大战后的联邦德国，物资匮乏，物价飞涨，出现了严重的通货膨胀。1948 年 6 月 19 日，美、英、法宣布在三国占领区内实行币制改革，规定发行新货币"德意志马克"。德意志马克与美元的汇价定为 1 美元兑 3.33 德意志马克。"马克的诞生绝不只是旧货币的重新取名，也不只是取消数字后面的几个零来消除货币高悬，它建立了一个新的货币体制以及相结合的解除

① Tavlas, G. and Ozeki, Y. The Japanese Yen as an International Currency [R]. IMF Working Paper WP/91/2, 1991.

管制、减少税收的政策”。① 新货币是纯粹不兑现的纸币，没有任何外汇储备或相应的黄金作为后盾，它的接受是以信心为基础的。

1957 年联邦德国颁布了《联邦银行法》，该法授予联邦银行发行货币的垄断权，以及调节货币流通和货币供给来保护货币的责任，具有保持德国马克（Deutschemark）购买力稳定的法律任务。《联邦银行法》是以通货膨胀式的公共融资导致两次大的战后通货膨胀为背景而产生的。立法者要确保不给政府任何法律上的手段来通过印刷纸币进行公共融资。一方面，联邦银行贷款给联邦政府、各州及专门基金只是短暂的，并受到严格限制。信贷最高额度由联邦银行法决定，并由联邦银行决定是否给予贷款。另一方面，联邦银行充当公共部门的金融代理人。没有联邦银行的许可，联邦政府、州政府以及其他公共机构不得在中央银行之外进行储蓄或投资。货币政策的决策过程，以及中央银行系统高级职位的任命都是以确保联邦银行的独立性为基础来安排的。中央银行独立于政府的指令，这可看作是德国货币立法的突出特点。《联邦银行法》对西德货币立法的规定使德国具有较低的通货膨胀表现，极大地提高了联邦银行的信誉，对马克的地位上升起了重要作用，非常有利于西德马克的国际化。

对于马克地位的上升，联邦德国金融政策的市场导向也是非常重要的。除了在大量资本流入及外汇市场混乱时期外，中央银行总是对货币供求进行间接调节，没有任何工具能直接控制银行信贷的额度或结构。马克在它的早期阶段就开始了自由化。20 世纪 50 年代中期西德已有相当高的贸易盈余，使政府逐渐减少了对资本流动的限制。到 1958 年末西德马克可完全自由兑换。此时，消除贸易限制有助于强大的出口增长和吸引外国资本。

从 20 世纪 50 年代起，联邦德国的国际收支开始出现顺差，到 60 年代联邦德国的通货膨胀得到了控制，经济稳定发展，出口迅速增加，黄金和外汇储备不断增长。1960 年底的黄金外汇储备为 415 亿马克，到 1976 年底达到 858 亿马克，增加了一倍多。联邦德国经济的迅速增长、国际收支状况好转和黄金外汇储备的大量增加，导致了马克的币值稳定上升，并构成了使马克成为国际外汇市场的“硬货币”的物质基础。自 20 世纪 60 年代开始，西德马

① 新帕尔格雷夫货币金融大辞典（第 1 卷）[M]. 北京：经济科学出版社，2000：628-629.

克兑美元的汇率持续升值。20 世纪 70—80 年代，西德马克成为世界金融市场的主要货币之一。在国际交易中，人们开始更多地使用它作为媒介货币、记账单位和价值储藏手段，其国际地位仅次于美元，居第二位。

马克国际化的关键是资本项目可兑换的有序稳步开放。第二次世界大战后，德国采取了一系列的措施使自身经济得以迅速恢复，跨境贸易不断扩大。从 1952 年开始，德国逐步取消了资本流出的限制。1957 年，资本流出自由化基本实现。1958 年，德国实现经常项目自由兑换。德国资本流入自由化经历了一个较长的过程。1960 年以后，德国对短期资本流入采取了各种限制措施，并且呈现出反复性（见表 2-8）。至 1984 年末，德国实现资本项目自由兑换。

表 2-8　德国资本流入管制的主要措施

时间	措施
1960 年 6 月	限制本国银行向非居民存款支付利息、非居民购买本国货币市场票据和居民与非居民间回购协议下的证券交易
1965 年 3 月	对非居民投资于国内债券的利息收入征税
1968 年 11 月	要求本国银行获得许可后才可接受与跨境商品和服务无关的国外资金
1969 年 2 月	因资本流入压力有所减弱，取消本国银行接受国外资金、非居民存款利息支付和非居民购买本国货币市场票据等限制
1971 年 5 月	因美元危机爆发，资本流入压力增大，恢复对非居民购买国内货币市场票据和非居民存款利息支付等限制措施
1972 年 3 月	对从国外借款实行 40%的现金存款准备金要求，免除存入现金的界限为 200 万马克
1972 年 6 月	引入非居民向国内居民购买国内债券的审批要求
1972 年 7 月	存款中的现金比例提高到 50%，将免存现金的界限降低至 50 万马克
1973 年 1 月	将免存现金的界限降至 5 万马克
1973 年 2 月	将非居民购买国内证券的审批要求范围扩大到股票。引入居民从国外借款的审批要求
1973 年 6 月	引入国内债权向非居民转让的审批要求
1974 年 2 月	将免存现金的界限提高到 10 万马克，现金存款比率降至 20%。保留对出售给非居民的 4 年期以上国内债券的限制，解除对居民向国外借款的限制
1974 年 9 月	解除现金存款要求和国内债权转让给非居民的审批要求
1975 年 9 月	解除对非居民在国内银行存款的利息支付的审批要求，进一步放松非居民购买国内债券的审批要求
1980 年 3 月	允许将官方借款者票据转让给非居民。购买 2 年期以上国内债券一般都会得到批准
1980 年 11 月	购买 1 年期以上国内债券一般都会得到批准

资料来源：引自马骏．德国资本项目开放的经验和对中国的借鉴［EB/OL］．中国金融四十人论坛，http：//www. cf40. org. cn/.

德国在实现资本项目可兑换后，随着经济持续增长、贸易连年顺差以及长期保持低通胀，加之国际美元本位制的动摇，在布雷顿森林体系解体前的三次美元危机中，马克对美元分别一次性升值5%、9.3%和13.6%，对外价值上升，马克的国际货币地位不断提高。在贸易结算方面，到20世纪80年代，德国贸易出口的81.5%是以马克来计价结算，而进口也达到了52.6%。1988年，德国以马克结算的进出口贸易总量超过日本，分别为81.5%和52.6%。在外汇市场交易方面，马克在1988年的外汇市场交易量几乎是英镑和日元的总和。与此同时，马克在干预外汇市场方面发挥了重要的作用，美联储运用马克作为官方干预货币，所占比重达到了50%以上。在欧洲货币体系的外汇市场干预中，马克的比重则明显上升，反映出马克的国际化具有一定的地区性色彩。在储备资产方面，1970年，马克在全球外汇储备中的比重约为2%，1975年上升至10.8%，1989年达到历史最高水平17.8%，1998年，马克在全球外汇储备中的比重达到13.79%，仅次于美元，大大超过日元的比重。由于马克币值长期稳定，公众也愿意持有马克作为储备货币，马克的国际化程度进一步提升。至1990年，马克的存款量占欧洲货币存款总量的11.9%，远高于日元。根据OECD的统计，1985—1996年欧洲债券市场以马克计价发行的比例年均为11.5%。

1979年1月，联邦德国马克加入“欧洲货币体系”，并成为其核心货币。到20世纪80年代中期，马克取代美元开始成为欧洲货币体系国家中最重要的干预货币。据塔弗拉斯（Tavlas，G.S.，1991）的研究，从20世纪80年代起的10年内，马克在欧洲货币体系中的比重从25%上升到60%，从1980年到1990年，在各国官方外汇储备中的比重从15%上升到20%，同期在欧洲国家外汇持有额中的比重从12%上升到23%，而这几乎全是以美元份额下降为代价的①。

1990年10月两德合并，其货币统称德国马克。统一后的德国继续保持了经济增长的势头，使德国马克的国际地位不断提高。在国际贸易中使用马克计价结算的国家逐渐增多，许多国家开始以德国马克作为重要的外汇储备资

① Tavlas，G. S. On the International Use of Currencies：The Case of the Deutsche Mark［M］. Essays in International Finance，No. 181，Princeton：Princeton University Press，1991.

产加以保存。

德国马克是伴随着"二战"后联邦德国的经济恢复与发展，逐步地走向世界的。马克的国际化得益于高于贸易伙伴国的生产率、中央银行的独立性及稳定的货币政策、开放自由的金融体系和宽松的外汇管制等。为了保持马克购买力的稳定，官方不允许货币存量的增长超过商品和劳务的增长，马克比其他大多数货币具有较少的通货膨胀性，货币总量与主要宏观经济变量的关系一直保持着相对稳定。1970—1989 年的 20 年间，德国的通货膨胀率在西方大国中是最低的，相较于美国、英国等动辄百分之十几的数据，德国的通货膨胀率只有 3.9%，这就给德国马克这种货币树立了极好的信誉。马克在 1950 年到 1990 年大幅度地升值，从 1 马克兑换 23.8 美分到 1 马克兑换 62 美分。

与大多数国家大力推动本国货币国际化的做法不同，虽然马克的国际使用使更多的国际资源可用于国内经济，但德国政府并不鼓励国际贸易使用德国马克，因为这会干扰德国中央银行对马克数量的控制，进而影响德国马克币值的稳定。直到 20 世纪 80 年代，西德仍试图主要通过保持国外西德马克债券发行的限制条件来限制国际上使用马克。然而经验表明这些措施并不能很好地限制西德马克的使用。自从布雷顿森林体系崩溃以来，在五六十年代还适合于德国的小国经济假设到七八十年代已不再适用了，西德的财政货币政策已被别国视为调整本国经济政策的重要依据。随后，联邦银行意识到对资本流动的限制会大大降低国内金融市场的竞争性，所以在 80 年代中期，取消了大多数的限制障碍。所以从某种程度上说，德国没有主动推动"马克国际化"——马克的国际化纯粹是布雷顿森林体系垮台之后德国马克 20 年的表现让全世界无比信任，因此自然而然变成了国际货币。再加上德国经济体比较庞大，进出口贸易占了欧共体国家的 60%~70%，人们自然会选择马克。自由化的货币改革带来了德国的金融稳定，并促成了经济复苏。人们认为坚挺的马克带来了德国的经济繁荣。此外，与其他国家相比，物价和工资上升幅度较小，使德国生产者具有竞争优势。由此可见，货币的国际化是一个客观的过程，即使不靠政府的推动，当一国经济实力达到一定程度时，其货币仍会被作为国际货币被世界各国所接受。当然，与美元作为全球性的国际储备货币相比，马克发挥作用的范围主要在欧洲地区。

20世纪50年代后半期，区域经济和区域货币开启一体化进程。1969年12月，欧共体在海牙举行首脑会议，决定筹建欧洲经济货币联盟，这是欧洲货币一体化的开始。1978年12月欧共体首脑在布鲁塞尔达成协议，决定于1979年1月成立欧洲货币联盟，于是货币一体化也就成为必然趋势。1991年12月，欧共体成员国首脑在荷兰召开的马斯特里赫特首脑会议通过了建立欧洲经济货币联盟和欧洲政治联盟的《欧洲联盟条约》（即《马斯特里赫特条约》），出台欧洲各国的财政约束纪律——区内各国都必须将财政赤字控制在GDP的3%以下，并且把降低财政赤字作为目标。同时，各成员国必须将公共债务与GDP的比保持在60%以下，3%和60%的这两个指标也成为其他欧盟国家加入欧元区必须达到的重要标准。同时，欧盟为统一货币制定了详细的时间表。《欧洲联盟条约》规定，在欧共体内部实现资本的自由流动，真正实现统一市场。1999年1月1日，欧元正式启动并规定于2002年7月1日前完全取代各成员国货币，成为各成员国唯一流通的货币。由于德国是欧元区经济总量最大的国家，再加上德国马克优异的通货膨胀控制记录，新面世的欧元很快获得了公众的认可。欧元的诞生是欧洲区域经济一体化的必然结果，是20世纪70年代初布雷顿森林体系崩溃以来国际金融领域的最重大事件。它不仅在当前欧洲一体化的进程中起到里程碑的作用，对于世界经济也产生着重大影响。欧元的出现改变了世界外汇储备格局，截至2016年底，欧元在已分配的国际储备货币中的占比达到了19.15%。欧元作为贸易计价货币、外汇市场干预货币和国际投资货币的吸引力极大增强。

四、日元的国际化

明治维新之前，日本是一个中央集权的封建国家，由德川幕府所统治。当时的货币体系是复杂的复本位制。1871年5月，日本颁布了《新货币条例》，在法律上确立了以黄金为基础的货币制度，规定新货币的名称为“Yen”，每1元含1500毫克纯金，并以此为标准铸造金币。这就是日元（Japanese Yen）的诞生。1894—1895年中日战争之后，日本从中国得到了大约3亿日元的赔款，这一数额相当于日本国家预算的3倍，为日本提供了足够的黄金储备，使日本得以在1897年实施真正的金本位制。19世纪90年代初，日本已走上现代经济增长之路。第一次世界大战带来了对军需品旺盛的出口需求，刺激了日本经济的增长。1931 年 12 月，日本大藏省宣布禁止黄金输出，停止日本银行券兑换黄金。第二次世界大战期间，日本为了满足战争的需要，不仅掠夺亚洲邻国的资源，而且在国内大量发行纸币，造成了严重的通货膨胀。由于战争的破坏，战后初期日本的通货膨胀进一步加剧，日元的币值极度疲软。1949 年 4 月 23 日，日元和美元的比价定为 360 日元兑换 1 美元，这一汇价保持了 20 多年。

历史上日元一直是一种比较虚弱的货币。1945 年 8 月日本投降后，日本经济在 60 年代开始了快速增长。1950 年 6 月 25 日，朝鲜战争爆发。当订单集中在特殊用品和军需品上时，出现了世界范围的需求增大，日本的出口得以迅速增加，大量存货消失，贸易收支得以改善。1964 年，日本宣布日元可在经常项下自由兑换。1973 年 2 月日本正式采用浮动汇率，这与其他工业化国家是同步的。之后，日元对美元开始升值。因日元升值，对外贸易按美元结算就使日本企业产生了汇率风险的问题。同时，由于出口信贷的比重很大，在回收债权中就不可避免地蒙受了相当的损失。所以，把出口贸易由美元结算改为日元结算，就成了日元国际化的最初动因。1970—1980 年，在日本的出、进口额中，按日元结算的比重分别由 0.9% 和 0.3%，提高到了 29.4% 和 2.4%。

20 世纪 70 年代后期，由于日元升值和美元危机的发生，世界各国开始出现了日元需求。其具体表现为：一是境外居民日元存款和购买日本债券、股票的数量开始增加；二是由于日本利率低，世界各国对日元外债和日元贷款的利用也开始增加了。此外，日本金融市场的逐步开放，对日元的国际化有一定的积极作用。第二次世界大战期间的管制立法使战后的金融体系受到严格控制，来自海外的压力一直要求日本金融市场实现自由化和国际化。由于受到的压力和发展国内金融体系的需要，日本金融市场逐步开放。面对日元国际化的发展，1978 年 12 月，大藏省提出了“正视日元国际化，使日元和西德马克一起发挥国际通货部分补充机能”的方针，并采取了“大幅度缓和欧洲日元债发行方面的限制”和“促进日元在太平洋地区流通”等政策措施。1980 年 12 月，日本修订了《外汇管理法》，允许日本银行、企业和居民自由买卖外汇，日本的金融机构无须政府批准即可参加国际银团贷款。1984 年 5 月，日本开始实行日元存款利率的自由化，并放宽了欧洲日元的存贷款条件。

1985 年 4 月，日本免除了对欧洲日元债券征收的 20%的利息预扣税。1986 年 12 月，建立了与国内金融市场分离并独立于国内税收体系的东京离岸金融市场。在这一系列因素的作用下，日元开始逐步国际化。

尽管日元国际化早在 20 世纪 70 年代初期就已经开始了，但它正式成为日本对外经济发展战略或日本经济国际化、全球化战略的重要一环，却是在 80 年代中期前后。根据 1984 年 5 月发表的《日元美元委员会报告书》，大藏省发表了题为《关于金融自由化和日元国际化的现状和展望》的政策报告，正式拉开了日元国际化的战略序幕。其后，日本政府在推进日元国际化方面采取了一系列的政策措施：1986 年 12 月正式建立了东京离岸市场；1988 年 1 月和 12 月先后向国外开放了日元 CD 市场和外汇 CD 市场；1989 年 5 月向国内开放了中长期欧洲日元贷款；同年 6 月对欧洲日元债和居民的海外存款实行了自由化。

日本与出口产品的竞争力密切相关的批发价格指数很稳定，因而在国际收支的经常项目下积累了大量盈余。随着第二次世界大战以后日本经济的高速增长，其总体经济实力稳步上升，20 世纪 80 年代，日本就坐上了世界第二大经济实体的交椅，仅次于美国。加上国际外汇市场上日元汇率持续坚挺，致使日元的国际地位不断提高，成为世界上受到普遍欢迎的“强币”。20 世纪 80 年代后期，经济繁荣有力推动了日本经济的国际化，日元国际化也出现了迅速发展的局面。作为计价单位和交换媒介，1990 年出口中以日元达成的交易占 37. 5%，但在进口中比例为 14. 5%。同年，欧洲债券发行总额中有 13%是以日元发行的，1989 年日元资产在各国的外汇储备中占 7. 9%①。由于在日元国际地位上升的过程中美元的国际地位相对下降，所以，世界就出现了美元、日元和德国马克“三极通货体制”的发展格局。

20 世纪 90 年代以后，由于泡沫经济崩溃及长期经济停滞的影响，日本经济由盛转衰，开始了长达十多年之久的经济萧条，在日本经济国际化和金融国际化遭受挫折的情况下，日元国际化也出现了停滞和倒退，日元在国际外汇市场上的“抢手”程度大大减弱。1998 年 10 月，大藏省提出了《关于推进日元国际化的政策措施》，日元国际化再次成了日本政府的政策课题。

---

① 新帕尔格雷夫货币金融大辞典（第三卷）[M]. 北京：经济科学出版社，2000：811.

日元的国际化与美元、英镑、德国马克等货币的国际化都是所在国经济、贸易和金融高度发展的结果。日元的国际化得益于20世纪中期以来经济实力的强劲增长和作为国际投资大国的地位。日本20世纪60年代的崛起来自大量受过良好教育的劳动力、高储蓄率、迅速的资本积累和吸收外国技术的能力。日本还不失时机地推出了“贸易立国”和“科技立国”的经济发展战略，把日本经济推上了高速发展的轨道。长期以来日本一直占据着世界第一外汇储备大国、第一贸易和经常收支盈余大国、资本输出大国、海外纯资产大国的地位，但日本经济和金融市场的开放程度有限及其他因素，使得日元的国际化程度低于其经济综合实力的水平。日元作为国际货币的功能发挥还有一定局限性。日元的使用主要局限在亚洲地区以及和日本有贸易往来的进出口计价结算上。由于亚洲国家同日本保持着紧密的经济贸易关系，因而比较愿意使用日元作为开展国际贸易计价结算的工具。从日元的国际化还可以看出，日本政府在推动日元的国际化方面起到了重要的作用。

五、瑞士法郎的国际化

瑞士法郎（Swiss Franc）是由瑞士中央银行——瑞士国民银行发行的瑞士联邦的法定货币。1860年瑞士实行金银复本位制，1931年6月实行与黄金挂钩的金汇兑本位制，1936年瑞士法郎与黄金脱钩。1946年1月1日，确定瑞士法郎与美元的比价是1美元兑换4.3728瑞士法郎。

在两次世界大战期间，瑞士都是中立国家，保持了经济和金融的相对稳定性，成为战争时期国际上少有的资金“安全港”。第二次世界大战以后，瑞士经济稳步发展，对外贸易不断增长，国际收支项目持续顺差，其资本运行在国际金融领域占有重要地位。在国际货币金融领域动荡不安的环境下，瑞士法郎的币值稳定上升，其国际地位逐步提高。

1971年8月，美国宣布停止美元兑换黄金，瑞士法郎开始对美元保持有管理的浮动。1973年1月23日，瑞士国家银行宣布实行全面的浮动汇率。同年3月19日，欧洲经济共同体六国货币实行联合浮动后，瑞士法郎继续单独浮动。在这以后，瑞士法郎的币值一路走高，1978年10月30日曾创下1美元兑换1.4675瑞士法郎的纪录，同1970年相比升值了198%。由于在国际外汇市场上瑞士法郎一直保持着较为突出的强势货币的势头，瑞士法郎的国际地位不断提高，成为国际外汇市场上的“强币”，是重要的国际结算货币、国际支付手段和国际储备货币。

瑞士高度发达的银行体系在世界金融中发挥的作用远远超过该国的经济规模。瑞士具有悠久的社会、政治和经济稳定的历史，长期保持中立，对外贸、旅游和资本实行开放并且对私人金融事务保密。这反映出它灵活和颇具竞争力的国内银行业环境。与国内对资本投资的需求相比，国内的储蓄额相对较高。由于在瑞士储蓄的安全性很高，这使它们的银行有特殊的国际优势——低成本筹资和大量发行证券的能力，因而它们专门从事私人银行业务、资金管理、国际贷款和证券发行。瑞士的中央银行——国民银行，在实行它的政策时，基本不受政治环境的影响，反映出其较高的独立地位。在货币政策的制定和实施上，它一直遵守着一种“货币主义”的政策方法，即每年确定基础货币的增长目标，并在实际执行中大致达到这些目标，从而保持了币值的稳定和强势。瑞士虽不是欧洲货币体系的成员，但国民银行使瑞士法郎的价值多年来与德国马克及其他坚挺的欧洲通货紧密地保持一致。瑞士还是努力从事国际货币协调的十大工业国的一员。在瑞士的银行体系中，有数百家外国金融机构，比除了英国以外的任何欧洲国家都多。瑞士银行强劲的投资力量、坚挺的瑞士法郎、普遍低而稳定的利率以及市场的自由化是瑞士金融市场具有吸引力的主要原因。瑞士金融市场的优势是在中期至较长期的范围内的资金筹集，特别是在发行国际债券和票据方面。外国发行者发行的债券一般占瑞士新发行市场债券的一半以上。

从瑞士法郎的国际化可以看出，一国货币的国际化除了经济总量外，还取决于其他许多因素，这其中最重要的因素就是国家的信誉和一国币值的稳定。就瑞士的经济总量来看，确实是比较小的。瑞士法郎之所以能成为国际货币，更重要的原因在于它的制度安排，其币值的长期稳定对瑞士法郎的国际化起到了巨大的推动作用，体现了一种弱经济、强制度的结构组合。瑞士法郎的国际化在于其国内银行强有力的制度约束、币值的稳定及开放高效的金融市场。此外，瑞士法郎作为国际债券发行的面值货币，对其货币的国际化也有一定的促进作用。当然，瑞士法郎的国际化程度在范围上有一定的局限性，是地区性的国际货币。

第四节　货币国际化的比较与经验借鉴

货币国际化是国别货币从国内逐步走向国际、发挥国际货币职能的过程。货币国际化没有统一的、标准的道路可走，各国由于政治、经济及历史发展状况的不同，其货币国际化进程也各不相同。人民币的国际化，也要根据自身的特点而走适合中国国情的道路。从各国货币的国际化进程分析可以看出：一国货币的国际地位主要取决于其背后经济因素的支撑，经济实力是一国货币国际化的决定性因素。此外，货币的稳定程度、金融市场的广度和深度、交易成本的高低、特定的国际货币制度安排以及一国中央银行对货币国际化的态度等对货币的国际化进程也有一定影响。

一、货币国际化的一般性特征

（一）国际货币随一国经济实力的变化而更替

货币国际化表面上看是一种金融现象，但其实是一个综合的社会经济过程，它是一国经济实力的综合反映，并随着各国经济实力的变化而变化。从货币国际化的历史看，国际货币的演变大致可分为三个阶段：

第一阶段：黄金—英镑储备阶段。

这个阶段的时间跨度大约是整个19世纪直至第二次世界大战爆发以前的100多年时间，是国际金本位制实行时期。19世纪的大部分时间和20世纪初期，由于当时国际收支差额不大，国际的资金运动、借贷和支付主要以黄金作为清算手段，最初的国际货币是黄金，这个时期可谓是国际贸易、金融的“黄金时代”。但黄金单独作为世界货币发挥作用的历史很短暂。由于世界黄金产量增长有限，难以满足国际商品生产和商品销售迅速增长对货币材料的需要，客观上限制了黄金国际货币职能的发挥。事实上，在金本位实行的大部分时期，黄金和英镑一起被用作世界货币。国际金本位制实际上是以黄金为基础的英镑本位制。

第二阶段：美元—黄金储备阶段。

这个阶段的时间跨度大约是从第二次世界大战结束到1973年的布雷顿森林体系运行时期。第一次世界大战的爆发，破坏了金本位制的运行基础。战后，英、美两国实力对比发生了根本性的逆转。英国在战争中遭到了巨大损失，其经济实力明显下降。英镑也就不能再维持与黄金的联系，从而不能再像战前那样作为唯一的国际储备货币发挥作用。而美国的经济实力在战争中极大地增长，国际贸易中使用美元进行国际支付与结算越来越普遍，美元上升为国际货币金融领域仅次于英镑的重要国际储备货币。随后的第二次世界大战使英国受到更大的削弱，导致英镑的国际地位进一步下降。而美国却乘战争之机迅速发展起来，总体经济实力急剧膨胀，成了世界唯一的超级经济大国，为美元的崛起和美国的金融霸权奠定了基础。

美元作为国际主导货币的地位起始于“二战”，而战后布雷顿森林体系的建立，更是以法律的形式确立了以美元作为国际货币制度的中心，美元等同于黄金，并同黄金一道充当国际储备货币。从此美国跃上了世界金融霸主的宝座。在这之后，英镑并未完全退出国际货币的竞争，但其重要性却大大下降。

第三阶段：多元储备阶段。

20 世纪 60 年代后，随着西欧各国和日本经济的恢复和发展，日元和马克的国际地位开始上升。布雷顿森林体系解体后，美元与黄金的固定比价关系已不复存在。由于美元贬值，许多国家持有的美元外汇储备资产价值大量流失。于是，各国纷纷调整外汇储备的构成，将储备资产的一部分转换成马克、日元和瑞士法郎等货币，形成了多元化的国际储备体系。20 世纪 90 年代末，随着欧元的诞生，国际社会形成了美元、欧元和日元三足鼎立的格局，但这个格局目前仍很不稳固，是一种面临调整的暂时平衡。美元在这个格局中仍占据着支配地位，欧元也有一定的势力，但其优势主要在欧洲。由于日本经济的泡沫破裂、经济发展速度的下降、银行呆坏账的积累以及汇率的频繁波动，日元的地位很不稳固。

从“黄金—英镑”到“美元—黄金”，再到多元化，国际货币演变的历史表明，国际货币具有阶段性特征。国际货币形式的不断发展变化是一种自然的历史过程，归根结底取决于各国的经济实力。一国的经济实力往往决定了该国货币的国际地位，一国货币的国际化往往就是该国经济实力的一种反映。国际货币的产生是一个动态的竞争博弈过程，任何一种国别货币都不可能永远保持国际货币的地位，随着各国政治经济发展不平衡和新兴国家经济的兴起，国际货币地位出现交替现象。

一国经济的持续稳定增长，才是一国货币能够持续国际化的原动力，没有经济的持续稳定增长，就不可能单纯借助政策的推进而获得货币国际化的成功。19世纪初期，英国成为世界上经济实力最强大的国家，具有强大的军事实力和政治力量，为英镑国际化提供了物质基础。美元的国际化主要经历了三个阶段：经济实力储备、对外贸易扩张以及通过汇率制度安排实现货币国际化，虽然布雷顿森林体系最终瓦解，但是美国凭借强大的经济实力以及在国际贸易、投资和国际金融中的影响力，使得美元依然是世界上第一大货币。美元的国际地位实质来源于美国领先的国际地位。尽管中国目前已是世界第二大经济体和第一贸易大国，但经济实力与综合国力仍有待加强，应该看到，实现人民币国际化机遇和挑战并存，我国必须以强大的经济支柱作依托。人民币国际化需要规范性发展、创新式突破。要坚持自主创新发展战略，科技促进传统行业改造，开辟新型产业链，深入进行产业结构调整和优化，不断提升发展内生动力。目前最重要的是，要努力保持国内经济在尽可能长时期内的平稳较快发展，在确保经济稳定的前提下，稳步推进人民币国际化。

（二）对外贸易与投资是货币国际化的基础

从世界主要国家货币化的模式与特点来看，跨境贸易与投资为货币国际化奠定了基础。19世纪60年代的英国不仅是当时领先的制造品和服务的出口者，也是世界最大的市场，世界30%的出口量源于英国，到90年代，英国的出口量依然保持强势态势。与此同时，英国的金融投资在全球投资中拔得头筹，超过了法国、德国和美国。

美元的国际化也是在持续贸易顺差的条件下推进的。第二次世界大战后，美国推行了贸易自由化政策，通过马歇尔计划和政府双边协定贷款向西欧与日本输出资本，通过世界银行等机构向亚洲和非洲国家发放贷款，并向拉美国家提供发展基金，同时采用政府措施鼓励和支持商业银行向国外发放贷款。

日元在国际化之初经历了贸易的扩张。"二战"后日本是世界上主要的贸易国，贸易对推动日元走向国际化发挥了重要的作用。除此之外，"广场协议"签订后，日元大幅度升值，日本的对外投资开始急剧增加，日本每年的对外投资都以数百亿美元计，1986年日本的对外投资达到223亿美元，几乎是上一年的2倍，1987年为333亿美元，1988年为470亿美元，日本对外投资的增加，使得日元的国际地位日益提高，为其国际化奠定了良好的基础。

人民币要实现国际化，也需要借助对外贸易与投资的不断扩大来实现。一方面，要积极引导涉外企业和银行等部门在对外贸易中选择人民币作为计价结算的货币；另一方面，要稳步推进人民币资本项目可兑换，鼓励使用人民币开展对外投资，逐步提高人民币的国际地位。

（三）在位国际货币具有黏滞作用

历史告诉我们：一种货币一旦被选择作为国际交易媒介货币使用，就会在相当长的时间内保持这种地位，在位国际货币在国际货币体系中就有了一种黏滞性（Inertia），或者说在位国际货币具有历史的惯性作用。对于现代纸币来说，如果人们预期其他人将接受某种货币来交换商品、服务或资产，那么，相对于其他媒介人们就更喜欢使用该种货币。在位国际货币已拥有的规模经济、网络价值①以及公众长期形成的货币使用习惯等因素，使该货币产生了一种黏滞效果，这是因为在位国际货币的交易成本低于新的国际货币。在使用一种货币的交易成本（即获取信息、进行调查研究的费用，以及由不确定性和实施产生的费用）低于使用其他货币时，这种货币就可用作国际货币。当一种货币成为国际货币后，规模经济效应将会进一步降低这种货币的交易成本，并提高该货币的国际地位。因此，新的货币要想取代在位国际货币的位置相当困难：这一方面取决于新货币所代表的经济体经济实力的上升，另一方面也取决于在位国际货币背后的经济体经济实力的下降及该货币信誉的持续下降。虽然经济因素对货币的国际地位有很大影响，但是这种影响往往有滞后效应，新货币取代旧货币往往要经历一个相当长的历史过程。

英镑及美元作为国际货币地位变化的历史可以清楚地说明这一点。英镑发挥国际货币作用的时间比纯经济因素的影响长。第一次世界大战之前，美国的经济总量就已超过了英国，但英镑得益于其已占据的首要国际货币的地

---

① 人们都愿意使用熟悉的货币，某种货币的交易范围越广，人们越乐意使用它，使用的频率越高，货币兑换所需要的费用也就越低，使用它的人也就越多。这种良性循环被称为货币的网络价值。使用不广泛的货币，网络价值低，同时面临着与高网络价值货币的竞争。

位，仍保持着世界上最主要的储备货币的地位。两次世界大战使英国的贸易和投资地位遭到严重破坏，给英国经济以沉重的打击，伦敦在国际金融领域中的地位也大大下降，英镑作为国际主导货币的条件已逐渐丧失。但由于历史的原因，在第二次世界大战结束前，美元仍未取得实质上的主导地位。1940年，外国持有的金融资产中以英镑标价的仍为以美元标价的两倍。直到50年代，英镑作为最主要的官方储备货币的地位才被美元所取代。国际货币从以英镑为主导货币过渡到以美元为主导货币至少用了30年（1918年始至50年代末完成）。再来看美元，20世纪50年代美元取得了最主要的国际货币地位之后，70—80年代美国在世界经济中的份额持续下滑，70年代下半叶美国曾出现一段时间的通胀与高失业，80年代上半叶以来美国的国际收支持续逆差，1985年以后美元对马克、日元的币值一直下降，这些都使美元的国际地位有所下降，与此同时马克、日元的国际地位有所上升，但美元仍保持了它作为世界上最主要的国际货币的地位。

（四）国际货币地位随国际金融中心的转移而变迁

中世纪时期的金融中心，诸如威尼斯（Venice）、热那亚（Genoa）、佛罗伦斯（Florence）、阿姆斯特丹（Amsterdam）等，均曾在经济发展史上扮演重要角色。伦敦、纽约发达的金融市场及后来发展起来的东京金融市场对英镑、美元和日元国际货币地位的建立和保持都发挥着重要作用。

19世纪末20世纪初，在与国际贸易紧密相连的国际金融业务及市场占有方面，英国仍居首位。伦敦在17世纪和18世纪就已是重要的金融中心。在1870—1914年，伦敦几乎主导着世界上各种商业活动及国际金融活动。根据国际清算银行（Bank for International Settlement，BIS）的统计，伦敦长期以来都是世界上外汇交易量最大的金融中心，它所承担的金融业务几乎来自世界各个地区。发达的伦敦金融市场为投资者提供了众多的投资途径，使持有英镑资金显示出极大的灵活性，从而刺激了各国持有英镑的意愿，对英镑的国际货币地位建立发挥了重要作用。

纽约国际金融中心的形成和发展与两次世界大战密切相关。第一次世界大战后，纽约迅速发展为国际金融中心。其主要原因是：第一，美国经济在这期间迅速增长，成为世界主要工业强国和最大的债权国；第二，美国国际收支状况相应改善，大量黄金流入；第三，美国联邦储备体系的建立及纽约金融机构的迅速增加，使美国的银行体制得到完善；第四，欧洲许多金融中心，如巴黎、柏林，尤其是伦敦受到战争的严重影响，作为国际金融中心的吸引力减弱，地位下降。在这种情况下，纽约国际金融市场得到了迅速发展，美国逐步建立起了一个在市场结构、规模、自由度及信用工具创新等方面都较发达的金融市场，使美国拥有了世界上最发达的金融交易市场。

两次世界大战期间，伦敦和纽约是最主要的两个国际金融市场，伦敦继续维持其原有的国际结算中心和外汇中心的重要地位，纽约则崛起成为主要的国际资本供应中心。1924—1930 年，外国借款者在伦敦债券市场只发行了 35 亿美元的外国债券，而在纽约发行的外国债券则高达 65 亿美元①。第二次世界大战以后，纽约金融市场在国际金融领域中的地位进一步提高。西方资本主义国家和发展中国家的外汇储备中大部分是美元资产，存放在美国，由纽约联邦储备银行代为保管。一些外国官方机构持有的部分黄金也存放在纽约联邦储备银行，纽约成为世界金融交易的清算中心。此外，美国外汇管制较松，资金调动比较自由。在纽约，不仅有许多大银行，而且商业银行、储蓄银行、投资银行、证券交易所及保险公司等金融机构云集，许多外国银行也在纽约设有分支机构，这些都为纽约金融市场的进一步发展创造了条件，提升了它在国际金融领域中的地位。开放的美国金融市场持续大量地吸纳着全球各地的美元资金，这一点至今仍是维系美元霸主地位的重要因素。从英、美两国金融市场的比较看，美国资本市场较发达，金融创新工具较多，市场运行法规也较完善。而英国金融创新工具相对较少，市场运作有较多惯例，但其银行间市场更为发达。

20 世纪 80 年代，随着日本金融市场管制的放松，外国金融机构进入日本市场的条件有所改善，东京市场迅速发展，这一切有力地推动了日元国际化的进程，使日元成为一种在全球经济中举足轻重的国际货币。

① 宋则行，等．世界经济史（中卷）[M]．北京：经济科学出版社，1993：250.

表 2-9 2016 年 1—6 月全球五大外汇交易中心平均日交易额

排名	城市	交易金额（亿美元）
1	伦敦	22000
2	纽约	8930
3	新加坡	4190
4	东京	618
5	法兰克福	430

资料来源：国际清算银行（BIS）。

由此可见，一国金融市场的开放为持有该国货币的非居民解除了后顾之忧，从而确保了该货币在国际经济交往中充分发挥国际货币的职能，国际货币地位的变迁和国际金融中心转移的方向几乎是一致的。一国货币要想实现国际化，发达的国内金融市场是重要的内部条件。

二、货币国际化的启示

（一）特定的国际货币制度安排影响一国货币的国际地位

国际货币体系按其形成方式的不同，可分为两种类型：第一，在国际上自发形成的国际货币体系，即调节国际货币关系的规定、原则和制度不是由有关各国通过国际会议和国际协议固定下来的，而是在各国货币制度的基础上自发形成的。国际金本位制就属于这种类型。第二，通过国际条约和国际协定形成的国际货币体系，即调节国际货币关系的规定、原则和制度由有关各国通过国际会议和国际协定固定下来，并且有一定的国际组织保证其贯彻实施。“二战”后所建立的布雷顿森林体系就属于这种类型。

从美元作为国际货币的发展历史看，除了“二战”后经济地位的迅速攀升以外，布雷顿森林体系下的国际货币制度安排对美元作为唯一的国际储备货币职能的发挥起到了极大的推动作用。在布雷顿森林体系下，美元同黄金挂钩，各国货币同美元挂钩，美元实际上等同于黄金，从而作为唯一的国际储备货币达将近 30 年之久。即使在布雷顿森林体系崩溃后，现行的国际货币体系在储备货币的选择上仍受到其深刻的影响。

20 世纪 30 年代，英国、美国、法国把一些在贸易、金融上与其有密切联系的国家以及国外殖民地联系在一起，组成英镑集团、美元集团和法郎集团，后来这些集团又先后发展为英镑区、美元区和法郎区。而这些大国则利用各自的货币集团控制成员国，对抗其他货币集团。当时世界上出现了以英镑、法郎和美元为中心的三个依附性汇率体系，这样世界贸易计价清算及外汇活动就主要集中在英镑、法郎和美元之间，世界各国五花八门的贸易及外汇交易就简化为以几个大国货币为主的体系。

货币区的建立，提高了英镑、美元及法郎的国际货币地位：首先，汇率的一体化有可能强化货币的每一个主要功能。这是因为货币兑换次数的减少而导致的交易成本降低，可以增强货币作为交易媒介的功能；货币数目的减少使得兑换风险降低，加强了货币作为价值贮藏手段的功能；所需要的报价货币数目的减少节约了信息成本，加强了各货币作为国际记账单位的功能。其次，金融市场的一体化增加了金融中介效率提高所带来的实际福利。最后，政策的一体化有利于获得货币和汇率管理中的规模效益，同时可节约外汇储备。这是由于将本来属于外部交易和支付的信用风险内部化，通过对外汇储备的共同分担可以节省参与各方的外汇储备，减少所承担的铸币税。

（二）货币国际化进程中要重视某些非经济因素的影响

一国货币国际地位的确立除了要具备强大的经济实力外，还受许多其他非经济因素的影响，这些因素可以推进或阻碍一国货币国际化的进程。

其中一个重要因素是国际货币发行国的政治、外交和军事力量。现代国别货币是以政府的信用保障为基础的，国际货币的发行就表明政府向持有者承诺可以无条件地获得该国的商品和劳务。强大的政治、外交、军事力量以及国际地位为一国货币提供了充足的外部保障，支撑着该国货币的地位。国际货币发行国政治稳定程度越高，在外交和军事上越强大，该国货币相应地就越稳定。而那些在政治上不稳定的国家的货币是不可能作为国际货币来使用的。蒙代尔曾说，强有力的政治力量创造了强有力的货币。

另外一个重要因素是政府和中央银行对本国货币国际化的态度。国别货币在国际上存在着竞争，一种货币是否被用作国际交易的工具，取决于经济规模、交易成本、信息成本，以及持有货币的成本等许多因素，而这些因素受到国内政策的强烈影响。政府可以通过采取鼓励对外贸易、促进对外投资、完善金融市场并适时对外开放等措施为本国货币的国际化创造良好的条件。倘若政府采取了相反措施，则不利于其货币国际化的顺利推进。当然，这取决于一国政府对本国货币国际化对国内经济影响的利弊权衡。

就日元来看，以1979年修订《1949年外汇法》为起点，以1983年“日元美元委员会”的设立为标志，日本政府开始了推动日元国际化的努力。1984年5月，日本大藏省发布了《关于金融自由化和日元国际化的现状和展望》，阐述了日元国际化的意义，日元国际化过程中需注意的问题，大藏省有关日元国际化的方法、策略和展望等内容。1985年7月，大藏省又发表了《有关金融资本市场的行动纲领》，提出了有关日元国际化的具体措施的时间表。虽然日本经济的崛起是日元确立国际货币地位的根本原因，但不可否认，日本政府自20世纪80年代以来一系列关于金融自由化、国际化的政策对于日元国际地位的迅速上升起到了重要的促进作用。

当然，由于货币国际化会对一国经济产生一定的负面影响，并非所有国家都不顾条件地鼓励本国货币的国际化。各国一般根据本国的具体情况来决定是否使其货币国际化及国际化的进程。因此，有的国家虽具备了货币国际化的实力，但并不鼓励本国货币的国际化，如德意志联邦银行在20世纪70—80年代就因担心马克的国际化会导致其执行货币政策能力的降低而不鼓励马克的国际化。日本在20世纪60—70年代也不鼓励日元的国际化，是因为担心外国居民如果可以购买本国资产，资本的大量内流必然导致本币升值，这将影响本国产品在国际市场上的竞争能力。

（三）货币国际化道路的选择要结合自身国情

美元、德国马克、日元等货币都经历了从普通货币到国际货币的过程，但是国际化的路径各有不同。美元依托其特殊的国际背景来实现国际化，在两次世界大战期间，美国的经济水平和实力增强，其霸主地位在货币金融领域充分体现。布雷顿森林体系通过“双挂钩”建立了以美元为中心的国际货币体系，在促进当时国际金融稳定发展的同时也确立了美元的霸权地位。美国借助美元的霸权地位，不断对全球输出大量资本，扩大对国际社会的影响，使美元国际化不断深化。日元国际化是在商品大幅度出口、对外投资扩大及日元大幅升值的基础上开展的。日元升值使得日元在国际社会上的吸引力增强，促进了日元国际化。但是受国际环境影响，日元的外部升值压力比较大，使得国内经济遭受重创，经济不稳定性增强。欧元的国际化也是比较特殊的，它是基于多个国家共同出让货币主权而形成的一种区域性的货币，带有比较强的政治色彩。欧元区是建立在相似的文化背景、特殊的历史时期和一定的经济基础上的。欧元在货币国际化的过程中具有独特的优势，是单一国家货币所不可比拟的。

我国在人民币国际化的进程中应积极借鉴经验，吸取教训。通过对比可知，在人民币国际化的进程中既没有像美元那样的特殊历史条件和超强经济实力，也不具备像欧元那样多国货币合并的优势。只有不断增强自身的经济实力才是人民币国际化顺利推进的基础，要不断加强人民币在国际社会上的吸引力，提高国际信誉度，获得国际上的广泛认同。另外，政府的主导作用会为人民币国际化创造良好的外部条件和政策环境。当然，在人民币国际化的进程中也要注意防范风险，吸取日元国际化的经验教训，避免出现大的经济波动。

第三章

货币国际化的条件、效应及人民币国际化可行性分析

货币国际化是一个客观过程，是在各种社会经济环境成熟下水到渠成的结果。一国货币能否成为国际货币并不以货币发行国的主观愿望为转移，没有哪一个政府能够强行推进本国货币成为国际货币，但也没有事实证明一个坚挺的、富有吸引力的货币的发行国能够避免其货币作为国际货币为外国官方及民间所持有。

第一节　货币国际化的一般条件

从主要国际货币的形成历史来看，一国货币能够被广泛用作国际计价、支付、结算、储备手段，即成为国际货币，必须具备一定的基本条件：经济的规模和开放程度；充足的国际清偿手段；宏观经济稳定和有效调控；市场经济体系的完善和市场经济机制的充分发挥；合理稳定的汇率；等等。具体可以表现在以下四个方面：

一、流通条件

流通条件是指一国货币可以作为支付手段在境外被接受和使用而不发生障碍，并且具有广泛的供给与需求。具体包括以下内容：

（一）货币成为完全可自由兑换货币

货币自由兑换，又称货币的可兑换性，指任何一个货币持有者都可以按照市场汇率自由地把该货币兑换成另一种货币或支付手段的能力。20 世纪 60

年代特里芬在《黄金与美元危机》中给予了自由兑换一个新的定义："自由兑换是指一种制度结构，它利用主权国家间互利的经济关系，使最为有害的国家干预减少到最低限度。这一定义暗含着国际贸易和支付体系中最大程度的多边性、稳定性和自由性，但并不要求一定完全地、无条件地遵循这三个原则①。"

美国经济学家D. 格林沃尔德主编的《现代经济词典》把货币自由兑换定义为："一国通货的持有者可以为任何目的而将所持有的通货按汇率兑换成另一国通货的权利。在通货完全自由兑换的条件下，即使在国际收支出现逆差的时候，也保证持有任何国家通货的任何人享有无限制的通货兑换权②。"这一定义是一种完全的充分的货币自由兑换，这表现在国家对通货兑换权六个方面（持有者、数量、币种、价格、时间、目的）的"无限制"和国家对此的一般"保证"上。

由于各主权国都不允许他国货币在本国境内流通，国际货币可以和其他国家货币自由兑换的规定就保证了国别货币在世界任何地区都能和该国的商品劳务相对应。表面上看，货币自由兑换是一国货币能否与他国货币自由交换的问题，实质上是一国商品和劳务参与国际交换的问题。它不可避免地会对一国的经济社会生活产生一定程度的影响。在当代世界经济中，并不存在不受国家货币主权约束的无限制的兑换权。一国货币主权与货币自由兑换的关系，归根结底是由经济利益关系所决定的，并表现为国际关系以及国际经济关系和各国国内经济关系的相互渗透和交织。货币关系作为国家主权的一部分，每个国家都有自己的货币立法，规定本国的货币制度、本国货币的流通范围、外国货币在本国流通的法律限制等。

货币自由兑换在不同的货币制度下有不同的内容。在金本位下，货币自由兑换主要是指纸币和其他信用货币可自由地无限制地兑换黄金，在此基础上，国内货币自由兑换延伸到国际货币自由兑换。在纸币不可自由兑换黄金的现代信用货币制度下，货币自由兑换的含义已由纸币自由兑换黄金改为各种纸币间的相互自由兑换，即国别货币在世界任何地区都能无条件地自由兑

① ［美］特里芬．黄金与美元危机——自由兑换的未来［M］．北京：商务印书馆，1997：22.

② ［美］D. 格林沃尔德．现代经济词典［M］．麦格劳—希尔公司，1973：143.

换为他国货币。

货币自由兑换可以按不同的标准来分类，它可以按国际上现行通用的国际收支口径分为经常项目自由兑换与资本项目自由兑换。经常项目可兑换是指政府不对私人部门因商品服务贸易等的交易需要而进行的本外币兑换进行限制，仅对私人部门的交易真实性进行检验。资本项目可兑换是指政府不对私人部门因投资和金融交易等的需要而进行的本外币兑换进行限制。但目前基本上实现了资本项目可兑换的发达国家仍然保留对资本流动的少量控制。货币完全可兑换是指货币在经常项目和资本项目下都实现了自由兑换。也有人按交易对象将货币的自由兑换分为国内可兑换和国外可兑换。国内可自由兑换是指居民得到和保持以外币计值的某些资产（如货币和银行存款）的国内持有额的合法权利①。国外可兑换是指本币不仅能在国内自由兑换成国际主要货币，而且能在国际外汇市场上自由兑换成其他货币，即不仅允许居民在国内、国外将本国货币自由兑换成国际货币，而且允许境内、境外的非居民自由持有和兑付使用本国货币，进行投资和金融交易，是在国内充分自由兑换基础上发展的结果。按交易对象分类的国内可兑换仅适用于居民之间以及居民与非居民之间进行的交易，在此基础上发展到国外可兑换后，则进一步包括了非居民与非居民之间进行的交易。

特里芬总结了货币自由兑换的三项标准，即多边性、稳定性和自由性②。可对其做如下分析：第一，多边性，指一种货币在兑换范围上的多边性，包括可兑换的币种范围大小、在国际收支中可兑换的层次和国内国外可兑换的层次，即一国货币与外币兑换的面越广，其可兑换性的程度就越高；在国际收支中是实行经常项目可兑换，还是除经常项目外也实行资本项目可兑换，而且这两种项目各自的可兑换还可根据程度的高低划分为不同的层次；是国内可兑换还是国内国外都可兑换，这里也有多种交叉的可兑换形式。第二，稳定性，指一国货币对内对外的价值都保持稳定。对内而言指物价的稳定，对外则指汇率的稳定。第三，自由性，指货币的兑换不受行政干预、没有外

① 货币对内自由兑换通常是这样实现的，即允许国内居民在本国银行开立外汇存款账户和保留外汇现钞，并不对其他金融资产做任何特殊规定。完全的对内自由兑换应该使居民可以自由地动用其国内余额在本国进行经常项目和资本项目交易。

② ［美］特里芬．黄金与美元危机——自由兑换的未来［M］．北京：商务印书馆，1997：22-24.

汇管制或外汇管制程度较低，充分保证自由兑换的权利。

（二）货币发行国与世界各国广泛的贸易关系和强大的国际投资地位

一国货币向国际渗透的过程，总是伴随着该国经济对外联系的加强以及参与经济全球化程度的提高。一国货币在国际上的地位，与该国在世界贸易和投资中所占的份额有直接关系。在国际贸易和金融中占有较大份额的货币具有一种自然优势。强有力的出口和国际投资地位，可以直接推动该国货币在国际上的广泛应用，是一国货币走向国际化的重要途径。一国只有和世界各国建立广泛的贸易和投资关系，其他国家才可能将该国货币用作支付、结算和储备货币。历史上，英国、美国、日本在各自货币的国际化进程之初都经历过贸易和投资扩张的过程。

随着一国对外贸易的增长，非居民对该国货币的持有量将显著增加。特别是当该国货币在该国经济实力和贸易顺差的支持下出现升值趋势时，那些与该国有着双边经贸关系的国家出于支付双边贸易差额、偿还双边债务、干预双边汇率的需要，将在其外汇储备中保留一定数量的该国货币。此外，容量很大的国际贸易也为本国企业提供了一个利用本币进行贸易投资的较大空间。随着一国经济实力的提升，其企业在生产、管理等方面的竞争优势逐步增强。将这些优势配合国内充裕的资金对外输出，与东道国的禀赋优势相结合，将使一国的对外投资变得有利可图。由于资金是一种稀缺的资源，因此被投资方在选择币种方面倾向于迎合投资方的意愿。

就投资方而言，在本国法律许可的情况下，一般愿意使用本币对外投资，其原因有二：一是投资方筹集本币资金更为方便，成本也更为低廉。二是使用本币对外投资可使投资方免去在订立合同以及实际投资中折算、兑换货币的不便。因此，随着该国对外直接、间接投资的增长，其货币将更多地在投资合同、债权凭证等领域行使国际货币的职能。

要提高一国在国际贸易中所占的比重，就必须提高其劳动生产率和产品竞争能力，劳动生产率的提高会增强该国产品的国际竞争力，促进出口的增长，从而增加其对外贸易额占全球的比重，并使其贸易收支出现顺差。随着该国经济实力的上升以及贸易收支的顺差，其货币必然趋向升值，因而国外出口商也乐于以该币计价、结算，从而带动该国货币在世界上使用范围的扩大。

（三）货币具备可得性和流动性

一般说来，一国货币成为国际货币后，将被各国私人和官方广泛持有，因此，在交易流通方面就必须满足以下三个条件：①数量上保持供求平衡。通俗地说就是既要有人买，也要有人卖。买要能买得着，卖要能卖得掉。②汇率上买卖差价较小。由于持有国际货币是有成本的，为了降低持有国际货币的成本和兑换交易的成本，在汇率上买卖差价必须较小。交易商的数量越多，市场越深，市场报出的买卖差价就越小，个别交易商对金融工具交易价格的影响力就越小，这样一国货币的流动性才会越强。③应当是强势货币。只有强势货币才会被人们广泛持有、交易和使用。强势货币是在市场作用下形成的，一种货币能否成为强势货币，总的说来是市场的选择。

一国货币的国际化必须充分保证该国货币的国际流通量和储备量，必须具有足以适应世界经济和贸易稳定增长的供应量，以保证各国私人和官方的需求。这就要求货币发行国具备雄厚的经济基础和正常的国际收支，能随时提供国际流动资产，各国居民和政府通过开展国际经贸活动或国际金融市场的交易活动，或通过向其他来源举债的方式能够无条件地迅速获得该种货币。同时，货币发行国在区域乃至全球拥有发达完善的银行体系，能保证该国货币在各地区的及时供应与回笼。一国货币要发挥国际货币的作用，就要求在市场上不论多少金额的其他货币都可随时与该国际货币进行等值外汇交易，并且，该国际货币资金的运用、筹集和计价资产的买卖可顺利进行。

此外，交易活跃、供求合理、能够自由兑换成其他形式的国际储备资产、具备较高的流动性也是国际货币的主要特点，这就要求一国货币的交易成本较低，在国内外流通基本场所的市场条件符合国际标准并具有竞争性。一般来说，具有活跃的短期资金市场、国库券市场和商业票据市场，会增加对一国货币的国际需求。金融市场充分自由，货币在经常项目和资本项目下都能自由兑换，这样，该国的对外贸易活动就更活跃，金融资本流动性就更强，其货币在国际上的流通也就更广泛。流动性还要求一国货币必须在国际结算、国际信贷和国际储备三方面能为国际社会所接受。在国际流通中，人们有持有该货币的愿望。该货币能够作为交易媒介和价值储备手段被各国私人和官方所持有。

二、稳定条件

（一）稳定的币值和中央银行的良好信誉

首先，作为国际货币，其目前及未来的价值都应保持稳定。这是货币国际化的内在基础，因为只有稳定的货币才能被信任和接受。国际货币是一种资产的持有形式：各类公司持有开具发票所使用货币的经营余额；投资者持有使用该货币发行的国际债券；中央银行持有该货币储备。在有恶性通货膨胀倾向的国家里，家庭和小企业可能持有外币现金。在国际交易中使用价值稳定的货币，可以减少人们获取和传递信息的时间和费用，可以降低人们交易中可能遭遇的汇率变动风险。而一国货币如果币值不稳，通货膨胀率居高不下或变化较大，名义汇率下降或变动频繁，就增加了国际上使用该货币的成本。凡此种种带来的不确定性，都难以使该国货币成为国际货币。

其次，通货膨胀还降低了该国货币的购买力，降低了其作为国际储备和交易媒介的能力。只有保持币值的长期稳定，才能使国内外居民对持有该国货币具有信心，从而加强其作为国际记账单位、交换媒介和储备货币的职能。进出口商人在选择贸易结算货币时，币值的稳定性是须考虑的重要因素，币值不稳的货币不利于进出口商核算成本与收益，也增加了为防止外汇风险的套期保值成本。只有币值稳定的货币，才是能被用于金融资产标价的投资货币。

再次，只有一国货币币值稳定，其他国家的中央银行才愿意将其货币的汇率钉住该国货币，当然两国之间还必须有密切的经济贸易关系。一国货币被作为钉住货币，有助于增强该国货币的信誉和稳定性，从而加强本国货币的国际地位，并能起到扩大本国贸易与投资，在一定程度上控制他国经济金融资源的目的。

最后，一国货币未来价值的确定性会增强其作为购买力储藏的职能。国际储备货币拥有作为国际价值储藏的职能是由于其价值的稳定性。各国以主要储备货币形式持有大量的官方储备，私人在各种经济交易活动中也需要保存和持有大量的国际货币。只有一国货币的价值稳定，才能保证各国官方及私人所持有的外汇储备不至于遭受贬值带来的价值损失。

一国货币币值的稳定除了靠强大的经济基础和充足的外汇储备外，还要靠中央银行长期建立起来的良好信誉。一国货币国际化后，中央银行就要承担世界经济最后贷款人的角色。因此，中央银行长期以来所实行的货币政策取向、是否具有较强的独立性和高超的宏观金融调控能力也是一国货币能否走向国际的重要前提条件之一。

这里具有典型意义的是德国中央银行长期以来把币值稳定作为中央银行首要任务所建立起来的良好信誉。在20世纪20年代和40年代中后期，德国分别经历了两次大规模的恶性通货膨胀，使德国人民付出了惨痛的代价。这种深刻的教训促使人们在德国建立了一种有利于货币稳定的坚实的政治文化，成为《联邦银行法》制定的前提。而德意志联邦银行的货币政策成为德国稳定货币体系的坚实堡垒。联邦银行的成功，主要建立在坚决与通货膨胀作斗争的立场上。确保货币稳定是贯穿联邦银行发展过程中始终如一的灵魂和目标。从1950年到1996年，德国物价上涨指数在西方发达国家中最低。同时，在与美元的汇率比价中，马克与西方几种主要货币相比，一直保持着坚挺和稳定的态势。几十年来，马克一直是世界上最稳定的货币之一，成为欧洲货币体系中最重要的“定锚货币”，并占据着世界第二大储备货币的地位。

（二）保持强势货币地位

我们可以把国际货币的流通界定为三个层次：①流出国境，在边贸中作为支付手段；②用于许多国家之间的贸易支付及债权债务结算；③能够作为其他国家的国际储备。第一个层次的国际货币的价值要具有稳定性；第二个层次的国际货币除了价值稳定性外，还要具有流动性；第三个层次的国际货币除了价值稳定性、流动性外，还要具有保值性和增值性。而强势货币才具有保值性和增值性。只有一国货币长期保持强势地位，各国政府和私人才愿意大量持有该国货币。

如果说只有强势货币才能成为国际货币，而强势货币又是市场选择的结果的话，则市场选择的条件是：①未来的价值是可以预测的。货币的价值体现在利率、汇率和通货膨胀率等经济变量上。货币未来价值的可预测，要求政府和货币当局的经济政策具有长期的连贯性和一致性，在政策的实施上有较高的透明度，从而使人们对这些因素的变动能够较准确地把握。②支持该货币的是一个强大的、富有竞争力的经济实体，从而使人们对货币的清偿能力具有信心。③该货币所属国具有开放的、高度发达的金融体系，从而能够降低交易的成本，提高交易效率，为强势货币地位的确立提供市场保障。上述三个条件是相辅相成的，强大的、富有竞争力的经济实体，孕育着开放的、高度发达的金融体系，开放的、高度发达的金融体系又为货币未来价值的可预测性提供了制度基础。

三、保障条件

（一）强大的经济实力和较高的生产率

经济基础和综合国力的强弱是关系到一国货币能否顺利流通、币值是否稳定以及在国际货币结构中地位重要与否的决定性因素。庞大的经济总量、强大的经济实力和经济的持续领先增长是实现货币国际化的物质基础。只有发行国经济实力雄厚，经济状况稳定，才能抵御和吸收外来的冲击和影响。历史经验表明，最强硬的货币都是由经济最强大的国家提供的。在英镑、美元、德国马克以及日元等货币的国际化进程中，无不伴随着这些国家经济的崛起和综合实力的增强。

一国货币走出国门后，将被世界各国所持有，因而形成对本国产品和劳务的潜在需求。这种需求独立于国内经济政策的引导范围之外，很不稳定。若不以庞大的经济总量做支撑，需求的不稳定很容易转化为对国内市场的冲击，进而影响货币发行国宏观经济的稳定。较大的经济体量可以为本国货币提供较坚实的经济基础，也不易受到外部冲击的影响，而且也更有可能拥有较大容量的资本市场，可以为该国实体经济的发展提供充足的资金保障。

衡量一国经济实力的主要指标是该国 GDP 在世界 GDP 中的比重及该国对外贸易在世界贸易中所占的份额。一国的经济总量是其货币国际地位的基础。一部国际货币更迭的历史，就是各国经济实力对比变化的历史。但是衡量一国经济实力不仅要考虑该经济体目前所体现的经济实力，还应考虑其未来的增长趋势。

除了经济实力这一决定因素外，一国具有较高的生产效率也能促进其货币的国际地位。只有货币发行国具有较高的生产率，该国在与其他国家的经济交往及贸易中才能具有比较优势，其他国家才愿意进口其先进设备和技术，进而愿意使用和接受该国货币进行贸易的计价和结算，从而在该国周围形成一个相对稳定的贸易群体，群体内部才可能将该国货币用于计价和结算。19世纪30年代，英国率先完成了工业革命，整个世界成了它的原料产地和产品经销市场，整个世界市场无不处在它庞大的贸易网中，这对英镑国际货币职能的发挥起了重大的促进作用。第二次世界大战后初期，美国对外贸易占世界的30%，工业制成品占世界的一半以上。这些都是较高的生产效率促进一国货币走向国际的证明。

此外，一国经济对外依存度小、国外经济变动对国内经济影响不大，也会对一国货币的国际化起到积极作用。倘若一国经济规模保持不变，而经济对外依存度，如外贸依存度提高，势必会使世界经济、金融动荡对该国国内经济的影响显著增强，大大削弱其抵御外部冲击的能力。因此，要不断推进货币的国际化，并使之最终成为国际货币，就必须不断提升本国的经济规模、增强经济实力。

（二）合理的国际收支结构

开放经济条件下的宏观经济政策目标之一是外部均衡，它要求一国具有与宏观经济相适应的、合理的国际收支结构，主要体现为国际收支的基本平衡和可持续性。国际收支的可持续性的要求之一是消除外汇短缺，实现外汇收支大体平衡，尤其要将经常项目中的外汇短缺基本消除。一般认为，理想的国际收支结构是在经常项目上有充足盈余，在资本项目上略有逆差。这样就能既保证货币发行国的净债权国地位，获得充分的国际储备，又能在国际贸易和投资中占有较大份额。

在一国货币可自由兑换后，政府很难再以直接管制方式强有力地控制各种国际贸易，国际收支可持续性的问题将会日益突出。因此，一国货币成为国际货币后，如果发生了国际收支逆差，就需要货币发行国具有相应的承受巨额逆差的能力。一国要承受较大的国际收支逆差，就需要有充足的国际储备和国际清偿手段，而这要求国内企业具备较强的国际竞争力和出口能力。

四、调控条件

（一）强有力的宏观金融调控能力

市场经济体系的完善和市场经济机制作用的充分发挥对一国货币的国际化十分重要。只有那些外汇管制、资本管制较松的完全自由兑换货币才有可能充当国际货币。这是由一国经济的开放性决定的，是一国货币国际化的基础。很难想象一个封闭的货币制度和经济体系能够实现货币的国际化。一国货币国际化后，各种防范国际资本流动的防火墙也将随之拆除，国内经济金融领域将会面临外来冲击的风险，这无疑会增加本国执行货币政策的难度。因此，宏观经济调控能力的强弱很大程度上影响着本币对外汇率和币值的稳定，从而影响该国货币的国际地位。

宏观金融调控的实施需要具备一定的条件。首先，必须具备比较完善和成熟的市场经济环境，市场机制作用的发挥是一国宏观金融调控的前提。其次，具备丰富有效的调控工具。这是宏观金融调控的作用途径，品种丰富、多样化的金融工具能够为中央银行的调控提供充分的选择空间。最后，宏观金融管理部门必须具备高超的宏观金融调控能力和完善的金融监控手段。

（二）健全的金融体系和开放完备的金融市场

自由且高度发达开放的金融市场、健全的金融体系和遍及全球的金融机构和服务网络是一国货币国际化必不可少的条件。货币的兑换主要是在金融市场通过金融机构进行的。健全的金融体系是货币国际化的组织保证，具体包括多元化、国际化的金融机构和功能齐全的金融市场。银行等金融机构是金融市场的主体，是货币兑换的主要参与者。如果一国金融体系不健全，金融机构结构单一、数量有限、业务狭窄，那么各种外汇交易就不能顺利进行，进出口贸易和国内外投资引起的货币兑换也不能够很好地得到满足，货币的国际化也就无从谈起。实现货币国际化最为主要的是要建立功能完善的外汇市场，尤其是离岸金融市场，这不仅能满足不同层次、不同性质交易的需要，还能为货币当局利用直接和间接手段调控外汇供求、稳定汇率及币值提供可能。形成自由且完备的金融市场的条件是：有广度，能容纳各类金融工具进行交易；有深度，具备良好二级市场。

由于20世纪80年代以来金融自由化及金融创新的发展，金融市场对货币国际化的推进作用大大增强。随着一国货币国际化进程的加快，外国居民和官方持有该国货币数量的增加，客观上要求该国开放金融市场，为非居民持有的该国货币提供一个价值储藏、投资增值的场所，而金融市场的开放也将进一步提高非居民对该国货币的持有意愿。市场规模的扩大、效率的提高，将使更多的结算和融资通过该国市场利用该国货币进行，从而提升该国货币作为国际货币的地位。

第二节　货币国际化的效应分析

货币的国际化具有正、负两方面的效应，一国货币成为国际货币后，在给货币发行国带来诸多利益的同时，也需要付出一定的成本和代价。人民币的国际化，当然也会面临货币国际化的共性利益和成本，但又有一些具体的特征，在这里结合货币国际化利益成本的共性特征一并进行分析。

一、货币国际化的收益分析

一国的货币作为关键货币在国际上被广泛使用，对于该货币发行国来说，可利用其特殊地位获得额外的利益。

（一）获得铸币收入

铸币税（Seigniorage）原指中世纪西欧各国统治者对送交铸币厂用以制造金、银铸币的贵金属所征的税。在现代文献中，铸币税的衡量有两种口径，狭义的铸币税被定义为“货币发行者凭借其发行特权所获得的货币面值与纸币发行成本之间的差额”。广义的铸币税被定义为“因本币国际化而获得的本币及其表征的金融资产的净输出①”。铸币税收入在国内是通过立法强制执行的，利润归国家所有，是央行发行货币的利益。在国际上，国际储备货币发行国发行国际货币同样享有此种特权，从无成本地发行国际货币中获利，其获得的利润是他国的商品和劳务及直接投资的收益。这等于关键货币发行国可以以毫无价值的纸质凭证向其他国家换取资源。铸币税的大小可以境外债

① 钟伟．略论人民币国际化进程［J］．世界经济，2002（3）．

务和贸易入超的总和来粗略估计。

国际铸币税的来源与分配因国际货币体系的不同而有差异。在严格的金本位制，即金铸币本位制下，黄金直接行使货币的基本职能，一国在国际交易中获得别国商品和劳务的同时，也会放弃另一种实际资源——黄金。因为这种转移体现着等价交换的原则，因此一国相对于其他国家并不享有铸币税特权。在金块本位制和金汇兑本位制下，信用货币的流通在一定程度上成为可能，处于国际货币体系中心地位的国家可以使用本国纸币来换取他国商品和资本的控制权，这些货币在境外的结存可以为中心国家带来铸币税收益。但由于这两种货币制度仍以黄金为基础，一国只能获得相对有限的国际铸币税。保证本币与黄金兑换性的承诺，使其输出本国纸币时必须受到黄金储备量的约束。

在不兑现的信用货币制度中，一国能否获得国际铸币税取决于该国货币是否享有国际储备货币的地位，因此国际铸币税可以被理解为储备货币的发行利润。为了获得国际货币，非储备货币发行国必须放弃实物商品和劳务，或放弃实际资本存量的所有权。也正因为这样，国际铸币税利益由少数发达国家所获得。对一国政府来说，货币的国际化会给该国带来一定的铸币税收入。

尽管储备货币发行国的国际收支差额会发生数量的大小变化，但国际储备货币总是有一个最低的稳定值为其他国家所持有。也就是说，只要某种货币的储备地位存在，持有该外汇储备的国家就不会对货币发行国实现其债权，它们积聚的只是无清偿期限的债权。

在现行的国际货币体系中，美元的特殊地位有利于其获得铸币税收益，从而进一步巩固美国的经济地位。当其他国家国际收支经常账户不平衡时，都不得不进行一番痛苦但必要的国内政策调整，如削减公共支出和降低进口等。美国则不然，因为美元是国际储备货币，美国政府可通过印刷美钞来弥补赤字，维持国际收支的平衡。简言之，其他国家必须“挣外汇”，美国则可“印刷”自身的国际支付手段，从而支配他国创造的财富，这正是美国长期国际收支逆差的实质。当然，转移到外国持有者手中的美元并不是无息贷款。获取美元的外国中央银行可以将其投资于美国国库券或其他流动资产以赚取市场利率。美国可以很容易地用美元在世界资本市场发行债券，从而换取海外资产，或用来支付经常账户赤字。

人民币成为国际货币的最大收益是分享国际铸币税。任何国家发行纸币都是借助货币发行权向纸币持有者筹集资金的过程，是对纸币持有者财富的一种无偿占有。在本国发行纸币，铸币税取之于本国用之于本国。发行国际货币，则铸币税取之于国际而用之于本国，是对他国资源的占有，是一种额外的国际收入。从理论上讲，如果人民币实现国际化，中国也可以通过向国外发行人民币筹集资金，获得国际铸币税，以抵补使用外币而被外国无偿占用我国资源所遭受的损失。

（二）对他国国际储备的低成本使用

在获得铸币收入的基础上，储备货币发行国还可以低成本地使用存放在本国的外国储备。世界各国为防止意外事件发生，都要进行外汇储备，这部分外汇储备放在国内既无利息收入，又不利于对外支付，因而储备货币的大部分都要存入国际货币发行国银行，而该储备可供其发行国借用转而对他国进行投资。一般商业银行存款利率较低，而投资利润率则较高，这样相当于为储备货币发行国提供了一种低成本资金来源。结果，其他国家积累的外汇，并没有用于国内的经济建设，却为货币发行国的经济发展提供了充足的资金来源。对外投资的收益率与本国银行的利差是储备货币发行国享受的纯利，储备货币发行国可获取国内外资产收益率的差额利益。

人民币国际化会减少我国对美元在国际储备货币中的依赖，从而降低美元汇率变动所带来的风险。在人民币国际化后，通过贸易逆差以及对外投资的资金输出，在一定程度上会减轻我国外汇储备的压力，从而可以降低我国外汇储备规模，对冲部分外汇储备贬值的损失，使高额外汇储备所带来的金融风险降低。

（三）有利于国际货币发行国的国际贸易和对外投资

由于国际货币被广泛用于国际的计价、支付和结算，绝大多数跨国货币收支，如国际贸易中的货款结算、国际金融市场上的资金借贷和本息偿还，都是用国际货币来进行的。这就使国际货币成为一种非常紧缺的资源。而要得到这种资源，其他国家就必须与国际货币发行国发展贸易往来，进行经济合作。在对外经济往来中直接用本币计价、结算，简捷方便，有利于其对外经济往来的扩大。反过来，对外经济往来的逐步发展和扩大，又促进了其国际地位的进一步提高。一国货币的国际化还给本国进出口商、投资者及消费者带来很大的方便，使其在从事国际经济交易中可以较多地使用本币而少受或免受外汇风险的困扰。对进出口商来说，汇率风险是他们面临的主要风险之一，规避它的最好办法是用本币计价、结算。这样做，一方面能使该国进出口商免去对外汇收支进行套期保值的成本支出；另一方面便于对国外进口商提供本币的出口信贷，从而进一步提升出口竞争力，扩大对外贸易和经济往来。

此外，货币的国际化也使本国银行及其他金融结构从中受益。各国银行在经营本币时无疑天然地具有比较优势。拥有国际货币可以促进货币发行国金融业的发展，扩大本国金融机构的业务范围和业务量，扩大金融部门的服务收入、贷款收入与投资收入。

人民币成为国际货币，中国对外贸易可以使用本国货币计价，汇率风险将大大降低，这将为我国的进出口商带来极大的便利，促进我国对外经贸活动和国际交流的开展，尤其是推动我国对周边国家和地区的经济贸易和境外投资，使我国在对外经济往来中拥有更大的主动权，提高我国在世界贸易中的地位。同时，人民币成为被国际上接受的支付结算手段，可减少我国对进口的外汇支付，节约外汇资金的使用。

人民币成为国际货币，我国对外投资最大的障碍——外汇资金的供给问题也将迎刃而解，国内投资商可以直接利用手中的人民币对外投资，投资能力大大增强，有利于我国海外直接投资的扩大，从而提高我国的投资地位。同时也降低了由于汇率变动而导致的投资风险，投资收益有了进一步的保证。

以往我国在对外的各种经济、金融活动中完全使用外国货币，汇价风险很大，一旦使用币种不当，就要承受经济损失。如果人民币能够成为世界货币，在国际计价流通，我国在对外经济往来活动中，就可以尽可能争取较多地使用人民币，从而使汇价风险大大降低。

（四）有助于提高国际货币发行国的国际地位和政治声望

货币的国际化往往意味着该货币发行国在国际货币体系中地位的提高，以及该国在国际货币及金融政策协调中作用的加强，有利于一国在地区事务中影响力的增强和国际地位的提高。目前我国的国际地位和我国的经济规模不对称，通过人民币国际化，可以提高我国在国际货币体系中的话语权，从而使我国在国际金融市场中占有重要地位，进而增强我国国际地位和国际影响力。人民币国际化也将会逐渐改变现有的货币体系格局，使得国际货币体系更加多元化，有利于国际货币的稳定，在市场竞争中，人民币将更多地发挥积极作用。

人民币实现国际化后，中国就掌握了一种国际货币的发行和调节权，将使那些使用人民币的国家在一定程度上形成对中国经济的依赖性，中国的经济发展状况和经济政策变化也将对那些国家产生影响，从而加强中国的经济中心地位，中国在国际事务中将具有更大的发言权和影响力。这样，人民币国际化无疑会大大增强中国在世界经济中的作用和地位，有利于保持中国经济的持续增长，提升综合竞争力。

此外，人民币国际化有利于提高国际货币体系的公平性。在当前国际货币体系下各种矛盾凸显。通过人民币国际化有利于国际货币体系的多元化，从而在国际金融市场形成良性竞争，这有利于提高国际货币体系的公平性和稳定性，也有利于构建一个制度更加完善、外部环境更加良好的国际金融市场，有利于促进世界的繁荣发展和金融稳定。人民币的国际化可以优化世界货币结构，支持世界政治经济格局的多极化发展。人民币国际化后，将成为国际结算的货币之一，可减少我国在与世界各国经济贸易往来中对美元、欧元等国际货币的过分依赖，加强中国防范外部金融冲击的能力。

二、货币国际化的成本分析

货币的国际化也会对一国经济产生一些负面影响，国际货币发行国在获得上述利益的同时，也需付出一定的代价和成本。

（一）国内货币政策效力减弱甚至失效

货币国际化使该国经济与世界经济紧密地联系在一起，由于取消了货币壁垒，经济危机、通货膨胀可随时传递到国内，在金融自由化、大量资本在国际自由流动的今天表现得尤为明显。国外大量持有本国短期资产，国外货币偏好的变化，往往会引起大量资本流动，对本国经济产生冲击。同时，由于利率与国际市场相连，资本流动特别是短期游资会影响利率和汇率的稳定。由于连带效应，在国际金融市场中的任何波动都会对国际货币发行国经济金融产生一定的影响，使金融环境不稳定性增强，风险加大，也可能引起经济金融动荡，甚至引发政治风险。

一国货币的国际化会影响发行国中央银行执行货币政策的效果，降低本国货币当局控制基础货币、调控国内经济的能力。国际货币作为本国的货币和作为国际货币的职能有时候会发生冲突。货币国际化之后，本国货币与国际金融之间一体化程度将增强，这样，国内的货币政策将面临更加严重的“内外均衡的冲突”问题。储备货币发行国会发现，在实施国内货币政策时将受到国外本币持有额“突出”的钳制。[①] 例如，美国作为关键货币发行国，当其经济生活中出现通货膨胀时，采用提高利率的货币政策进行调节，结果境外美元回流，国内美元增加，货币政策失效；当国内通货紧缩时，采取降低利率的政策进行调节，结果美元外流，国内货币减少，货币政策失效。

人民币国际化使得国际国内金融市场更加复杂化，国内货币政策的执行效果将会大打折扣，宏观调控周期变长，宏观政策的实施需要更高的专业能力和严密的测算，这将使得宏观调控准确度下降，调整难度加大。

（二）使国际货币发行国背上沉重的债务负担

一个国家的货币要成为国际货币，就必须输出本国的货币。从理论上说，输出货币的途径无非是贸易逆差和资本外流。为了满足世界各国对储备货币的需求，储备货币发行国本身的国际收支必须为逆差，因此，国际货币发行国大多处于净债务国的地位。20 世纪 70 年代前，美国以输出美元为主要方式，向欧洲各国输出大量资本。70 年代后，美国逐渐成为一个净债务国，一个净资本流入的国家，在这种情况下，美国依靠美元作为主要国际储备货币的地位，通过大量的贸易逆差来继续输出美元。而日本在 20 世纪 70 年代后输出日元的方式则完全依赖于资本的流出。当然，这其中涉及国际收支的结构问题和不同国家之间的国际收支问题。庞大的对外债务和债务利息使美国背上了沉重的财政赤字负担。当然，债务额和债务负担是两回事，货币发行中形成的债务与债权具有不对称性，这种债务通常是长期的、稳定的债务，

① 曹勇．国际铸币税的分配、计算与启示［J］．华南金融研究，2002（5）．

不形成兑换本币的压力。

（三）面临更大的货币需求和汇率波动

一国货币成为国际货币后，其货币将被许多国家使用，对本国货币平均需求的增加，将会面临更大的货币需求波动，导致中央银行对货币存量的控制更加困难。如果中央银行不干预外汇市场，这个问题不会出现，但很可能会引起汇率的波动和货币供给的变化，这对该国货币的供求平衡是不利的。对于一个国家来说，国际上持有其货币的数量越大，国内金融政策执行的难度就越大。

此外，由于一国货币国际化后，将允许外国居民获得本币资产，外国居民如果大量购买本国资产，资本的大量内流就可能导致货币升值，这将影响本国产品在国际市场上的竞争能力，影响贸易收支的平衡。

当然，人民币成为国际货币后，既能获得巨大的经济利益，又可以增强中国在国际事务中的影响力和发言权，提高中国的国际地位。货币国际化是一国经济发展到一定程度后的必然结果和趋势。人民币的国际化，也要认真权衡利弊得失，对人民币国际化后的权责利及义务做出科学的评估，制定相应的应对预案。

第三节　人民币国际化的可行性分析

在货币国际化的进程中，货币的国际职能由市场力量而不是政府法令所决定。一种货币能否成为国际货币，以及其国际地位的高低，主要取决于作为其基础的经济实力和其他一些条件。

一、人民币国际化的外部环境

（一）三元国际货币格局呼唤人民币的介入

欧元启动前的国际货币体系是在1973年布雷顿森林体系解体后逐步形成的，以美元为主导的、不对称的三元国际货币格局，即美元处于中心地位，而日元、德国马克处于附属地位，但在本质上并没有完全改变美元的特殊地位，国际货币体系仍然处在不稳定的美元垄断框架之内，各国货币以美元为中心（支点）进行浮动。欧元启动后，由于美元和欧元这两个“支点”都不是固定不变的，而是相对浮动的，会引发两种货币之间的汇价出现此消彼长的跷跷板效应。于是，就有可能出现这样的情景：当欧洲经济看好时，人们就会抛售美元而买入欧元；相反，当美国经济看好时，人们又会买入美元而抛售欧元，从而加剧区域间的金融动荡和投机活动。而三元或多元货币格局具有较好的汇率稳定机制，可以形成各种国际货币间的相互竞争和制衡。同时，多种货币之间相互制衡，既竞争，又合作，有利于维持国际金融体系的稳定与发展。目前国际货币体系改革的焦点集中在增加作为国际货币的国别货币的数量，调整国际货币结构中国别货币的权重，通过市场机制强化对各国别性货币价值稳定性信息的传递。

虽然一般来说现行国际货币格局处于美元、欧元和日元三极格局之中，日元也是一种重要的国际货币，但其地位和前二者相比却有较大的差距。日元发挥职能作用的程度有限，因而现行国际货币的“第三极”具有相对弱化的趋势，并非严格意义上的三元货币格局。

货币国际化的历史证明，货币的国际化之间存在着竞争与博弈，没有一种货币能够永久地充当国际货币。这种以多元化国际货币为基础的三元货币格局并非静态的，入主三元货币格局的货币并非永恒不变，各国货币的地位将随着各经济主体（包括国家和国家集团）实力的变化而进行动态调整。

1997 年的亚洲金融危机给整个世界带来了一场深重的灾难，受其影响，国际金融市场动荡不定，世界经济增速放慢，危机波及国家政局不稳，社会动荡。在这场历时两年的危机中，受到金融风暴冲击的国家或地区的货币（除港币外）纷纷出现了不同程度的贬值，但人民币却经受住了这场危机的严峻考验，始终保持了币值的稳定，为稳定亚洲乃至全球的金融形势，帮助东南亚国家走出困境、摆脱危机做出了贡献，人民币的国际地位也因此大大提高。

目前，人民币汇率的走势逐步成为世界关注的焦点。由于中国经济实力的日益强大，人民币币值坚挺，周边国家及地区普遍看好人民币。在美元紧缺的情况下，这些国家已将人民币作为对外支付和结算货币加以使用。这说明人民币已开始走出国门，在区域范围内承担着部分国际货币的职能。

（二）地缘经济和政治的影响有利于人民币的国际化

目前，美国、加拿大、墨西哥已形成了北美自由贸易区，欧洲也建立了欧洲经济货币联盟，20世纪80年代以来东亚各国之间的经济联系逐步加强，在西太平洋走廊形成了东盟和若干小的经济合作区。2013年，中国提出了"一带一路"倡议，中国和欧洲及亚洲的经济联系将会极大加强，世界经济的区域化发展在国际金融方面会加速资本国际流动和导致国际货币结构的变化。因为区域化经济要靠国际货币来运转，否则区域内无法做到经济的协调发展，而国际货币也需要区域化经济来支持。

国际货币的影响范围与其发行国所处的地域有密切的关系，离国际货币发行国较近的地区其货币的流通程度高一些，而距离较远的地区流通程度就低一些。造成这种情况的原因在于货币的国际化程度往往取决于贸易关系，离国际货币发行国较近的地区和该国的贸易往来比较密切，使用该国货币、把该国货币作为储备货币的机会也较大，而离国际货币发行国较远地区的情形则正好相反。在国际货币格局中，美元在全球各个地区都占有最大的份额，都是最主要的国际货币。但对世界各个地区国际货币所占份额的进一步研究表明①，美元的绝对优势地区主要还是在美洲，相应地，欧元在欧洲、日元在东亚的优势也都相对较强。

东亚的区域化是一个松散的结合体，各国与美国在经济贸易方面有着相当密切的联系。长期以来，美元在亚洲地区起着主导货币的作用，日元则扮演着配角。但是在1997年金融危机后，亚洲各国对于过度依赖美元的危险性有所警惕，因此在对外贸易结算和外汇储备中都试图降低美元的比例，美元的地位不再像以往那样稳固。

从综合实力和发展潜力来看，有能力支持本国货币（或区域货币）成为国际货币的亚洲国家（或经济区）有日本和中国。日本经过"二战"后几十年的发展，在经济上已成为具有地区影响力的国家，拥有巨额的经常项目顺差，而且其金融市场的发达程度也并不亚于其他几个西方发达国家。日本从20世纪70年代就开始议论日元的国际化和建立日元货币圈的问题，到80年代开始推动日元的国际化，并取得了一定程度的进展。但进入20世纪90年

---

① 王岸欣．世界三大货币国际化程度之比较［J］．国际经贸探索，2000（1）．

代后，由于泡沫经济崩溃及长期经济停滞的影响，在日本经济国际化和金融国际化遭受挫折的情况下，日元国际化也出现了停滞和倒退。

尽管在欧元面世后，日本又雄心勃勃地高喊“日元国际化”的口号，然而日本的这种尝试却受到诸多客观不利因素的限制。首先，日元汇率大起大落，汇率波动过于频繁。日元可以说是发达国家中最不稳定的货币之一，因而难以承担作为稳定的国际货币的职责。其次，日本的进口规模比较小，短期金融市场体系不够完备以及对非居民运用调度日元资产的方式和手段加以种种限制等都对日元走向世界构成了障碍。再次，日本政府近年来在经济政策上的利己做法让亚洲国家失望。在1997年的亚洲金融危机中，日本为了转嫁国内危机，放任日元持续贬值，使日元的国际声誉大大下降。最后，自20世纪90年代初泡沫经济破灭至今，日本经济长期低迷，国内外对于日本政府推出的刺激经济增长政策缺乏信心等使其对日元的信任度发生了显著的下降。

由于这些缺陷，日元在亚洲仍然摆脱不了美元“替补”的地位。就目前而言，日元的国际化程度不但无法和美元相比，即使和欧元相比也有较大差距。亚洲各国为防止金融风险，希望摆脱对美元货币的单一依赖，但却苦于找不到一个能与美元匹敌的货币，而在世界政治经济格局中占据重要地位的亚洲国家和地区，在三元国际货币格局中迫切需要拥有体现自身实力的国际货币。

相对于日本经济的下滑和日元地位的下降，中国的综合国力和人民币的国际地位不断提高，中国正逐步成为世界多极化发展格局中的重要力量。近年来人民币汇率稳中有升，坚定了世界，特别是周边国家对人民币的信心，这使得人民币介入国际货币体系有了一个良好的基础。由于美元和欧元的鞭长莫及，而日元又处于虚假的“高本位”状态，人民币国际化既面临着严重的冲击和挑战，又得到了前所未有的发展机遇。

二、人民币国际化的条件考察

（一）人民币国际化道路的历史回顾

人民币早在1968年就用于对港澳地区的贸易结算。1971年中国银行开办人民币远期买卖业务，可以用15种货币向中国银行买卖外汇人民币。此外，外商可以向与中国银行有代理关系的当地银行买卖远期人民币，规避汇率风险。这应是人民币国际化的早期实践。

1979年，中国改革开放后，与世界各国的交往日益增多，与周边国家或地区的贸易和人员往来发展迅速。边境贸易和境外旅游的发展极大地推动了人民币走出国门。1993年，中国人民银行允许个人携带6000元人民币出境，2004年以后增加为2万元，放宽了人民币流出国境的限制。

1994年，中国外汇管理体制进行了重大改革，实现了汇率并轨，建立了以市场供求为基础的、单一的、有管理的浮动汇率体制，同时建立了统一的银行间外汇市场，取消了经常项目外汇收支指定性计划和外汇留成制度，实行中资企业结售汇制度，中资企业的外汇收入必须无条件地卖给外汇指定银行，而外汇支出则需凭有效的商业单据到银行购汇；对外商投资企业的外汇管理政策保持不变，仍通过外汇调剂中心买卖外汇。外商投资企业经常项目用汇仍要依据一定条件经外汇管理部门批准，这是人民币有条件可兑换后的主要汇兑限制，实现了人民币在经常项目下的有条件可兑换。1994年实现人民币经常项目有条件可兑换之后，外汇体制与IMF基金协定第8条款的要求已差距不大。

1996年7月1日，中国开始对外商投资企业实行银行结售汇，取消了尚存的经常性国际支付或转移的汇兑限制。1996年11月27日，中国人民银行宣布中国不再适用IMF协定第14条第2款的过渡性安排，并自1996年12月1日起，接受《国际货币基金协定》第8条第2款、第3款、第4款中规定的义务，实现了人民币经常项目可兑换，加入了115个已实现本币经常项目可兑换的IMF成员国的行列，人民币国际化迈出了坚实的一步。

1997年我国外汇体制改革又推出了新的举措。从1997年10月15日起，允许部分中资企业开立外汇账户，保留一定限额的经常项目外汇收入。实行限额外汇留成后，中资企业可以大量减少汇兑损失，降低生产成本，拥有一定的经营自主权，有利于创造一个更为宽松、稳定的经营环境。

2006年1月4日，在银行间即期外汇市场引入询价交易方式和做市商制度的同时，中国人民银行授权中国外汇交易中心于每个工作日对外公布当日人民币兑美元、欧元、日元和港元汇率中间价，作为当日银行间即期外汇市场（含OTC方式和撮合方式）及银行柜台交易汇率的中间价。这种新的中间价产生方式为进一步完善人民币汇率形成机制奠定了坚实的市场基础。2006年7月1日，国家外汇管理局取消了企业的境外投资外汇需求用汇额度限制。2007年2月，个人年度购汇额度进一步提高至5万美元。2007年8月，国家外汇管理局规定，境内机构可根据经营需要自行保留对其经常项目的外汇收入。至此，境内企业实现了在经常项目下的意愿结汇。

2015年8月11日，中国人民银行宣布调整人民币对美元汇率中间价报价机制，中间价报价将参考上日银行间外汇市场收盘汇率，综合考虑外汇供求情况以及国际主要货币汇率变化而确定，这意味着人民币的汇率改革将进一步市场化，人民币汇率双向浮动弹性增强。

从国际收支口径上说，现阶段我国已实现了人民币经常项目下可自由兑换。从交易对象口径上说，目前人民币尚且只在国内可兑换，但已有突破，如我国已放宽了人民币出境规定，而且人民币在边贸中也已成为周边国家相互贸易的主要货币。

近年来，由于我国经济实力增强，人民币币值稳定，在我国与周边国家和地区的边境贸易中，人民币已经被普遍用作支付和结算的硬通货。随着人民币被越来越多的国家和地区所接受，人民币的境外滞留量已经具备了一定规模，且在逐年增加。沉积未回流的人民币甚至在境外某些区域实现了自由兑换。人民币的多边性、自由性和稳定性得到了一定程度的体现。因此可以说，随着我国和周边国家地区贸易和经济往来的进一步扩大和加深，人民币的国际化实践已经开始，并在一定程度上开始扮演准区域货币角色。

（二）人民币国际化的现实基础

一国货币的国际化是由许多因素决定的，其中最基本的因素是稳定开放的政策、稳定的政局、庞大的经济总量、广泛大量的国际贸易和国际投资、高度发达开放的金融市场和充分自由兑换的货币等。以下就人民币国际化的条件作具体分析：

1. 人民币自由兑换的步伐正在加快、外汇管制逐步放松

货币自由兑换是衡量一国经济发展水平和对外开放程度的重要标志。一国货币的可兑换程度主要取决于该国的经济实力，同时，也是一国外汇管理制度和经济金融政策选择的结果。国际货币基金组织认为货币自由兑换的条

件有四个：外汇储备充分、宏观经济稳定、微观基础建立及适当的利率。我国目前已接受 IMF 第 8 条款义务，对经常性国际交易支付和转移，包括对所有无形贸易的支付和转移不加限制，不实行歧视性的货币安排或多重货币制度，实现了经常项目完全自由兑换与资本项目部分自由兑换并存。

为了配合资本项目管制，防止资本项目交易混入经常项目结售汇，防止无交易背景的逃骗汇及洗钱等违法犯罪行为，中国目前仍然对经常项目外汇收支的真实性进行审核。按照国际货币基金组织的有关规定，这类审核不构成汇兑限制。近年来，国际货币基金组织和世界贸易组织对中国履行经常项目可兑换承诺的情况均给予了充分肯定。

事实上，目前人民币已经在资本项目下实现了部分可兑换。国际货币基金组织将资本交易划分为 43 项。根据中国现行法律、法规和政策，以及具体实行情况，可以分为可兑换、有较少限制、有较多限制和严格管制四类，其中前两类，即可兑换及有较少限制部分的占比已接近一半。

需要注意的是，中国目前正处于经济体制转轨时期，地区发展极不平衡，同时存在着“一国两制”情况。这些因素导致人民币可兑换发生了一些特殊现象，有些领域的实际开放程度甚至超过了制度和政策规定的范围：

第一，人民币在不同地区的可兑换程度存在着较大差别。在沿海边境地区，特别是毗邻港澳的珠江三角洲地区，由于便利的地理条件和频繁的经贸、人员往来，有关人民币可兑换的制度限制很容易被突破。而在经济不发达的内陆省份，无论在制度上还是实际操作上，对资本项目交易都维持着严格管制，人民币可兑换程度较低。

第二，对不同类型企业的外汇管理存在较大差异。例如，对中资企业管理较严格，对外资企业管理较宽松；对非国有企业管理较严格，对国有企业管理较宽松；对非金融企业管理较严格，对银行和非银行金融机构管理较宽松。

第三，货币流动的自由程度超出交易项目的开放程度。我国较早允许居民个人自由持有外币现钞和外汇存款账户，而大多数发展中国家和地区在资本项目完全开放之前，一般严格限制个人持有外汇。个人自由持有外汇，有利于吸引境外资金和方便个人用汇，但也容易产生外汇黑市交易等问题。

此外，通过境外的兑换店开展的人民币兑换业务和对内地的地下汇款业务，使得部分资本项目跨境交易事实上通过货币互换、地下钱庄等非法途径得以实现。上述现象的存在，在很大程度上说明，随着中国进一步融入世界，市场自发的力量已对现行外汇管理体制提出了挑战。

尽管一般来讲国内可兑换应在资本项目可兑换之后进行，但中国目前已实现了人民币在国内的部分可兑换。表现在：允许部分交易内部可兑换，如我国允许个人开立外汇账户和境内居民外汇账户（指由境外汇入外汇转存款），存款人可将外汇汇出境外；允许持有外币现钞，也可以向银行出售外汇，或在银行进行各种外币之间的买卖，同时，允许境内机构（包括外商投资企业）保留资本项目下的外汇收入，开立外汇专用账户，用于经常项目或经批准的资本项目支付和转移；允许外商投资企业保留部分经常项目外汇收入，开立外汇结算账户用于经常项目和经批准的资本项目支付；中资银行可以接受外汇存款，发放外汇贷款；境内外资银行分行可以向外商投资企业和经外汇管理局批准的国有企业提供外汇贷款和接受外汇存款；经批准，中资企业可以开立外汇账户，保留经常项目外汇收入。

总体来看，人民币目前已经实现了经常项目自由兑换、部分资本项目可兑换、部分国内可兑换同时并存的多层次的可兑换性。我国人民币经常项目可兑换的实现有利于改善外商投资和经营的环境，为外国投资者的合法收益提供了充分的法律保障，降低外商投资的汇兑风险，增强外国投资者的信心，因此能吸引更多的外资流入。但也应看到，目前人民币只实现了在经常项目下的自由兑换，资本项目仍未完全放开，目前我国资本项目可兑换的占比还较低。因此，人民币国际化的基本前提尚不完全具备。根据世界各国的经验，实现资本项目下货币可兑换需要较长的准备或过渡时间。因此，人民币资本项目可兑换进程在一定程度上会影响人民币国际化的进程。

在新形势下，货币当局应进一步完善外汇管理体制，积极稳妥地推进人民币资本项目可兑换，更好地发挥市场在资源配置中的基础性作用。

2. 中国经济总量和对外贸易总量有了明显的提高且增势强劲

在 2010 年，我国就已超越日本成为世界上仅次于美国的第二大经济体。到了 2016 年，我国 GDP 已经占到世界 GDP 总值的 14.84%，距离第一名美国的差距已大大缩小，总量上已远远超出日本及其他国家（见表 3-1）。我国经济增长速度也明显快于世界主要经济体，对世界经济增长的贡献率持续上升

（见表3-2）。

表3-1　2002年和2016年各国GDP占世界GDP的比重对比（%）

年份	中国	美国	日本	德国	英国	法国
2002	2.56	21.10	7.11	4.43	3.12	3.20
2016	14.84	24.32	5.91	4.54	3.85	3.26

资料来源：根据国研网数据中心及World Development Indicators（WDI）Database，World Bank.1 February 2017数据整理。

表3-2　各国国内生产值及其增长率

国家和地区	2015年GDP总值（十亿美元）	GDP总值增长率（比上年增长百分比,%）											
		1990年	2000年	2004年	2005年	2006年	2007年	2008年	2009年	2010年	2011年	2012年	2016年
世界	77300	3.22	4.81	3.96	4.57	3.93	3.83	2.79	-0.66	5.11	3.95	2.4	2.79
中国	10909.4	3.80	8.4	10.11	11.3	11.61	13.01	9.60	9.22	10.33	9.3	12.7	6.7
美国	18036.6	1.88	4.14	3.64	3.07	2.78	2.03	-0.34	-3.49	3.03	1.81	3.9	1.6
日本	4383.1	5.57	2.86	2.74	1.93	2.04	2.39	-1.16	-6.28	3.96	-0.57	1.6	0.99
德国	3363.4	5.72	3.30	1.18	0.83	2.98	2.51	0.81	-5.08	3.56	3.10	4.8	1.9
英国	2861.1	0.78	3.92	2.76	2.17	2.84	0.71	-0.06	-4.87	1.35	0.92	0.17	1.8
法国	2418.8	2.65	3.87	2.22	1.87	2.36	2.11	-0.21	-2.63	1.38	1.69	5.7	1.1

注："世界"指国际货币基金组织世界经济展望数据库的180个国家和地区。

资料来源：根据IMF World Economic Outlook（WEO）数据库及《中国统计年鉴》各年度数据整理。

强大的经济实力是一国货币最强有力的支撑，也是一国货币被其他国家接受的先决条件。中国经济的快速增长使中国经济的总量已相当可观，这意味着人民币国际化已经具备了一定的经济基础，并且这个基础还将不断得到增强。中国经济已成为世界经济增长的重要引擎和不可忽视的重要力量，这将使人民币具有迈向国际化的经济实力。

从对外贸易总值来看，一国货币成为国际货币，必须与世界各国有着广泛而大量的贸易关系，该国对外贸易总值应在世界进出口贸易中占有较大的比重。

然而，我国外贸依存度较高，这说明我国的经济增长对外部的依赖比较明显。因此，全球经济若有风吹草动，比如关键货币间汇率的变动、经济周期的波动、国际市场上供求或其他变化，乃至政治、军事形势的变化，都将通过进出口对我国的经济产生较大的扰动。这不仅不利于我国经济的长期稳定发展，而且会进一步增加政府开放资本项目的顾虑。

表 3-3　中国商品进出口历年对比　　单位：十亿美元

年份	进出口总额	出口	进口	进出口增速（%）	实际利用外资
2008	2563. 26	1430. 69	1132. 57	17. 9	95. 25
2009	2207. 54	1201. 61	1005. 92	-13. 9	91. 80
2010	2974. 00	1577. 75	1396. 24	34. 7	108. 82
2011	3642. 01	1898. 60	1743. 46	22. 5	117. 70
2012	3867. 12	2048. 71	1818. 41	6. 18	113. 29
2013	4158. 99	2209. 00	1949. 99	7. 55	117. 59
2014	4301. 53	2342. 29	1959. 23	3. 43	119. 50
2015	3953. 03	2273. 47	1679. 56	-8. 10	126. 27
2016	3684. 93	2097. 44	1587. 48	-6. 78	126. 0

资料来源：根据《中国统计年鉴》及商务部各年度数据整理。

3. 人民币对外投资迅猛增长

“十二五”期间中国对外直接投资 5390. 8 亿美元，是“十一五”的 2. 4 倍。2002—2015 年中国对外直接投资年均增幅高达 35. 9%。2015 年末，中国对外直接投资存量首次超过万亿美元大关，当年对外直接投资流量 1456. 7 亿美元，跃居全球第二，并超过同期吸引外资规模，实现资本净输出。2015 年，中国对外直接投资占到全球流量份额的 9. 9%，仅次于美国的 2999. 6 亿美元，首次位列世界第二。2016 年，我国对外直接投资进一步增长，当年投资流量达到 1832 亿美元，同比增长 25. 8%，连续两年成为世界第二大对外投资国。

我国对外直接投资始于改革开放之初，经过 20 世纪 80 年代的试探性阶段和 20 世纪 90 年代以来的迅猛发展阶段，目前我国境外企业已达 3. 08 万家，分布在 188 个国家和地区，对外投资规模有了很大的增长。

但我国的境外投资项目审批手续烦琐，涉及部门多，对外投资存在严格的外汇管制。所以从我国目前的经济总量水平，以及人民币在国际贸易和对外投资中的地位来看，人民币国际化还需要中国对外投资的进一步扩大。

4. 跨境贸易人民币结算快速发展

从人民币在周边国家使用流通情况看，人民币已开始在不同国家及地区的支付中使用。中国与老挝、越南和缅甸的边境贸易采用人民币现金结算；蒙古与中国接壤的边境地区所流通现金的60%是人民币；韩国、越南、中国香港地区和中国台湾地区接受人民币；人民币在柬埔寨和尼泊尔正式流通市场上也很受欢迎。从人民币跨境结算的发展来看，2009 年 4 月首先在上海、广州等城市开始试点，2010 年 6 月扩大到 20 个省（区、市），2011 年 8 月境内地域范围扩大至全国，境外扩展到所有国家和地区。不仅地域范围不断扩大，而且结算规模也快速增长，据统计，近几年跨境贸易人民币结算的规模增长迅速，如图 3-1 所示。

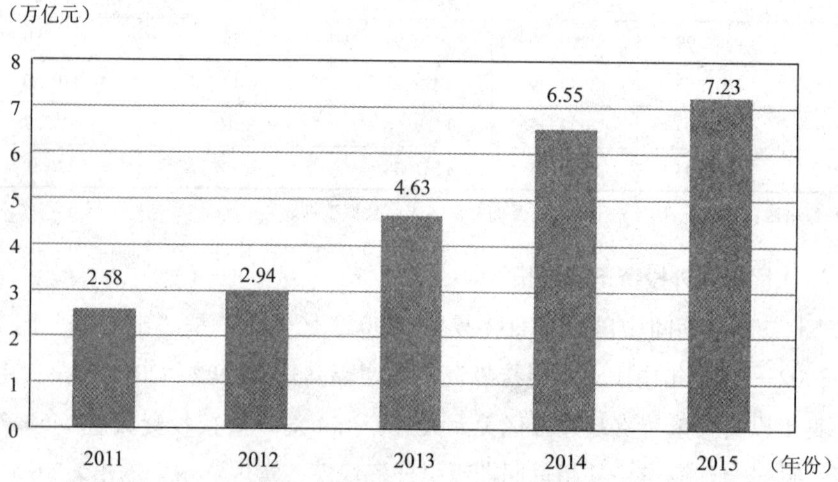

图 3-1　跨境贸易人民币结算规模

资料来源：新华社金融信息网数据库。

从图 3-1 来看，2013 年跨境贸易人民币结算规模 4. 63 万亿元，同比增长57%。2014 跨境贸易人民币结算规模 6. 55 万亿元，同比增长了 41%。2015 年跨境贸易人民币结算规模 7. 23 万亿元，同比增长了 10. 4%。跨境贸易人民币结算规模不断扩大。

5. 双边货币互换协议广泛签署

我国已经与多个国家签署了双边货币互换协议，截止到 2017 年已有 36 个国家与我国签订了互换协议，合计规模 31750 亿元人民币（其中一些国家到期续签互换协议未计算在内），具体见表 3-4。这标志着央行间务实合作进一步发展，人民币国际化也不断推进。

表 3-4 中国已签署的双边货币互换协议一览表

序号	签署日期	国家/地区/机构	规模（亿元人民币）	有效期
1	2009 年 3 月 11 日	白俄罗斯	200	3 年
2	2009 年 3 月 23 日	印度尼西亚	1000	3 年
3	2009 年 4 月 2 日	阿根廷	700	3 年
4	2010 年 6 月 9 日	冰岛	35	3 年
5	2011 年 4 月 18 日	新西兰	250	3 年
6	2011 年 4 月 19 日	乌兹别克斯坦	7	3 年
7	2011 年 6 月 13 日	哈萨克斯坦	70	3 年
8	2011 年 10 月 26 日	韩国	3600	3 年
9	2011 年 11 月 22 日	中国香港地区	4000	3 年
10	2011 年 12 月 22 日	泰国	700	3 年
11	2011 年 12 月 23 日	巴基斯坦	100	3 年
12	2012 年 1 月 17 日	阿拉伯联合酋长国	350	3 年
13	2012 年 2 月 8 日	马来西亚	1800	3 年
14	2012 年 2 月 21 日	土耳其	100	3 年
15	2012 年 3 月 20 日	蒙古国	100	3 年
16	2012 年 3 月 22 日	澳大利亚	2000	3 年
17	2012 年 6 月 26 日	乌克兰	150	3 年
18	2013 年 3 月 7 日	新加坡	3000	3 年
19	2013 年 3 月 26 日	巴西	1900	3 年
20	2013 年 6 月 22 日	英国	2000	3 年
21	2013 年 9 月 9 日	匈牙利	100	3 年
22	2013 年 9 月 12 日	阿尔巴尼亚	20	3 年
23	2013 年 10 月 10 日	欧洲央行	3500	3 年
24	2014 年 7 月 21 日	瑞士	1500	3 年
25	2014 年 9 月 16 日	斯里兰卡	100	3 年
26	2014 年 10 月 13 日	俄罗斯	1500	3 年
27	2014 年 11 月 8 日	加拿大	2000	3 年
28	2015 年 3 月 18 日	苏里南共和国	10	3 年
29	2015 年 3 月 25 日	亚美尼亚	10	3 年
30	2015 年 4 月 10 日	南非	300	3 年
31	2015 年 5 月 25 日	智利	220	3 年

续表

序号	签署日期	国家/地区	规模（亿元人民币）	有效期
32	2015年9月7日	塔吉克斯坦	30	3年
33	2016年5月11日	摩洛哥	100	3年
34	2016年6月17日	塞尔维亚	18	3年
35	2016年12月6日	埃及	180	3年
36	2017年3月9日	匈牙利	100	3年
合计：31750亿元人民币				

资料来源：中国人民银行网站。

6. 具有充足的国际储备

充足的国际储备是一国对外清偿能力的具体体现，这对于一国货币的国际化具有十分重要的意义。到2016年末，中国外汇储备规模已达到30105亿美元，成为世界第一大储备国，这意味着我国具有十分充足的国际清偿能力，见表3-5。多年来，我国一直保持着对外贸易和国际收支的顺差，使人民币长期处于硬货币的地位，充足的国际储备和国际清偿能力更让世界相信人民币的稳定性和成熟性。

表3-5　中国外汇储备余额变动表　　单位：亿美元

年份	2008	2009	2010	2011	2012	2013	2014	2015	2016
外汇储备余额	19460	23991	28473	31811	33116	38213	38430	33304	30105

资料来源：国家外汇管理局，http：//www. safe. gov. cn/。

近年来我国国际储备的高速增长，得益于国际收支的连年顺差。但同时应该看到，我国国际收支的结构还不合理。在经常项目收支中，虽然在有形贸易上有盈余，但在无形贸易上却盈余很小或存在着赤字。随着世界经济的发展和人民生活水平的提高，服务贸易将是一国对外贸易中新的增长点，而我国的服务业产值在GDP中比重一直较小。这种状况将不利于我国对外贸易的发展。从资本项目来看，1993年至今，我国吸收国外直接投资金额一直保持了每年数百亿美元的较高水平，因此，我国的金融与资本项目几乎连年呈现巨额顺差。一般认为，理想的国际收支结构是在经常项目上有充足盈余，在资本项目上略有逆差，这样就能既保证货币发行国的净债权国地位，获得充分的国际储备，又能在国际贸易和投资中占有较大份额。

经常项目与金融资本项目的双顺差，表明我国已具备了大规模对外投资的资金实力。2016 年我国人均 GDP 已接近 9000 美元，根据邓宁的投资发展周期论，我国正处于投资发展周期的第二阶段。该阶段的特征是引进外资规模不断扩大，对外直接投资额仍较小，净对外投资为负值。随着经济的发展、人均 GDP 的提高，对外直接投资将大幅上升，并最终超过引进外资的数额，实现净对外投资。因此，在人民币国际化的进程中，我国国际收支结构的优化将对人民币国际地位的确立产生一定的影响。

7. 人民币汇率稳中趋升，具有良好的国际信用

中国经济的持续增长使人民币汇率具有中长期稳定的基础，这极大地增加了人民币区域化的可能性。1994 年汇率并轨以来，人民币汇率长期稳中趋升，人民币对美元汇率保持基本稳定，这是亚洲金融危机以后中国一直采取的政策。2015 年 8 月人民币汇率定价体制改革以来，人民币在经历了最初的贬值过程后，目前汇率坚挺，走势平稳。

另外，我国物价指数变动相对平稳，通货膨胀率较低。国内物价的持续走低导致人民币购买力逐年提高，也意味着人民币实际已经升值。

长期以来我国实行坚定的稳健货币政策，使得人民币币值稳定，具有较高的国际信用，人民币在国内和国际上的地位不断提高，部分地发挥了亚洲支点货币的作用，人民币汇率的中长期稳定依赖的不是纯金融因素，而是中国宏观经济的可持续增长。中国自身典型的大国经济特征、稳健的经济增长以及人民币的持续强势使得人民币有可能成为世界货币格局中的新成员。特别是在亚洲金融危机中，中国不惜承受经济增长放缓、商品出口减少、市场需求不足的巨大压力，实行维持人民币不贬值的政策，防止了危机的进一步扩大和加深，为稳定亚洲经济金融形势做出了重要贡献，赢得了国际社会，尤其是亚洲国家的高度赞扬，奠定了牢固、可靠的信用基础。

8. 金融体制改革开放的力度正逐步加大

人民币要成为国际货币，首先要有一个发达的金融体系和高效成熟的金融市场。显然，在这方面，我国的银行还远远落后于发达国家，甚至落后于一些发展中国家，许多国内商业银行跨出国门的步伐才刚刚起步。此外，目前我国金融市场的发展还远不够成熟，证券市场容量小，相当多的企业市场

自我约束能力很差，尚未形成在国际上有影响力的国际金融中心。就中国金融发展而言，我国的金融业无论是在资产额、交易额，还是在金融产品的品种、质量及对交易活动的监管能力等方面，与发达国家相比都处于明显滞后状况。金融发展的滞后降低了人民币实际交易的国际比较价值，制约着人民币国际化的深层次拓展。

目前，我国正在积极完善国内的资本市场，进一步发展外汇市场、银行间拆借市场、票据市场、债券市场等。此外，我国正在逐步进行利率市场化改革，目前已全面放开金融机构存、贷款利率管制，有助于继续完善市场化利率形成机制，更好地发挥市场机制在金融资源配置中的基础作用。

中国目前的金融体系还存在许多问题，如银行不良资产问题，金融风险的预警、防范和化解问题，以及金融服务等问题，这些都制约着人民币的国际化进程。但是，金融体系目前正经历一场深刻的改革，金融机构和金融市场创新步伐加快，金融监管体制不断改善，这些都将促使中国在较短的时间内建立起现代化的、比较完善和发达的金融体系，为人民币走向国际化创造有利的软环境。这不仅可以大大提高中国金融业的国际竞争力，同时也有利于人民币在国际市场上发挥更大的作用，从体制环境上为人民币的国际化提供保障。

由以上分析可见，人民币已初步具备了国际化的某些条件，但仍有诸多因素制约了人民币在短期内成为国际货币的可能性，人民币的国际化还需要经历一个相对较长时期的渐进过程。我们必须根据本国实际和国际货币制度新的背景，以新的思维去探讨人民币国际化的道路。随着经济全球化、一体化步伐的加快，中国经济逐渐被纳入了国际经济发展的轨道，这就对人民币的国际化提出了客观的要求。因此，尽管目前条件还不成熟，还存在许多不确定因素，但人民币国际化的趋势已经形成，人民币走向国际化已经具备了一定的基础，并且这个基础还将不断得到增强。此外，近年来中国政局稳定，综合国力大大提高，在国际上的地位和政治影响力不断提升。2015 年，人民币被国际货币基金组织纳入 SDR 篮子货币，2016 年，中国正式成为 IMF 第三大股东，在 IMF 总份额 4770 亿 SDR（约合 6597 亿美元）中，中国份额占比从 3.996%升至 6.394%，排名从第六位跃居第三位，仅次于美国和日本，充分反映了我国参与国际金融事务的能力和国际金融话语权在不断上升。这些因素也为人民币国际化提供了有利条件。

可以预见，亚太地区将在全球经济中占有越来越重要的地位，且焦点在中国。在这个前提下，人民币成为国际货币的道路虽然漫长而迂回，但前景却是美好的。中国自身典型的大国经济特征、稳健的经济增长及人民币的强势地位很可能使人民币成为国际货币体系中的一员。

| 第四章 |

跨境贸易人民币计价结算

一国货币走向国际化的起点和基础，是成为跨境贸易中被普遍接受的计价结算货币。在当今世界贸易中，美元、欧元、英镑以及日元依然是主要的计价结算货币。随着“一带一路”建设的推进，中国与一些周边国家和地区的贸易已经开始采用人民币计价结算，但是在欧美国家和地区，人民币依然处于弱势地位。如何在跨境贸易中增加人民币计价结算的市场份额是人民币国际化进程中至关重要的一步。

第一节　跨境贸易计价结算的相关概念和理论基础

货币跨境贸易计价结算是货币国际化的基础。跨境贸易计价结算分为计价和结算两个环节，在实际的国际贸易中，计价和结算货币往往是同一种货币。在跨境贸易中使用何种货币进行贸易的计价结算至关重要，通过国际贸易货币选择理论的分析可以了解货币选择的影响因素。

一、跨境贸易计价结算的概念

货币的职能是伴随着商品经济的发展而体现出来的，在贸易中发挥价值尺度和支付手段两大职能。跨境贸易计价结算分为计价和结算，是两个不同的概念。国际贸易的计价是贸易双方选择使用何种货币为这笔货单标价，体现的是货币的价值尺度职能；而国际贸易的结算是在这笔交易完成后买方使用何种货币支付给卖方货款，体现的是货币的支付手段职能。计价和结算体现的是货币的两种不同的职能，但两者之间既相互区别又密切联系。在贸易的计价和结算过程中，既可以使用贸易双方的货币，也可以选择第三方国家的货币。但在实际的国际贸易中，计价和结算货币往往是同一种货币，这样可以省去货币换算的麻烦，也可以避免不同货币币值波动带来的一部分汇率风险。在国际贸易中，选择何种货币作为计价结算货币关系到买卖双方的交易成本和风险规避问题，是双方贸易合作中至关重要的一个环节。

跨境贸易人民币计价结算是人民币国际化的一个必经阶段，是人民币完全成为国际货币的基础。人民币国际化过程是漫长的，可以分阶段推进，从人民币国际职能角度可以按照计价结算（贸易用途）、投资（金融用途）和储备（官方用途）三个阶段逐步实现，人民币国际化之路是由结算货币走向价值储备的一个循序渐进的过程。

根据以往美元、欧元、英镑、日元等主要国际货币的经验，货币国际化都历经了以上三个发展阶段。在这三个阶段中，跨境贸易计价结算起着重要作用：第一，跨境贸易计价结算是货币国际化路径的过渡，即周边化—区域化—国际化；第二，跨境贸易计价结算是人民币作为国际化货币功能的过渡，即计价结算货币功能—投资货币功能—储备货币功能；第三，跨境贸易计价结算是人民币国际化业务的过渡，即跨境贸易业务—跨境金融业务。

当今国际贸易计价结算的货币主要是美元、欧元、英镑、日元等，尤其是美元，其在国际贸易计价结算中占据着最主要地位。纵观这些货币国际化的历史进程，虽有不同的历史因素和境况，但是国际贸易的发展在其国际化进程中起到了重要的助推作用。一国货币成为国际计价结算货币必然伴随着该国对外贸易的增长和国际贸易地位的提高，才能在贸易中逐步助推本币在对外贸易中进行计价结算，并最终成为国际货币。

二、跨境贸易计价结算货币选择的理论

对于跨境贸易计价结算货币选择的问题，最初只是一些学者根据实际贸易现象总结出来的经验，随着跨境贸易的快速发展，20 世纪 80 年代末，一些学者将厂商利润最大化分析方法引入跨境贸易货币选择的研究中，贸易双方国际货币选择机制的研究因此得到深化并上升为理论研究。先是基于汇率作为唯一不确定量的局部均衡分析理论，之后随着研究深入，又引进了多个因

素变量，建立了一般均衡分析理论，使跨境贸易结算货币的研究视角与层面都有所扩展。

（一）经验法则

在布雷顿森林体系时代，实行的是“双挂钩”制度，黄金与美元挂钩，其他国家货币与美元挂钩，这就奠定了美元在国际货币体系中的霸主地位，在众多国际贸易中美元成为首选的计价结算货币。但 20 世纪 70 年代初布雷顿森林体系崩溃，美元霸主地位动摇，国际结算货币出现多元化趋势，越来越多的学者开始关注国际贸易结算货币选择问题的研究。最初，大部分学者的研究仅限于个案与经验方面的分析。

Grassman（1973）通过观察分析瑞典、丹麦等国的进出口贸易合同情况，发现出口国大多以本币作为结算货币，约有 60%，而仅有 25%以进口国货币结算，使用第三方货币结算的比重更小。后来这一结论在国际贸易中被称为“Grassman 法则”。Grassman（1976）指出，在发达国家和发展中国家的双边贸易中，主要以发达国家的货币计价结算。Page（1977）和 Van Nieuwkerk（1979）等学者在对英国、荷兰等国家贸易货币结算情况的研究中，进一步证实了这一法则的适用性，并且提出了国际贸易计价结算货币选择的其他结论。Mckinnon（1979）在对国际贸易中工业制成品和大宗初级商品两种类别进行分析后发现，这两种类别的商品在贸易结算中所倾向使用的货币不同，工业制成品在计价结算货币选择中符合“Grassman 法则”，多以出口国货币为主，而大宗初级商品在计价结算中以在外汇市场中交易规模最大的美元为主，少数采用其他货币。Page（1981）分析对比多个国家的贸易出口额和货币种类的使用量占全球贸易中所占的比重后进一步发现，在大部分发达国家的货币选择中，只有美元的使用比重远远超出其出口贸易中所使用的美元份额，并且在大宗初级商品中美元使用占比最多，发达国家货币，尤其是美元，成为发达国家与发展中国家之间贸易往来结算的主货币①。

Grassman 法则对解释 20 世纪六七十年代发达国家之间贸易的结算货币使用情况具有一定的合理性。但随着人们将研究对象从发达国家逐渐转向发展

① Page. The Choice of Invoicing Currency in Merchandise Trade［J］. National Institute Economic Review，1981：98（1）：60-72.

中国家，早期的经验法则便变得越来越无能为力。实际上无论是出口还是进口，大多数发展中国家同发达国家之间的贸易，采用的都是发达国家的货币，而发展中国家之间的贸易则大量充斥着第三种货币即媒介货币的身影。

（二）局部均衡分析理论

Baron（1976）研究垄断出口厂商的结算货币选择时，认为出口商若用本币计价结算，会面临汇率波动带来的需求风险问题，并指出如果垄断出口厂商面对的是线性需求函数，且边际成本不变，那么以进出口商的本币结算会使该厂商获得较高的预期利润①。Giovannini（1988）修正了 Baron 的线性需求函数和边际成本不变的假设，他认为，出口商对结算货币的选择取决于厂商利润相对于汇率函数曲线的凹凸性。如果厂商在国外市场上具有垄断势力，即需求对于价格的弹性不大，那么出口商更倾向于使用本币计价以规避汇率波动的风险；而当一个出口产业在某个国外市场有着多个竞争对手时，所有的出口商都会倾向于选择用同一种货币结算，在现实中通常会用美元作为计价结算货币。

Donnenfeld 和 Zilcha（1991）将阶段性和最优化方法相结合，提出了结算货币选择的经典模型（以下简称 DZ 模型）。他们根据 Ben-Zvi 和 Helpman（1988）的方法，将厂商的产量、价格和出口量这些决策变量动态化，把厂商的交易分为三个步骤：首先，厂商决定自己的生产水平；其次，根据外部信息来决定国内外价格；最后，则是随着订单的到来，贸易最终达成。他们同时假设出口商在国内和国外市场都具有垄断势力，可以进行三级价格歧视，所以不存在一价定律。厂商是风险中性的且不存在远期市场，这样他们的产品在国内外市场上的需求就只取决于各自的价格，而成本的变动与汇率无关。如果出口商选择以对方的货币进行结算，由于实际的汇率未知，所以利润未知，如果选择以本币结算，国外市场的售价会因为汇率的波动而不可知。由于定价和交易之间存在时滞，以及汇率的不确定性，当以国外市场价格为自变量的利润函数是凹的或者不是非常凸的，即出口需求函数的弹性不是非常大的时候，汇率的不稳定性造成的国外市场价格的波动越大，则带来的预期

---

① Baron, David P. Fluctuating Exchange Rates and the Pricing of Exports [J]. Economic Inquiry, 1976 (4): 425-438.

利润就越低，这样固定国外价格的外币结算相对于本币结算就是一个优势策略，反之亦然①。

在 Giovannini（1988）、Donnenfeld 和 Zilcha（1991）的研究中，只考虑使用进口国或者出口国双方的货币进行结算，而未考虑其他情况，实际上在许多发展中国家一些同质化的大宗初级商品市场更加倾向于使用第三方货币进行计价结算。Johnson 和 Pick（1997）对上述模型进行了完善。他们认为，当本币或外币的汇率波动太大，或者受流动性等限制使直接结算的成本大幅上升时，交易双方就会倾向于选择汇率相对稳定的第三方媒介货币。而且由于其他国家出口商的存在，即便选择进口商的货币进行结算，也不能确定厂商在国外市场的需求。此时，各竞争者之间的相对价格就显得非常重要，厂商就会达成一个纳什均衡，即大家都选择一种共同的媒介货币来结算②。Hartman（1998）则在 DZ 模型体系之外提出了“货币的网络外部性”假说，认为由于规模效应，一种货币的交易规模越大，交易成本就越低，人们所使用的媒介货币就会趋于相同。他还用这一假说解释了欧元在短期内难以撼动美元在媒介货币中主导地位的原因③。

可见，自 Giovanni 以来一脉相承的厂商利润最大化的局部均衡模型在对实际问题，特别是发展中国家的贸易和结算货币选择的解释上，具有一定的合理性和可行性。但是，由于其模型将汇率看作外生变量，并作为影响决策的唯一不确定因素，这样，一旦短期内价格具有黏性，汇率波动的价格转移效应就会变得不明显，整个模型也就失去了意义。

（三）一般均衡分析理论

Obstfeld 和 Rogoff（1995）提出了新开放经济的宏观经济学，将传统的粘性价格和不完全竞争理论融入动态的一般均衡的分析之中。这在很大程度上影响了此后的国际结算货币的研究，引入多个经济变量并认为它们之间存在

---

① Donnenfeld, Shabtai, and Itzhak Zilcha. Pricing of Exports and Exchange Rate Uncertainty [J]. International Economic Review, 1991, 32 (4): 1009-1022.

② Johnson, Martin and Daniel Pick. Currency Quandary: the Choice of the Invoicing Currency under Exchange-Rate Uncertainty [J]. Review of International Economics, 1997: 5 (11): 118-128.

③ Hartman, Philipp. The Currency Denomination of World Trade after European Monetary Union [J]. Journal of the Japanese and International Econornics, 1998 (12): 424-454.

联系的一般均衡模型成为国际结算货币的主要研究工具。

Bacchetta 和 Van Wincoop（2002）认为，出口国的商品在国际市场的比重越大，出口商就越能在国际贸易谈判中选择对自身有利的币种进行结算。他们验证了一国市场份额与其用本币计价结算的比例存在着明显的正相关关系，指出美国和德国的市场份额远大于其他国家，所以美元和德国马克也就成为世界上主要的媒介货币。由于日本向发达国家的出口一半以上流向美国，所以它的平均市场份额不高，贸易中用日元计价的比重也就明显偏低。同时他们还认为，如果某个联盟在市场上占据主导地位，联盟外的出口商为了控制需求的波动，只能纷纷采用这种货币进行结算，即产生“羊群效应”①。

Hartmann（1998）、Fukuda 和 Ono（2006）的研究表明，出口国经济体量越大，出口商在海外市场越有影响力。这不仅增加了出口商的垄断势力，还影响到进口商对于出口国货币的接受程度，而且一国经济体量的大小往往与其货币国际化程度成正比。他们还认为，结算货币的使用具有相当大的历史惯性和趋同性，一个大经济体量的出口国往往有能力并且倾向于选择本国货币②。Donnenfeld 和 Haug（2003）选取了加拿大 12 个典型的进口行业 6 年的贸易结算数据，通过多项 Logit 回归后发现，贸易双方经济体量大小在币种选择上起到了相当重要的作用③。Wilander（2004）、Silva（2004）分别选用了瑞典和荷兰的数据进行研究，也得出了大致相同的结论。

Devereux 和 Engle（2004）通过引入风险规避和价格水平等要素来区别不同国家之间货币冲击程度的差异。他们认为，货币政策的波动往往与汇率的波动相联系，稳定的货币政策能够增强货币持有者的信心，从而人们会更多地选择用该货币进行结算。本国的货币政策例如货币供给，还与粘性工资和菜单成本等环节密不可分。如果一国相对于他国有着更加稳定的货币供给，便能在一定程度上抵消汇率的价格转移效应对物价和工资的冲击，出口商也

① Bacchetta, Philippe and Eric van Wincoop. A theory of the Currency Denomination of Inter-national Trade [J]. Journal of International Economics, 2005, 67 (2): 295-319.

② Shinichi, Fukuda and Masanori Ono. On the Determinants of Exporters' Currency Pricing: History vs. Expectations [J]. Journal of the Japanese and International Economies, 2006, (20) 4: 548-568.

③ Shabtai, Donnenfeld and Alfred Haug. Currency Invoicing in International Trade: An Empirical Investigation [J]. Review of International Economics, 2003, 11 (2): 332-345.

就更愿意用该国货币进行结算①。

Goldberg 和 Tille（2005）对 24 个国家的结算货币数据进行分析后发现，美元在媒介货币中的主导地位，不仅要归功于美国在世界贸易中的影响力，还与不少国家实行钉住美元的汇率制度有关，发展中国家用本国货币钉住的货币进行结算等同于用本币进行结算。如果有几个国家同时钉住某种货币，那么本国的出口商品就能同这些国家的同类商品保持相对稳定的价格，从而避免汇率波动带来的需求波动性②。此外，一国金融市场是否完善，例如有没有健全的远期市场为进出口商提供套期保值工具，也会对结算货币的选择产生影响。奥田宏司（2002）认为，长期以来以日元计价的银行票据市场和短期国债市场的发展一直比较落后，使得日元的运用和筹措不便捷，阻碍了日本进出口贸易中以日元结算比例的提高。

上述引入动态一般均衡分析的国际结算货币选择理论，考虑到了开放经济条件下诸多经济变量的因素及其相互关系对国际贸易结算货币选择的影响，并运用了理论分析与实证检验相结合的分析方法，具有更强的说服力和实用价值。但一般均衡的分析方法在结算货币选择分析中的运用，也存在着两个层面上的不足：一是它需要人们对冲击给经济造成的影响有一个自己的判断，在 Bacchetta 和 Van Wincoop、Devereux 和 Engle 的论述中，就是将货币冲击看作波动的主要来源。但如此一来，得到的结论或许只是在这一判断下所特有的，失去了普遍性意义。二是一般均衡分析需要借助于一个可行的汇率决定理论，而现今阶段的实证结果显示，关于汇率的决定还远未达到完善。

三、跨境贸易计价结算货币选择的影响因素

在进行国际贸易时选择哪种货币进行计价结算受到许多因素影响，国家的总体经济实力、进出口商品的市场占有率、出口商品的异质性、货币政策的稳定性、汇率制度的类型和汇率的稳定性等，这些因素都会影响货币的选择。

---

① Devereux, Michael, Charles Engel, Storgaard. Endogenous Exchange Rate Pass - Through When Nominal Prices are Set in Advance [J]. Journal of International Economics, 2004, 63 (2): 263-291.

② Goldberg, Linda S. and Cedric Tille. Vehicle Currency Use in International Trade [R]. NBER Working Paper, 2005 (1): 11-27.

（一）国家的总体经济实力

一个国家的总体经济实力越强大，那么它在海外市场中的影响力也就越大。一个国家的总体经济实力的强大，不仅象征着该国在国际政治和贸易中拥有更多的话语权，更代表一个国家的货币在国际市场上信用度增加，币值坚挺。那么国外的投资者和企业对该国货币的信心也会随之增加，该国的对外贸易规模也会进一步扩大。除此之外，一个国家的总体经济实力往往与其货币国际化程度成正比，国际化程度越高，该国货币的使用率也就越频繁。同时，计价结算货币的选择具有较大的历史惯性，交易国双方中经济实力强的那一方有能力优先选择本国货币。美国强大的经济实力使美元在国际市场上占据着霸主地位，在国际市场上大多数交易结算采用美元。

（二）进出口商品的市场份额

研究发现，结算货币的选择往往与市场份额呈正比关系，一个国家在交易中占有的市场份额越大，那么在交易结算中使用该国货币的可能也就越大，并且一个国家出口商品的市场占有率越大，它在国际贸易中就有能力选择对自身有利的货币种类进行贸易结算。占国际市场份额较大的国家之间的贸易会推动世界贸易的发展，该国货币不仅会在本国出口贸易中成为主要计价结算货币，也会成为其他国家贸易时主要考虑的计价结算货币。市场份额越大的国家，其产品在国际市场上的竞争力越强，该国的出口企业实际上掌握了产品的定价权和结算货币的选择权，在结算货币上会更倾向于选择本国货币。

（三）出口商品异质性

很多研究都表明国际贸易结算货币的选择与出口商品的异质性相关。如果出口商品的异质化程度很高，在市场上拥有绝对的竞争力，那么出口商就会拥有强势的定价权，该出口国的货币被选作结算货币的可能性就会加大。在一些大宗初级商品交易中，由于商品的同质化比较严重，国家之间往往会选择第三方货币作为计价结算货币，并且主要使用美元。比如日本在出口汽车、电子设备、精密仪器等异质化很强的商品时，日元被使用的比例较高，但出口化工产品和金属制品等同质性商品时，日元结算的比例则很低。

（四）货币政策稳定性

货币政策比较稳定的国家，其货币的币值也比较稳定，市场对其预期是比较稳定的，不用担心其不稳定而带来的损益风险。而这往往也是一个企业在进行国际贸易时比较注重考虑的因素。在欧元诞生前，德国的货币政策在长期内一直十分稳定，德国马克因此也在德国进出口贸易中成为主要的结算货币。由于货币本身有价值储存功能，具有较低通货膨胀率与币值波动程度低的货币无疑会被进出口商青睐。一个国家稳定的货币政策能够增加这个国家货币持有者的信心，在交易中基于对该国货币的信赖，人们乐意选择该国的货币进行结算。当一个国家相对其他国家有较为稳定货币政策时，该国便能够有效抵制汇率价格转移对物价和工资的影响，出口商也就更愿意选择该国的货币进行贸易结算。

（五）汇率制度的类型与汇率波动

汇率制度的类型与汇率波动对一国进出口商品结算货币选择至关重要。一国的汇率制度类型与该国货币汇率的稳定性密切相关，若实行钉住某种货币的汇率制度，往往会受制于这种货币，随着该货币的稳定而稳定，随着该货币的波动而波动。对贸易企业来说，结算货币汇率稳定是保证贸易双方不会有损益风险的前提和保证，在汇率波动不确定情况下，发展中国家倾向于采用第三方国家的货币，即媒介货币来规避风险。美元之所以能够在国际贸易中占有主导地位，不仅在于美国在世界贸易中的强大影响力，还在于他国货币与美元汇率的高度关联性，大多数发展中国家选择用本国货币钉住美元，在贸易进行结算时采用美元也就相当于在使用本国货币。

第二节　跨境贸易人民币计价结算的发展及存在的问题

自2009年7月正式实施跨境贸易人民币结算试点以来，在政府政策的推动和企业积极参与下，试点地区和业务范围不断扩大，跨境贸易人民币结算业务规模得到了快速的增长。伴随着跨境贸易人民币计价结算业务的发展，人民币国际地位和国际接受程度不断提升，人民币离岸市场也得到了长足的发展。通过实施跨境人民币计价和结算，可以加快推动跨境人民币使用，从而拓展国际贸易和投资活动，进而促进国内外市场深度融合，加快实施“走出去”战略，构建开放型经济新体制。

一、跨境贸易人民币计价结算的发展状况

（一）结算地域范围和业务规模不断扩大

为了推进贸易投资的便利性，2009 年 7 月上海市、深圳市、广州市、珠海市、东莞市的 365 家企业开展跨境贸易人民币结算试点，以帮助企业规避汇率风险，减少汇兑损失，推动我国与周边国家和地区的经济贸易关系发展。2010 年 6 月，试点范围扩大到全国 20 个省（自治区、直辖市），境外地域范围由中国香港地区和澳门地区以及东盟扩大到所有国家和地区，明确试点业务范围包括跨境货物贸易、服务贸易和其他经常项目人民币结算。2011 年 8 月，跨境人民币结算境内地域范围扩大到全国，并全面开展对外直接投资和外商直接投资人民币结算，跨境人民币业务从经常项目扩展至部分资本项目。

在实行跨境贸易人民币结算的过程中，人民币跨境收付信息管理系统运行稳定，人民币账户融资、跨境项目融资、人民币购售等相关业务有序进行。同时由于政策清晰，审核程序简化，企业在进行人民币报关、结算和出口退税等环节不用提交核销单、出口收入也不用先进待核查账户，可直接进行操作，节省时间，节约成本。

近年来，全国跨境贸易人民币结算金额总体上不断增长。在 2009 年末，银行累计为企业办理跨境贸易人民币结算业务 409 笔，金额为 35.8 亿元。2010 年大幅提升至 5063.4 亿元，结算试点范围全部放开且取消了出口试点企业的限制，人民币跨境结算迎来了强势发展阶段。到 2016 年末增长到 52300 亿元，是 2010 年全年总规模的 10.33 倍。跨境贸易人民币结算总额占进出口贸易总额比例从 2009 年的 0.024% 快速增加到 2015 年的 29.4%。跨境贸易人民币结算总额年增长率总体上远高于同期的进出口贸易总额年增长率。

2016 年跨境贸易人民币结算总额和进出口贸易总额都比上年有所下降，这一重大变化除了全球大宗商品价格下降，原材料进口价格下降导致出口商品价格下降外，主要是由于内外部实体经济低迷，我国经济金融尚处在下行

压力中，以及美联储加息预期、人民币贬值预期加大等。但是跨境贸易人民币结算业务总体依然保持平稳发展态势（见表4-1）。

表4-1 2009—2016年跨境贸易人民币结算总额与进出口贸易总额对比 单位：亿元

年份	跨境贸易人民币结算总额	跨境贸易人民币结算总额年增长率（%）	进出口贸易总额	进出口贸易总额年增长率（%）	跨境贸易人民币结算总额占进出口贸易总额比例（%）
2009	35.8	—	150648	—	0.024
2010	5063.4	140.4	201722	33.9	2.5
2011	20800	310.8	236402	17.2	8.8
2012	29400	41.3	244160	3.3	12.0
2013	46300	57.5	258169	5.7	17.9
2014	65500	41.5	264242	2.3	24.8
2015	72300	10.4	245503	-7.0	29.4
2016	52300	-27.7	243386	-0.9	21.5

资料来源：根据中国人民银行、中国海关总署数据计算整理。

（二）结算业务种类结构逐步趋于合理

跨境贸易人民币结算业务分为经常项目跨境贸易人民币结算业务和资本项目下人民币结算业务，而经常项目跨境贸易人民币结算业务可分为跨境货物贸易人民币结算业务和跨境服务贸易人民币结算业务。

在跨境贸易人民币结算试点开放之初，绝大部分都是货物贸易人民币结算，服务贸易和其他经常项目贸易结算业务很少，2010年有所改善，2011年，跨境服务贸易与其他经常项目人民币结算在总额结算中占比达到25%，并且到2013年一直保持高速增长，占比达到34.8%。这说明，我国经常项目结构正逐步进行着优化和调整。虽然从总体发展情况来看，跨境货物贸易人民币结算占总结算比例一直都比较大，但是随着跨境服务贸易人民币结算的稳步推进，结算业务种类结构的不平衡现象逐步趋于缓和（见表4-2和图4-1）。

表 4-2　2010—2016 年经常项目下跨境贸易人民币各结算业务比例　单位：亿元

年份	经常项目跨境贸易人民币结算总额（x）	跨境货物贸易人民币结算总额（y）	跨境服务贸易与其他经常项目人民币结算（z）	跨境货物贸易人民币结算占总结算比例（y/x）(%)	跨境服务贸易与其他经常项目结算占总结算比例（z/x）(%)
2010	5063.4	4438.0	625.4	87.7	12.3
2011	20800.0	15600.0	5212.0	75.0	25.0
2012	29400.0	20600.0	8800.0	70.1	29.9
2013	46300.0	30200.0	16100.0	65.2	34.8
2014	65500.0	59000.0	6565.0	90.1	9.9
2015	72300.0	63900.0	8432.2	88.4	11.6
2016	52300.0	41200.0	11100.0	78.8	21.2

资料来源：根据中国人民银行、中国海关总署数据计算整理。

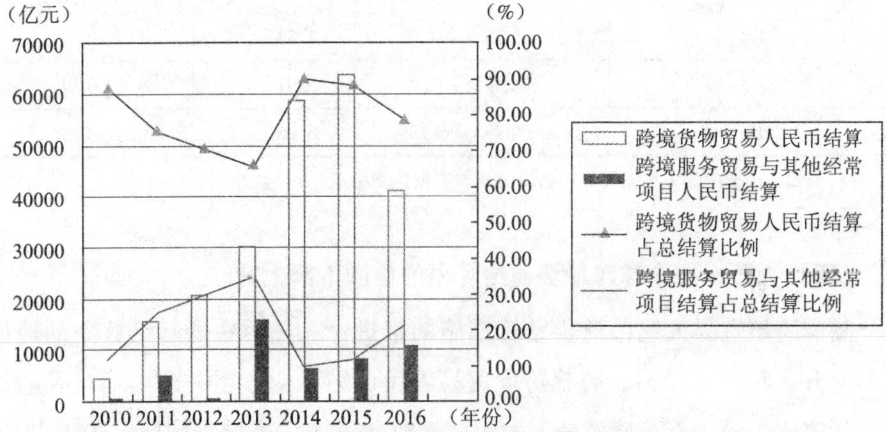

图 4-1　2010—2016 年经常项目下跨境贸易人民币各结算业务额及其比例

资料来源：根据中国人民银行、中国海关总署数据计算整理。

（三）结算收付比平衡发展

试点开始之初，2010 年跨境贸易人民币结算总额约为 0.51 万亿元，其中实收 0.08 万亿元，实付 0.43 万亿元，收付比达到 1∶5.5，也就是说，大约有 80%为货物进口使用人民币结算，只有 20%为货物出口使用人民币结算，近 0.4 万亿元人民币流向国际市场，跨境人民币结算失衡明显。但这种失衡状况到 2011 年开始明显改善，由于跨境贸易人民币结算的地域范围扩大到全国，结算业务范围进一步放开，跨境贸易人民币进口结算比例有了很大的提高，收付比失衡明显改观，变为1∶1.7。此后几年中收付比一直在改善，尤其是2015年，收付比达到1∶0.96，这固然有统计口径变化的因素，也说明人民币结算收付比失衡现象得到改善①。在跨境贸易人民币结算总规模增长的同时，其内部结构也在不断优化，表现出良好的可持续发展趋势。

表4-3　2010—2016年跨境贸易人民币结算收付指标　　单位：万亿元

指标 年份	实收	实付	收付比
2010	0.08	0.43	1∶5.5
2011	0.77	1.31	1∶1.7
2012	1.3	1.57	1∶1.21
2013	1.88	2.75	1∶1.46
2014	2.73	3.82	1∶1.4
2015	6.19	5.91	1∶0.96
2016	3.79	6.06	1∶1.6

资料来源：根据中国人民银行、中国海关总署数据计算整理。

（四）人民币在全球跨境贸易结算中的份额不断上升

随着跨境贸易人民币计价结算措施的推进，人民币在国际结算中的地位不断上升。2009年7月，首笔跨境贸易人民币结算业务在中国内地与香港地区之间完成，标志着跨境贸易人民币结算业务进入实质操作阶段。2010年10月，人民币在国际结算货币中的排名是第35位，在全球货币结算总额中约占0.6%。2012年1月，人民币的排名是第20位。2013年1月，人民币在全球支付市场的排名是第13位，占有率为0.63%。到2014年12月，人民币以2.17%的全球占有率紧随市场份额为2.69%的日元，取代加拿大元和澳元成为国际结算中第五大支付货币，代表着人民币向常用支付货币过渡。由于受中国经济放缓、“8·11”汇改后人民币贬值预期加大、汇率波动加剧等因素

① 2015年以前，人民银行统计的是跨境贸易人民币结算收付比，而2015年（包括该年）之后统计口径变为跨境人民币结算，将资本项目下人民币结算也纳入进来。

影响，2016年上半年人民币市场份额略有下降，但仍维持全球第六大支付货币地位，短期份额的下降不影响人民币的长期地位。

在跨境贸易人民币计价结算实施之后，人民币离岸市场规模也显著扩大。目前，人民币在境外地区的使用不断扩展，与中央银行签署双边本币互换协议的国家达到33个，总计金额超过3.1万亿元。人民币已进入50家境外货币当局的储备资产，随着人民币加入SDR货币篮子，匈牙利发行以人民币计价的主权点心债（离岸人民币债券），韩国和加拿大发行熊猫债，中国财政部在伦敦发行30亿元的人民币债券，金砖国家新开发银行在上海发行30亿元的人民币绿色债券，均获得全球投资者超额认购。2016年6月，境外机构持有人民币债券余额为6635亿元，无论是余额还是增幅，均创下历史新高。随着人民币汇率市场化水平的不断加深，市场对人民币双向波动的接受程度也会逐渐升高，对人民币的信心逐渐增加，人民币交易具有很大的市场发展潜力。人民币作为国际投资货币和国际储备货币的地位进一步提升。

（五）结算的国家和地区不断增加

目前跨境贸易人民币结算的境外地域主要集中分布在港澳地区、东南亚、中东、非洲及俄罗斯，特别是中国香港地区和新加坡，由于长期的经济贸易合作联系和试点的重点建设，一直占据绝大部分份额。跨境人民币结算试点初期，中国香港地区和新加坡始终保持着境外人民币结算额的首位，我国多年来的主要贸易伙伴中的美国、欧盟和日本，跨境人民币结算却很少。这主要是由于欧盟区域内的欧元和英镑、美洲的美元以及亚洲的日元在国际上都有重要的影响力，人民币在短时间内还不足以撼动这些货币在国际贸易中的计价结算地位。不过人民币国际化也在快速稳步地推进中，实行跨境人民币结算的国家和地区分布也向着多元化的方向发展。

（六）支付结算配套金融基础设施不断完善

从2009年开始，央行与包括商务部在内的六部门推出一系列政策，以便利人民币跨境使用，通过代理行和清算行等模式，支持人民币跨境业务实施。为加快建设人民币跨境支付系统，完善人民币全球清算服务体系，2012年中国启动了人民币跨境支付系统（CIPS）建设，CIPS借鉴SWIFT在跨境支付系统建设方面的经验，借助其网络优势，向全球金融业界提供高效、便捷的跨境人民币支付服务，并于2015年8月成功开始一期工程运营。作为中国重要的金融基础设施，一期主要功能是便利人民币跨境业务处理，支持跨境贸易和货物、服务贸易结算，跨境投融资，跨境个人汇款等业务。首批直接参与者包括境内的中外资银行机构19家，间接参与者176家，覆盖了47个国家和地区。截至2016年末，一期共有28家境外直接参与者，521家境内外间接参与者，覆盖78个国家和地区，基本涵盖了全球开展人民币业务的国家和地区。与此同时，网上支付跨行清算系统快速发展，处理业务笔数超过总笔数的1/2①。2017年底人民币跨境支付系统CIPS二期将建成，二期将采用更为节约资金的混合结算方式，提高人民币跨境和离岸资金的清算、结算效率，进一步延长系统运行时间、覆盖更广的时区，实现与债券结算系统等金融市场基础设施的连接，全面支持各类跨境业务，并考虑纳入境外直接参与者。

2009年以来，中国香港地区一直是境外重要的人民币业务开展地区。中国香港离岸人民币市场参与主体日趋丰富，人民币产品不断丰富，陆续推出以人民币计价的债券、基金、股票、外汇期权、存款证等金融产品。中国香港人民币市场的发展进一步密切了其与内地的经贸联系和人员往来，有力地促进了贸易投资自由化和便利化。一旦离岸人民币市场具有足够的规模和流动性，产品也逐步多样化，大量进出口企业就有可能开始选择以人民币结算。此外，新加坡和伦敦将分别建设东南亚和欧洲最大的人民币离岸中心，上海国际金融中心也将进行进一步建设。这些金融基础建设为人民币的贸易结算和规范人民币流入流出机制形成提供了良好的平台，还可解决外商和境外投资者的货币来源问题，可使其通过多样化渠道和人民币金融产品来保持资产的保值增值。

此外，可通过中欧双边会、东亚及太平洋地区中央银行行长会议组织（EMEAP）、东南亚中央银行组织（SEACEN）、东南亚国际联盟（ASEAN+3）、支付与市场基础设施委员会（CPMI）等平台，加强支付结算国际业务的沟通，推动跨境人民币结算业务的发展。

---

① 中国人民银行《2016年第四季度中国货币政策执行报告》。

二、跨境贸易人民币计价结算的效应分析

跨境贸易人民币结算对我国存在正负两方面的影响。其对于跨境进出口贸易的发展、人民币国际化战略、企业发展和银行经营的推动作用十分显著，但也存在着影响货币政策的独立性、加大调控难度、增加国际投机风险的负面效应。人民币在跨境贸易结算中的使用使得人民币不仅是本币，而且呈现出一定的国际货币特征，因此带来的宏观经济政策和金融稳定的冲击不可避免，在推动跨境人民币国际结算的过程中，应当趋利避害，充分发挥其积极作用。

（一）跨境贸易人民币结算的正面效应

1. 有利于促进跨境贸易的良好发展

从图 4-2 可以看出，2001 年后我国的对外贸易一直处于增长态势，受 2008 年美国次贷危机引发的国际金融危机的影响，我国进出口贸易额突然下降，但是之后随着美国经济和世界经济的恢复，我国的进出口贸易开始恢复增长。2009 年开始实行跨境人民币计价结算，可以看出，2009 年到 2016 年的进出口贸易折线走势明显要比 2001—2008 年的折线走势陡峭。虽然从增长率来看，2001—2008 年年平均增长率 21%，从 2009 年到 2016 年年平均增长率 8%，似乎实行人民币跨境贸易结算对进出口规模的影响并不是特别突出，但是不能仅凭数值来判断，还应将国内外经济情况、人民币汇率改革前后的变化、我国的主要贸易对象国情况，以及全球进口原料价格这些因素考虑进去。2001 年初我国的进出口贸易总额基数较小，人民币汇率相对较低，这些都有利于这一时期进出口贸易总额的提升。而由于 2008 年美国次贷危机的不利影响，之后人民币面临的升值压力较大，我国的进出口贸易总额仍能保持较高的增长率，实施跨境贸易人民币计价结算政策应该起到了较大的促进作用。

从图 4-3 可以看出，我国的贸易依存度从 2001 年开始上升，2006 年达到最高，随之开始降低，2009 年明显出现拐点，从 2010 年开始持续下降。对外贸易依存度、进口依存度和出口依存度都表现出同样的变化趋势，总体上形成了先升后降的趋势。

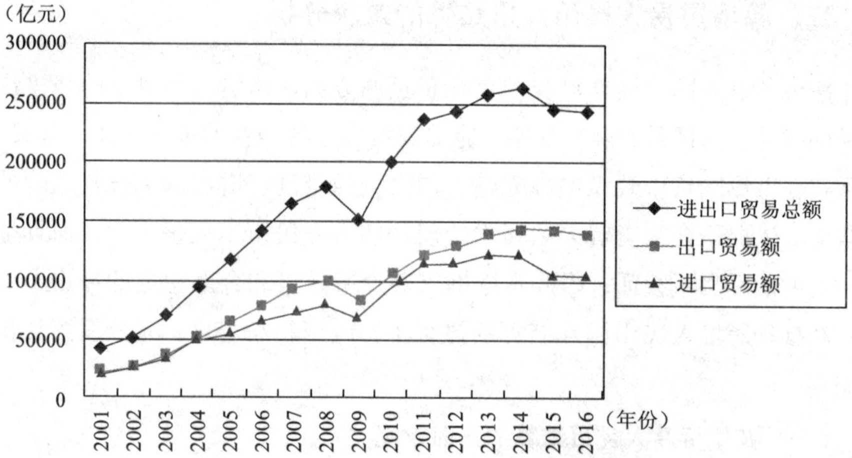

图 4-2　2001—2016 年进出口贸易额变化趋势

资料来源：中国海关总署。

通过计算，2001 年到 2008 年的贸易依存度平均值为 0.55，而 2009 年到 2016 年的贸易依存度平均值为 0.43，表明在实施跨境贸易人民币计价结算后，我国的对外贸易依存度降低，经济结构趋于合理化。

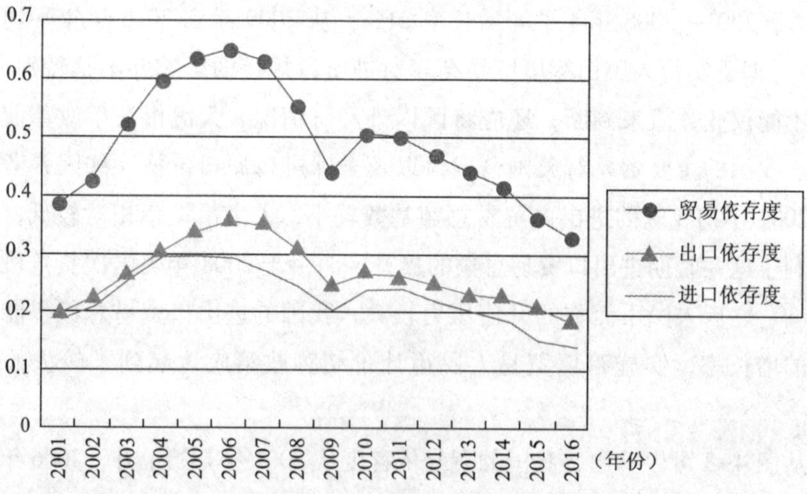

图 4-3　2001—2016 年我国贸易依存度变化趋势

资料来源：国家统计局、中国海关总署。

2. 有助于降低我国外汇储备规模

跨境贸易结算中人民币的使用可以在一定程度上改变我国国际收支长期以来的双顺差现象。我国的贸易顺差较大，其中大多以美元计价结算，但是，随着以人民币进行贸易结算的国家与地区范围的扩大，将有越来越多的人民币替代外汇收付，从而使我国的部分贸易盈余和外资流入用人民币计价结算，有助于外汇储备与涉外经济活动的直接关系相分离，抑制外汇储备过快增长。推行跨境贸易人民币结算，也可以简化进口支付和资本输出手续，这样一方面可以通过进口的增长减少经常项目盈余，另一方面可以通过鼓励企业通过设立分支机构或者兼并收购的方式“走出去”，进行跨国投资等资金流出，减少资本项目盈余，实现对外收支的平衡。

3. 有利于我国商业银行丰富业务种类

首先，商业银行由于人民币跨境需求，增加了跨境人民币信用证、跟单托收、人民币预收预付等结算业务。代理行模式下，大量的境外银行寻求适合其人民币资金清算的境内账户行，使境内商业银行的人民币资金存款和结算量大幅增加，由此带来可观的结算手续费收入。同时，境内商业银行也可为境外同业提供人民币资金理财服务，并获得理财产品的中间业务收入。

其次，商业银行在提供人民币跨境贸易结算的同时，增加了各类人民币贸易融资产品，如为进出口企业提供贸易融资，为境外银行提供人民币资金的短期拆借、代付等，由于境内银行具有丰富的人民币资金融资渠道，资金成本将优于境外银行，通过拆借和代付业务可以实现境内外银行的双赢。

最后，开展人民币跨境贸易结算，境内企业可以规避汇率风险，但境外企业面临人民币汇率波动风险，对人民币衍生产品的需求增加。为此，商业银行可以通过为境外企业提供人民币衍生产品等避险工具，以满足其套期保值的需求。人民币衍生金融产品的提供和推广将增加商业银行人民币汇兑及手续费收入。另外，商业银行通过提供结构性人民币资产组合产品，也可以在满足企业投资理财需求的同时为自身带来中间业务收入。

4. 有利于扩大我国与周边国家及地区的贸易规模

我国与周边国家及地区的产业结构存在很强的互补性。我国在同周边国家及地区的贸易中处于中心地位，向周边国家及地区出口大量的工业制成品，从周边国家及地区进口经济发展必需的资源类产品。在对外交往中使用人民币结算，可以降低结算成本，扩大我国与周边国家及地区的贸易规模，各取所需，实现双赢。具体来说，运用人民币结算的好处有以下两点：

第一，可以缓解我国周边国家及地区的外汇资金瓶颈，有利于提高这些国家从我国进口的能力。与我国相邻的大多数国家及地区经济相对落后，外汇短缺，如果选择人民币作为结算货币将有效缓解其外汇短缺的压力，增强从我国输入商品和生产设备的能力，推动国内产业升级，提高生产能力。

第二，可以降低双方企业的经营成本和汇率风险。当前国际金融市场持续动荡，国际上主要货币——美元、欧元的波动性较大，加大了我国与周边国家及地区双边贸易结算的风险。采用人民币结算，对我国企业来说，将有助于出口企业锁定收入、进口企业锁定支出，加快企业资金运转速度。对境外企业来说，人民币币值稳定，有利于双方企业降低经营成本和汇率风险，促进双边贸易的发展。

5. 有利于推动人民币逐步成为国际货币

2008 年的全球金融危机引发了人们对当前国际货币体系弊端的思考，随着我国综合国力的提升，我国在国际金融领域的话语权不断增加，人民币国际化的呼声随之高涨。按国际货币的职能来看，人民币国际化可以分为“三步走”：首先在国际贸易中成为计价结算货币，其次成为全球金融工具的投资货币，最后成为国际储备货币。人民币成为国际货币不是一蹴而就的，而是一个长期发展过程，但任何货币的国际化都必须从作为贸易结算货币开始，只有在贸易领域的支付结算中人民币为国外企业所广泛接受，在国际投资领域中人民币才有可能成为国外企业和政府的支付结算货币，在上面两项的基础上他国才有可能把人民币作为储备货币。由此可见，跨境贸易人民币计价结算使人民币朝着国际化目标迈出了第一步，也是最重要的战略基础和先决条件。

（二）跨境贸易人民币结算的负面效应

1. 增大了我国中央银行制定货币政策及实施宏观调控的难度

人民币成为贸易结算货币后，我国经济与世界经济尤其是周边国家及地区的经济形势紧密相连，影响人民币需求的各种经济变量不仅限于国内，还将受到国外企业、个人和政府对人民币需求的影响，增大中央银行制定货币政策的难度。国际金融市场上人民币的流通数量、货币的自由兑换情况、汇率的变动以及资本的流动都可能影响到货币政策的制定实施和执行效果，削弱中央银行对国内货币的控制能力，影响国内宏观调控政策的实施效果，增加宏观调控的难度。

2. 国际游资投机冲击风险加大

人民币计价结算后，跨国资本流动将变得更加容易，特别是投机性的资本流入会给中国经济造成影响。国际投机资本可能假借跨境贸易人民币结算，从经常项目下将外汇兑换成人民币流入我国，进行套利、套汇活动。另外，人民币跨境流动将要求我国金融市场的进一步开放，投机资金将以各种形式流入国内货币市场、证券市场及其他要素市场，可能增大国内金融资产泡沫，市场波动时资金逃离则会导致泡沫破裂，对我国金融市场的稳定性构成巨大威胁。为配合跨境贸易人民币结算的开展，我国必然会逐步放松资本管制，允许资本自由流动，故我国的政策几乎不可能同时维持汇率的稳定和货币政策的独立性。在跨境人民币业务日益频繁、规模和参与主体不断增加，且未来境内外人民币双向流动渠道不断打通的环境下，如何防止热钱流入对我国资产价格稳定和经济平稳增长造成负面影响，如何对跨境资金流动实施有效的金融监管，是我国监管当局需要应对的重要挑战。

三、跨境贸易人民币计价结算存在的问题及对策

（一）跨境贸易人民币计价结算存在的问题

1. 我国的国际分工地位较低， 人民币计价结算的主动权较弱

综观人民币跨境贸易结算的收付业务对比情况，总体上呈现出进口付款多、出口收款少的局面，以人民币结算的进口额和出口额在比例上不对称。其深层次的原因是我国在全球产业链中仍处于中下游，国际分工地位依旧较低，出口商品缺乏核心竞争力。首先，理论研究表明，一国货币要成为国际货币，在很大程度上取决于该国经济实力以及其与世界经济联系的密切程度。从国际货币演变的历史经验来看，英镑和美元等在充当国际结算货币前期都离不开本国核心竞争优势的确立与较高的国际分工地位。其次，在贸易商品的结构方面，尽管我国出口产品由低端向高端的转型取得了明显的成效，产

品的技术构成显著增加，然而，我国企业总体上缺乏核心技术，创新能力不足，生产的产品科技含量较低、产品的可替代性较强，导致我国企业在国际分工体系中处于低端位置，在国际贸易中无法掌握选择人民币计价结算的主动权。因此，提高我国进出口企业的竞争力，从而谋求在对外贸易中的话语权成为当前跨境贸易人民币结算深入推进的关键。

2. 人民币资本账户开放程度不高

一国货币若想成为国际结算货币，其资本账户必须是高度开放的，但是我国的资本项目尚未实现完全开放，这就阻碍了跨境贸易人民币结算规模的进一步扩大。人民币没有实现完全可自由兑换，导致人民币在境内外缺乏流通性，人民币的投资渠道也大大缩窄，使得境外人民币的使用者面临很多机会成本，进而制约了人民币跨境流通规模的进一步扩大。此外，境外银行不能大规模经营人民币业务，这样交易对手经常以人民币不是自由兑换货币为由，要求采用美元等完全可自由兑换货币作为结算货币。

3. 境外人民币流通渠道不畅

跨境贸易人民结算通过跨境贸易往来将人民币大规模地供应到境外市场，这就需要境外的人民币的持有者有一个投资渠道，能让手中的人民币保值增值。我国政府在香港地区启动了人民币离岸市场建设，但由于香港地区离岸人民币业务结构单一，又陆续推出了合格境外机构投资者（QFII）和合格境内机构投资者（QDII），在此基础上，我国政府在 2011 年 12 月正式推出了人民币境外合格机构投资者（RQFII），但推出的境外合格机构投资者业务无法满足海外市场巨大的人民币存量投资需求。同时，在我国支付市场中，跨境服务能力和水平还有待提高，人民银行支付清算体系还须应对新技术的挑战。

4. 美元、欧元的长期主导地位坚固

一直以来，在国际结算货币中，美元、欧元在国际贸易中占据主导地位，与其相比，人民币的交易网络、清算系统还不完善，交易市场与离岸市场建设也需要进一步完善。另外，美元和欧元的主导地位延伸到国际金融市场，在全球官方储备中的占比较高，是各国外汇储备的主要选择，美元、欧元的国际结算货币的地位比较稳固。由于货币历史惯性的客观存在，美元、欧元在未来很长一段时间内在全球贸易中仍然占据绝对优势，而人民币成为国际计价结算货币只能是一个渐进的过程。

（二）跨境贸易人民币计价结算对策

1. 加快产业结构的优化升级，提升出口商品的核心竞争力

在促进跨境贸易发展方面，应注意进出口贸易规模与国际贸易竞争力的关系。对于一国来说，要把提升国际贸易竞争力放在重要位置，只要国际贸易竞争力不断增强，贸易规模就可以实现可持续扩大。在扩大对外贸易规模的同时，特别要注重调整我国过度依赖外需的经济发展模式和扭转以低附加值加工贸易为主的贸易结构，适当提高服务贸易所占的比重，增加出口产品中高端产品的比重，提高产品的差异化和竞争优势，降低产品的可替代性。要实现这些方面的提升，除了要努力争取使产品具有更高的附加值以外，核心在于品牌的创立。同时依托技术创新和服务意识的提升，提高中国企业在国际贸易中的定价能力及在结算货币选择方面的话语权，摆脱在全球贸易链中的不利地位，从而以先进制造业的发展带动人民币国际地位的提升。

2. 适当推动资本项目的开放

资本账户全面开放可以通过扩展跨境人民币输出、回流渠道，提升国际社会对人民币的认可度，既有利于与贸易领域的人民币计价结算相互促进，有效缓解跨境贸易人民币计价结算发展到一定阶段的瓶颈，又完善了资本账户全面开放而形成的人民币国际投资功能，从而可以使人民币国际化向更深的领域发展。

要在我国具备坚实的资本流动监管和预警能力基础上，推行资本账户的全面开放。这里所提的监管和预警能力是指：第一，区分资本流动的原因。剖析不同时期驱动跨境资本流动的实质性原因，进而对跨境资本流动进行预判，才能对其进行有效的管理和利用，这对规避资本流动带来的经济不稳定和风险是非常必要的。第二，区分资本流动的种类。在具体政策制定中，有必要明确跨境贸易人民币结算究竟对哪种类型的资本流动效应显著，区分不同类型资本流动情况是十分必要的。

3. 增加人民币投资渠道

增加人民币投资领域和渠道，通过促进资本跨境流动，可以完善人民币循环流动机制，从而提升跨境贸易领域人民币收付的吸引力，同时也能扩展人民币投资功能。具体而言，可以分别从债券、股票以及外汇交易等投资领

域，完善人民币的跨境使用。首先，鼓励国内企业“走出去”，利用中国香港地区离岸人民币市场资金数量和价格的优势，加大人民币点心债券的发行。将国外企业“请进来”，利用我国境内资本市场较高的投资需求，发行熊猫债券。其次，进一步放开“沪港通”和“深港通”对境内外资本流动的限制，使得更多的资金可以选择股票、基金等投资渠道，进行跨境流动，实现投资者收益的最大化，以增加跨境人民币的吸引力。最后，通过增加人民币外汇交易品种和方式，积极发展包括股票、债券、衍生品在内的更具活力的人民币金融产品，逐步推动人民币成为境外资产的投资、储备工具，完善跨境贸易人民币的流出入机制。此外，要扩大离岸人民币债券的发行渠道和发行地域，优化离岸人民币债券的发行结构，增加发行品种。

4. 持续优化货币金融环境

通过完善利率、汇率等重要货币金融指标形成机制，为提升资本流动效率创造良好金融环境，提高境外对人民币的认可程度。一方面，持续推进并巩固人民币利率市场化成果，政策措施制定要与利率市场化相适应，进而保证利率在吸引和配置金融资源上的杠杆作用，使得宏观货币政策的传导更加有效。另一方面，切实实现以市场为基础的人民币汇率形成机制。具体而言，为了适应市场的需要，央行应从人民币汇率基本形成机制入手，对其定价机制、浮动机制、交易机制以及监管机制进行市场化调整，逐步实现汇率的市场化。

第三节　跨境电子商务贸易与人民币国际化

近年来跨境电商在我国对外贸易增长疲软的情况下异军突起，成为对外贸易发展新的增长点。推动跨境电子商务的发展是实施“一带一路”建设、促进产业结构转型、提高国际贸易竞争力的重要举措。人民币支付结算作为跨境电商贸易的重要环节，在促进跨境电商人民币国际化发展中发挥着重要的作用。

一、跨境电子商务贸易的发展状况

跨境电子商务贸易是对电子商务的进一步发展，跨境电子商务贸易的基本特征是跨境的商务交流，这种交流形式打破了传统的地域封闭贸易形式，也打破了地域之间的局限性，避免了电子商务贸易的空间限制。虽然跨境贸易电子商务在我国的发展历史非常短暂，但增长非常迅速。我国的跨境电子商务贸易规模从2011年的1.7万亿元人民币增长到2016年的6.7万亿人民币，2016年同比增长24%，占进出口贸易总额的27%（如图4-4所示）。“电商+传统外贸”的模式使跨境贸易呈现爆发性增长，为我国对外贸易的长足发展开辟了新的渠道。

从2013年10月起，我国在上海、重庆、杭州、宁波、郑州5个城市开展跨境电商贸易试点，到目前为止又增加了广州、深圳、福建、平潭9个试点城市。政府在政策层面明确指出，要“推动跨境电子商务活动中使用人民币结算”，给予跨境电商政策支持。2015年，《国务院关于大力发展电子商务加快培育经济新动力的意见》《关于促进跨境电子商务健康快速发展的指导意见》以及商务部《“互联网+流通”行动计划》等重磅政策文件接连出台，支持跨境电商发展。2016年新设12个跨境电商综合试验区，加快推进跨境电子商务综合试验区建设。从政策、资本进入以及市场增速等方面来看，目前正处于跨境电商发展的黄金时期。

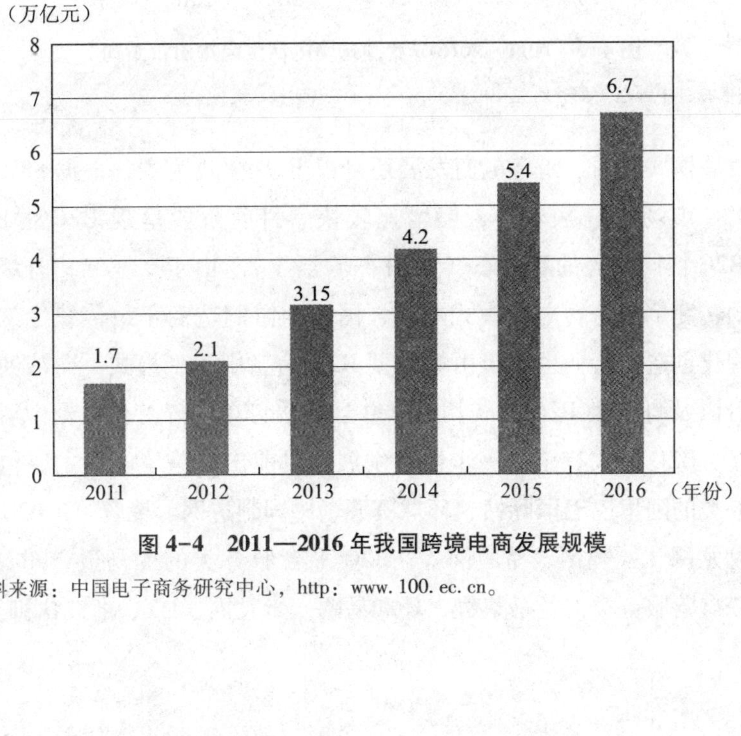

图4-4　2011—2016年我国跨境电商发展规模

资料来源：中国电子商务研究中心，http：www.100.ec.cn。

从我国跨境电商贸易进出口结构来看，出口贸易占据80%以上，而进口贸易占比较小，进出口结构不平衡（如图4-5所示）。由于行业高速发展带来资本的竞相进入，具备国内电子商务运营经验的传统电商巨头和具有资本、渠道和供应链优势的公司纷纷布局跨境进出口业务，加入跨境出口B2C。各大电商巨头如京东、阿里巴巴、苏宁等都抢占市场份额，跨境电商进出口贸易领域的竞争将会变得更加激烈。

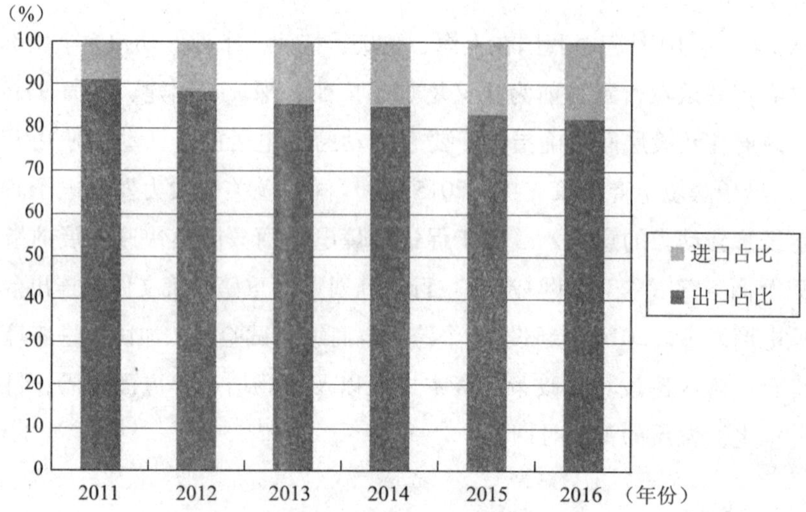

图4-5　2011—2016年我国跨境电商贸易进出口结构

资料来源：中国电子商务研究中心，http：//www.100.ec.cn。

从发展模式上看，跨境电商发展还是以B2B模式为主，占据88%以上的份额，B2C市场交易额较小，但增速较快。目前阶段呈现B2C占比提升，B2B和B2C协同发展的新业态（如图4-6所示）。由于产业结构升级，当前供给端的转变倒逼跨境电商模式变革，国内上游制造商正由传统代工逐步过渡到品牌化创造，行业也逐步由粗放型B2B信息服务型模式，向精细化的供应链平台以及自营型B2C模式切换。并且随着订单的碎片化以及中后端供应链的建立，B2C模式有望进一步快速发展。目前出口跨境电商主要包括B2B信息服务类的阿里巴巴国际站、环球资源、中国制造网、聚贸等，B2B交易服务类的大龙网、敦煌网、易唐网等，B2C平台服务类的亚马逊、eBay、Wish等，B2C自营服务类的兰亭集势、环球易购、米兰网、DX、浙江执御等。

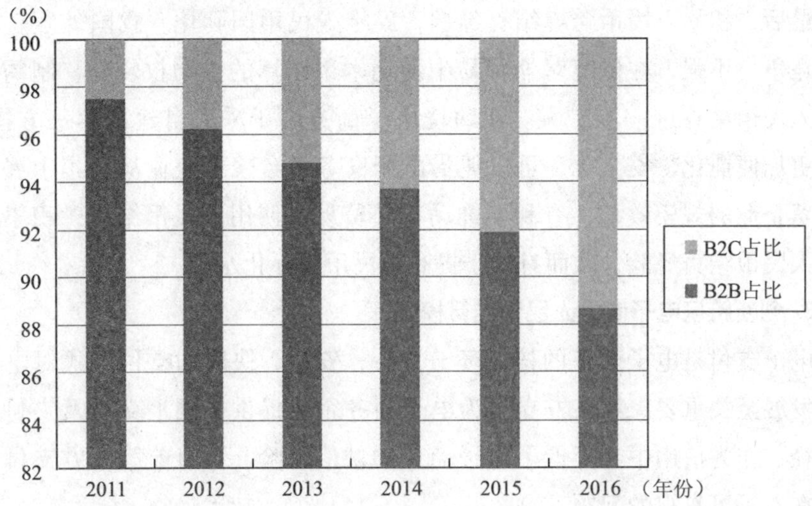

图 4-6　2011—2016 年我国跨境电商贸易中 B2B 与 B2C 模式占比

资料来源：中国电子商务研究中心，http：//www. 100. ec. cn。

二、优化跨境电子商务贸易人民币支付结算环境

1. 优化跨境电子商务人民币支付结算环境的重要意义

首先，可以避免烦琐的结汇手续。结汇是跨境电子商务的关键问题之一，主要涉及名录登记、审核、办理业务、申报、核查等环节。当前跨境电子商务中结汇方式主要有四种：以中国银行信用卡（香港）有限公司为代表的外卡收单方式；境内电商通过境内外币账户收款，并向银行提交报关单等材料，银行根据相关凭证为境内电商结汇；由境内第三方支付机构代理结汇；在境外收款的境内电商通过地下渠道将外币转换为人民币。对于跨境电子商务而言，当前的结汇方式存在结汇工作比较烦琐、结汇时监管滞后滋生逃税等问题，影响跨境贸易秩序。

其次，符合跨境贸易便利化目标的要求。根据现行跨境贸易人民币结算政策，目前货物贸易和服务贸易等经常项目业务使用人民币结算已无政策上的障碍，传统外贸企业已充分享受到使用人民币结算规避汇率风险、降低汇兑成本和提高结算效率的好处。大力发展跨境电商人民币结算，是进一步推行跨境贸易人民币结算的需要，也是顺应市场发展需求、更好实现跨境贸易便利化目标的体现。

最后，积累人民币跨境结算经验，助推人民币国际化。我国外贸企业的核心竞争力不强，在传统对外贸易中使用本币结算的主动权较弱，制约跨境贸易人民币结算进一步扩大。而跨境电子商务由于采取自建或第三方搭建，服务更加便捷化、安全化，可以凭借电子商务平台聚拢企业从而集中展现我国外贸企业的规模效益，有利于推动对外贸易中使用人民币结算，积累跨境贸易人民币结算经验，从而有助于提高人民币国际化水平。

2. 创新跨境电子商务人民币结算模式

电子支付是电子商务的核心环节之一，安全、快捷的支付方式对电子商务的发展至关重要。第三方支付为电子商务企业提供了网上交易及支付的便利途径，作为信用中介降低了电子商务的诚信风险。但目前第三方支付平台也存在着不可忽视的问题。

跨境电子商务交易往往是由第三方支付机构统一购汇并向境外卖家支付，由于银行缺乏买卖双方的真实交易情况，难以对交易真实性进行相关审核和监管，从而造成第三方支付平台因资金滞留而可能存在风险隐患。我国相关监管机构不能对境外金融或境外支付机构实行监管，当第三方支付机构与境外金融机构或境外支付机构合作时，这一方面的监管就会缺失，第三方支付机构违规操作的情况发生的可能性就会比较大。

就跨境电子商务而言，我国在线支付与国外有较大差距。我国跨境第三方支付机构起步较晚，从市场应变、业务、风控体系及政策适应等方面，我国的支付机构与国外发展多年的支付机构还存在一定的差距。市场研究公司尼尔森（Nielsen）调查数据显示，跨境电子商务80%的消费者采用美国贝宝（PayPal）作为跨境支付手段，当前我国跨境电子商务几乎为国外支付渠道所垄断，很大程度上影响了我国跨境电子商务的快速发展。

由于跨境支付业务受到我国外汇管理相关规定限制，跨境电子商务交易量的不断增长，使得网上支付对于跨境人民币结算的需求变得越来越强烈。面对国内市场需求的增长，境外多家电子商务网站已开通并支持了境外直邮模式下的人民币结算，从国内终端登陆这些境外网站，商品会以人民币标价，支付环节可以选择支持人民币结算的金融工具，如第三方支付平台、网上银行和信用卡等。国际跨境电商企业也采用本土化战略进入中国市场，如美国电商巨头亚马逊，凭借其在国际市场上的优势，开展从其境外站点直邮中国的业务，并以人民币支付。我国国内买家可以直接在美国或欧洲等境外亚马逊网站上购物，商品一律同款同价，并可以采用人民币结算。由此可见，我国跨境电子商务第三方支付业务被国际跨境电商第三方支付企业垄断的同时，人民币结算业务也会被抢占部分份额。

对于我国国内的第三方支付机构来说这是一个重要的竞争领域，应加大力度提高跨境电商人民币结算的宣传力度和服务水平。目前，国内电商如阿里巴巴、“跨境通”等采用保税仓模式，即用人民币支付预先集中采购海外商品，消费者在网上下单以后可以通过网银、第三方支付等工具支付人民币，这样可以节省时间和成本。跨境贸易人民币结算业务的关键在于出口收款和进口付款两个环节，针对我国国内第三方支付机构的资金管理模式，可以在借鉴我国跨境人民币结算现有模式的基础上，结合跨境电子商务结算业务的特点来考虑，创新发展跨境电子商务人民币结算模式。

3. 跨境电子商务人民币支付结算环境优化途径

支付是价值实现的最后一环，如何提升跨境人民币支付的基础设施和法律政策环境，改进和提高支付手段和效率，是需要考虑的重要问题。

人民币结算在跨境电商平台的全面应用，需要多方互助配合。自 2009 年跨境人民币结算试点启动以来，在针对 B2B 大笔交易金额的跨境贸易方面，银行已经摸索出一套成熟模式。但 B2C 和 C2C 领域还没有成熟的模式，第三方支付机构跨境人民币支付业务也处于起步阶段。虽然我国已有跨境贸易人民币结算政策出台，为跨境人民币结算在电子商务领域的发展奠定了制度基础，但是跨境电商作为新兴的外贸形式，具有复杂性、多变性等特点，涉及技术、管理等问题较多，针对跨境电商人民币支付结算这一特定问题，仍需制定专门的政策。

要继续完善人民币跨境支付系统（CIPS）、人民币跨境收付信息管理系统等，提高人民币全球范围内清算效率，保障人民币支付安全、高效。优化商业银行电子结算渠道，实现与跨境电商平台、人民币跨境支付系统完美对接。加快跨境人民币结算基础设施建设进度，确保跨境人民币结算网络实现世界范围的覆盖。

跨境电子商务人民币结算的发展，不仅需要政府给予政策上的大力支持，而且也需要企业发挥积极作用，在风险控制、信用体系建设上做出更多的努力。跨境电商人民币结算是新生事物，很多制度和政策尚不健全，可以适用的现有政策不多且需要在实践中不断完善，要加强对跨境电商人民币结算的监督管理。从第三方支付企业自身的角度来看，也应该履行风险控制和自我监督义务，进一步建立健全风险监测评估体系，加强资金流与货物流的匹配，切实防范跨境电商支付资金异常流动的现象发生。

三、内陆省份跨境电子商务贸易发展与人民币国际化——以河南省为例

1. 河南省跨境电子商务贸易的发展状况

2013年，郑州被列为国家首批电子商务示范城市和首批跨境贸易电子商务服务试点城市，是国内唯一利用综合保税监管场所进行跨境电商试点的城市，形成了以郑州为中心的跨境物品集散中心，电子商务产业集聚效应显现，全市有1个国际级电子商务示范基地、5个省级示范基地、2个省级产业园区。郑州E贸易首创将保税监管模式、邮件监管模式、快件监管模式集合成新的“1210监管模式”。

2015年，郑州跨境电商的出货量首次突破5000万单，比2014年增加了100多倍，“秒通关”吸引了一大批国内领先的跨境电商入驻，将自己全国或大区分拨中心放在了郑州。从试点至今，跨境电商进出口包裹数一直位居全国第一。从试点城市到今天的综合试验区，河南的跨境电商实现了从以线上零售交易为主到线上线下相结合、以B2B为主的发展模式的转变。

从2013年7月至2017年5月，郑州海关累计监管跨境电子商务进出口零售商品1.39亿单。从进出口企业使用平台看，河南跨境电商业务基本覆盖了国内外龙头电商平台。出口方面，河南省企业大多利用了阿里巴巴国际站、谷歌、中国制造网、大龙网、敦煌网、环球资源网等平台，其中全省应用阿里巴巴平台的企业在中西部地区排名第一，应用谷歌平台的企业在全国排名第八。河南本土企业世界工厂网与谷歌合作，已成为全国最大的装备制造业B2B外贸平台。随着跨境电商迅速发展，对便利、快捷的海外仓储物流的需求不断提升。2016年，中国（郑州）跨境电商综合试验区获批。目前河南企业在境外设立海外仓数量约60家，遍布欧洲、北美及南美等地区。

表 4-4　河南跨境电商发展大事记

时间	河南跨境电商发展大事记
2012 年 12 月 20 日	郑州作为 5 个全国首批跨境电子商务服务试点城市之一，获得国家发改委批准
2014 年 5 月 10 日	习近平总书记视察郑州跨境电子商务工作，并勉励河南保税物流中心朝着“买全球、卖全球”的战略目标不断迈进
2015 年 9 月 24 日	李克强总理视察郑州跨境电商工作时充分肯定了郑州的“秒通关”模式
2016 年 1 月 6 日	中国（郑州）跨境电子商务综合试验区获批，成为全国 13 个跨境电子商务综合试验区之一
2016 年 5 月 3 日	省政府印发《中国（郑州）跨境电子商务综合试验区建设实施方案》。指导各地在实施方案框架下因地制宜，出台跨境电商发展规划、行动计划和工作措施
2016 年 12 月 31 日	全省跨境电商进出口 111.45 亿美元。其中，出口 94.92 亿美元，进口 16.53 亿美元。从交易类型看，B2B 出口是主力军，达到 69.28 亿美元，占全省总交易额的 62%
2017 年 1 月 17 日	河南首批跨境电子商务示范园区及首批跨境电子商务人才培养暨企业孵化平台获得认定
2017 年 3 月 1 日	《关于加快制定跨境电子商务综合试验区建设实施方案的通知》印发。指导各市（县）在省《实施方案》框架下因地制宜，尽快制定符合本地实际、体现本地特色、细化可行的跨境电商产业发展方案
2017 年 5 月 2 日	《关于大力发展跨境电商促进产业集群发展的指导意见》印发，推动全省产业和企业更好地参与国际市场竞争合作，形成经济发展新动能

资料来源：河南省人民政府网。

2. 河南省跨境电子商务贸易促进人民币国际结算发展

河南省跨境电子商务贸易飞速发展，并且在不断优化设施和环境的过程中提升竞争力，参与国际市场竞争合作的步伐加快，凭借交通、物流、政策、金融服务等多重优势，有助于推进人民币国际化进程。因此要重视河南省跨境电商贸易的发展，加快河南省跨境电商人民币支付结算的推广。

交通便利优势，为跨境贸易的发展提供良好的基础运输能力，更为跨境电商人民币结算提供基础保障。郑州是全国重要的交通枢纽，连接东西，贯通南北，同时位于新亚欧大陆桥的重点交通位置上，直接连通到欧洲。郑欧国际铁路货运班列，即中欧班列（原名郑欧班列）始于郑州，经新疆阿拉山口出境，途经哈萨克斯坦、俄罗斯、白俄罗斯和波兰后到达德国汉堡，全程10214公里，是连接中国与欧洲的“新丝绸之路”。中欧班列是郑州航空港经济综合实验区的重要配套项目，成为连通河南到欧洲、沟通世界的国际铁路物流大通道，是整个中原地区重要的对外开放平台。从2013年7月18日首班中欧班列（郑州）开行至今，班列累计开行367班，运载货物总重达16.5万吨，货值超过116亿元。三年来，中欧班列（郑州）采用独特的“多节点、多口岸、多线路”特殊运营组织模式，凭借货运总量高、境内和境外集疏分拨范围广等综合实力，各项运行指标在国内所有开行的中欧班列中持续保持领先地位。

随着郑欧班列班次加密和运行良好，河南与“一带一路”沿线国家的经贸交流日益密切，交易产品也逐渐扩大到了农产品领域。中欧班列（郑州）积极拓展境内业务，目前已覆盖中国3/4的省份（自治区、直辖市），从省外集聚到郑州的货物占80%，向东与沿海港口对接，并通过空海运与韩国、日本，以及中国台湾和中国香港地区等亚太国家和地区实现空铁、海铁联运，形成以郑州为中心的境内枢纽。在境外，向西以汉堡为枢纽，以巴黎、米兰、布拉格、华沙、马拉舍维奇、布列斯特、阿拉木图、扎门马德等欧洲和中亚城市为二级集疏中心，网络遍布欧盟和俄罗斯及中亚地区22个国家112个城市。郑州国际陆港作为区域物流集疏中心，带动货物集聚效应持续显现，国际物流中心地位显著上升。国际多式联运、航空货运、海铁联运、郑欧班列等多种运输方式为跨境电商发展提供了便利的交通物流保障。随着中欧经贸投资往来不断加大，贸易交往过程中对人民币清算的需求也在日益增加。

便利智能化的物流体系为跨境电商的发展提供平台支持，也为进一步实施跨境人民币结算提供可能的便利条件。在保税物流中心、综合保税区、出口加工区、郑州新郑国际机场、郑州国际陆港、国际邮件监管中心等特定区域内建设跨境电子商务仓储物流中心，实现电子商务仓储与快递物流仓储合并，跨境电子商务平台与国家交通运输物流公共信息平台对接，有效提高仓储中心利用率和商品运行效率。吸引了国内外大型物流集成商、快递等企业在河南省布局，同时传统货代、物流等企业拓展跨境电商服务等业务也不断扩大。运用云计算、物联网、大数据等技术，形成布局合理、层次分明、衔接顺畅、功能齐全的跨境物流分拨配送和运营服务，为跨境电商人民币结算提供平台支持。

政策支持也为推进跨境电商人民币结算提供了良好的环境。郑州除了获批成为跨境贸易电商服务试点城市外，还获批建立航空港经济综合实验区，设立新郑机场综合保税区。此外，2016 年 8 月 31 日，国务院决定设立中国（河南）自由贸易试验区，中国（河南）自由贸易试验区将加快建设贯通南北、连接东西的现代立体交通体系和现代物流体系，成为服务于“一带一路”建设的现代综合交通枢纽和内陆开放型经济示范区。除了国家政策支持外，河南省政府对跨境电商发展支持力度也在不断增大，加强电商仓储、流水线、监管场所等基础设施建设，为跨境电商进口商品在郑州集聚打下了良好基础，吸引国内大批电商企业集聚。跨境电子商务发展的最大问题就是通关、税收以及收付汇等问题，自由贸易区建立的一大功能就是解决区域对外经济发展的这些问题，以大大改善跨境电子商务的通关、税收以及收付汇环境。

河南省大力发展跨境电子商务金融创新业务，鼓励金融机构、第三方支付机构、第三方电商平台、外贸综合服务企业之间开展合作，并且为跨境电子商务交易提供在线支付结算、在线融资、在线保险、在线退税等完备便捷、风险可控的一站式金融服务。跨境电子商务金融服务体系的建设为人民币国际化提供金融服务支持。在跨境电子商务活动中推广使用人民币计价结算，支持银行业金融机构与第三方支付机构创新电子商务跨境人民币业务产品，为跨境电子商务企业提供优质支付和跨境人民币结算服务。

第五章

人民币的自由兑换与汇率制度选择

货币的自由兑换和国际化之间存在着紧密的联系。一国货币允许自由兑换是一国货币走向国际化的前提，而货币国际化是一国货币自由兑换发展的必然趋势和结果。因此，研究货币的自由兑换和国际化之间的关系实属必要。从一定意义上说，货币兑换机制包括汇率机制，并直接通过汇率和汇率机制发挥作用。汇率制度的选择关系到货币国际化的进程和方式。

第一节　人民币境外流通与国际化

近年来，随着我国经济的稳定发展和综合国力的显著增强，人民币不断升值，在边境一线甚至在世界范围内日渐受到广泛青睐，已逐渐成为周边国家持币及边贸结算的首选货币，人民币跨境流通已呈现出区域化的雏形及不断扩展的态势。人民币的跨境流通为我国经济金融业带来诸多积极影响的同时，也给我国的经济金融业带来了一定的风险。

一、人民币境外流通现状

近些年来，随着我国国民经济持续、快速发展和综合国力的增强，人民币在国际上的声誉也日渐提高。人民币虽然至今仍然未实现资本项目下的可兑换，但已经悄然迈出国门，开始充当边境贸易计价、结算工具，人民币在港台地区及周边一些国家自发地形成了流通与使用，在一些国家的市场上甚至已经可以自由兑换。

2009 年我国开展跨境贸易人民币结算试点成为人民币国际化的“破冰之

旅”，人民币离岸市场的建立与发展、人民币清算行的协议安排、货币互换协议的签署以及人民币合格境外机构投资者等一系列举措成为人民币走向国际化的重要内容。人民币“走出去”的步伐加快，海外人民币存量迅猛攀升。以香港离岸人民币市场为例，2004 年 2 月，香港银行体系人民币存款余额为 8.95 亿元，2015 年 6 月这一数据为 9929.24 亿元，2015 年底突破了万亿元，短短 11 年时间里翻了几千倍。特别是 2009—2015 年，中国香港地区人民币存量进入高速增长时期。除了中国香港地区，中国台湾地区、新加坡、韩国首尔、英国伦敦等地区的离岸人民币市场也纷纷起步，可以预见，在未来的几年里，人民币境外流通的数量会迅速增长，人民币将大量流向离岸市场。随着跨境人民币业务的发展，海外人民币存量规模将快速扩大，人民币回流机制建设的必要性、重要性日益突出。

总体来看，人民币流出的渠道主要为：①跨境贸易，主要通过跨境贸易和边民互市流出；②出境旅游支付人民币，其中较大的有旅行社以人民币支付境外团费；③通过劳务输出、境外投资等渠道流出；④走私、毒品交易和地摊银行等非正常渠道。人民币流入的渠道主要为：①境外居民以人民币在境内投资；②通过境外居民探亲或旅游等渠道流入；③通过边贸进出口顺差流入境内；④通过银行信用渠道流回，包括两种情况：一是境外居民直接在我口岸金融机构存入人民币，二是外方银行吸收境外人民币存款后，以普通商人身份将境外吸收的存款转存我境内银行。

人民币在周边国家的流通始于 20 世纪 90 年代初期，但其国际信誉的迅速提升则是在亚洲金融危机之后。在亚洲金融危机期间，人民币经受了周边国家货币贬值的冲击，人民币不贬值的承诺使其地位大大提高。这是中国国际地位不断提升在金融领域的具体体现。人民币在世界各国流通范围扩大的背景是中国出国旅游人数的急剧增加、中国对亚洲各国的直接投资增加以及中国产品的出口攻势。人民币的境外流通，是中国与周边国家和地区经济一体化加深的结果，也是中国经济持续快速增长、人民币汇率长期稳定的结果，体现了海内外对中国经济和人民币的信心。人民币已呈现承担区域货币职能的趋势，其国际化的实践已经初步开始。

二、境外人民币回流机制

1. 跨境贸易人民币结算

跨境贸易人民币结算这一回流渠道的开启，主要是为满足贸易往来的需要。2008 年爆发的金融危机使发达国家货币遭遇了信用危机，周边贸易伙伴开始呼吁使用人民币来进行双边贸易结算。以庞大的贸易规模为依托，通过跨境贸易人民币结算业务回流的人民币数量也十分庞大。但是，整体而言流出量超过了流入量，境外国家通过出口收入人民币，再通过进口支付人民币后，还留有较大规模的存量。这部分存量的持有者，迫切需要对其进行投资，保值增值，投资的方向集中在中国香港离岸人民币债券市场。由于离岸债券市场发展得还不够完善，产品单一，同质化严重，不利于风险分散，所以，境外人民币的持有者期望开拓新的投资渠道。跨境贸易人民币结算是以贸易的开展为前提的，并且这一渠道的稳定性最强，风险最低，是短期内促进人民币回流的重要保障。

2. 人民币 FDI

人民币 FDI 是人民币国际化的必由之路，因为人民币国际化必须以市场需求为基础，如果持有人民币的收益很低，就会影响到持有者的持有意愿，人民币国际化就将无从谈起。在我国资本项目谨慎性地逐步开放的背景下，只有先通过实体经济领域来引导投资，才是最为合理的。更重要的是，人民币 FDI 不会额外增加国内的流动性。人民币 FDI 会提高人民币的收益率，境外投资者持有人民币的积极性也会大幅提高，于是 2011 年人民币 FDI 正式启动。人民币 FDI 开展到现在，较好地满足了境外人民币持有者的投资需求。由于人民币 FDI 的市场表现良好，同时它的资金投向是国内的实体经济，对于实体经济领域的投资相比虚拟经济的投资更容易监控，所以这也是短期内促进人民币回流的关键途径。

3. 离岸人民币债券

离岸人民币债券早在 2007 年就已经开始发行，作为香港离岸人民币市场的一部分，其实是在为人民币国际化做铺垫。离岸人民币债券市场为引导境外人民币回流起到了非常重要的作用，尤其是与其他非贸易结算的回流渠道相比，更能显示出离岸人民币债券的优势。而这主要依赖于离岸人民币债券市场成熟的运作机制、完善的技术系统以及合理的监管制度等因素。跨境贸易人民币结算业务的扩展在境外积累了一定规模的人民币资金，为债券市场提供了资金来源，相应地，人民币 FDI 的发展，又产生了人民币融资需求。债券市场的融资成本相对较低，尤其是离岸人民币债券市场的成本比内地低很多，这就促使投资者到债券市场去融资，从而为债券市场提供资金需求。两方面因素的共同作用，推动了债券市场的发展，为人民币的回流提供了良好的基础。

4. RQFII 及跨境人民币贷款

一直以来，相较于内地，中国香港地区的融资成本都较低，内地的企业也希望能够分享到低成本的资金，另外，内地的利率市场化改革正需要从外面引入活水。在此背景下，跨境人民币贷款成了较好的选择，跨境人民币贷款的开展既能促进人民币离岸市场的发展，又能加快内地的利率市场化改革。此外，还可以通过 RQFII 以及其他收益更高的投资类型来引导人民币资金回流。

三、当前人民币回流机制所存在的风险

在政府的支持和市场的调节下，目前境外人民币回流已经形成一定规模，但仍存在一些局限性，若不加以合理的管理与引导，将会对我国经济产生一定冲击。

1. 影响我国货币政策的实施效果

当前我国金融市场建设还有待完善，人民币利率、汇率形成机制改革仍需深化，资本账户尚未完全开放。开拓人民币回流渠道后，必然会造成境内外资金大规模、频繁地流动，从而对境内货币政策的实施效果产生影响。例如，当经济处于低迷状态，中央银行通过采取放宽银根的政策来刺激经济时，流动性增加伴随着利率下降，此时新增的流动性会流往利率更高的国家或地区，届时，货币政策的效果会被削弱；当经济处于泡沫状态，中央银行抽紧银根，提高利率和准备金率，减少市场上的流动性时，国外资金又会趋利而来，大量涌入国内市场，同样会削弱货币政策的有效性。

2. 影响人民币汇率的稳定

我国实行以市场供求为基础的、有管理的浮动汇率制度，而人民币离岸

市场上的汇率则完全由供求关系来决定，所以国内外人民币必然存在着汇差。人民币回流制度开启以后，大量追逐短期利益的海外人民币涌入我国境内市场，将会打破国内外市场上原有的供需平衡，影响人民币汇率的稳定。更有一些国际资本会利用国内外市场上的汇率差来冲击国内人民币汇率机制，这将给我国货币市场带来更多不稳定因素。

3. 影响国内利率稳定

人民币离岸市场上的利率明显低于国内市场，境外人民币为了追逐更高的收益，会向境内转移。人民币回流机制的开启加剧了逐利游资进入国内市场的状况，从而会冲击我国利率体制。当中央银行提高利率时，更多的海外人民币向国内市场涌入，导致利率下降；当中央银行降低利率时，利差空间变小，这部分逐利游资会变成外汇流向其他国家和地区，导致境内利率上升。

4. 加剧资本套利行为

过去我国一直实行资本账户管制。人民币回流渠道开拓以后，大量国际资本可以更加便利地出入，将给我国资本监管带来一定难度。当国内资本市场存在利好时，国际投资者会在人民币离岸市场上将手中的国际资本兑换成人民币，通过人民币回流渠道进入我国资本市场，使资本市场价格短期内过度上涨。一旦市场行情出现逆转，获利游资又会迅速撤离，使资本市场短期内急转直下，对我国金融市场、经济发展和社会稳定都将产生巨大的影响。

第二节　人民币自由兑换与资本市场的谨慎开放

完全的自由兑换是货币国际化的前提条件。一般而言，一国货币的自由兑换大致可分为两个阶段：第一阶段是对经常项目下的国际收支实行自由兑换；第二阶段是资本项目可兑换。货币可兑换是指经常项目和资本项目的完全可兑换。我国目前已实现了经常项目的可兑换，因此，这里将对资本项目的可兑换进行重点分析。

一、资本项目可兑换对经济的影响

资本项目是指国际收支中涉及资本流动的项目，包括直接投资、证券投资和其他投资等。资本项目自由兑换是指对资本的流进和流出国境的汇兑均无限制。在历史上，几乎没有一个国家实行货币可兑换是一步到位的。大多数国家通常是在经济发展到一定程度并实现经常项目的可兑换以后，才实行资本项目的可兑换。经常项目的可兑换通常要持续较长时间。在市场经济不完善和国内条件不具备的国家，推迟资本项目的可兑换，意味着资本项目完全可兑换的风险大于只实行经常项目可兑换（包括一些形式的资本项目可兑换性）可能造成的价格扭曲的代价。IMF 对资本项目可兑换不像对经常项目那样进行严格的定义，只是表述为在排除《国际货币基金协定》第 8 条款下的各项限制后仍存在的汇兑限制。基金组织不强求成员国实行资本项目自由兑换。目前，大多数发展中国家和部分发达国家都对资本项目的自由兑换实行了限制。

（一）实行资本项目自由兑换的风险

在国内基本条件不具备的情况下，实行资本项目自由兑换的风险主要表现在以下几个方面：

第一，取消对资本流动的所有限制可能会导致资本大量外逃。一国实行资本项目的可兑换后，在引导国外长期资本流入的同时也打开了资本外流的大门，这对一国的国际收支状况是非常不利的。同时，国内储蓄会流往国外购置外国资产，从而导致一国用于国内投资的资金量减少。在那些宏观经济不稳定和国内企业竞争能力较弱的国家，情况更是如此。在许多发展中国家，宏观经济和政治环境不稳定带来的不确定因素，使持有国内金融工具的预期收益（以及由此引起的储蓄收益）低于持有国外金融工具的收益，在这种环境下，回避风险的储蓄者可能更愿意将其财富的大部分转为预期收益率较高或实际收益稳定的外国资产。如果没有有效的控制措施，即使在国内宏观经济政策良好的情况下，害怕承担风险的居民也会将资金存往国外。

第二，如果缺少宏观经济方面的监督和协调就可能会使流入的资本超过社会最适当的水平。如果大部分流入资金是借入资金，就有可能造成过重的债务负担。同时，外国资本的大量流入可能会使外国人拥有国内生产要素、产业、自然资源和不动产，有可能造成一国自然资源的不当耗费或某一行业出现垄断，从而面临着外来资本冲击本国金融市场、控制本国企业和扰乱本国金融秩序的风险。

第三，外来资本对投资或投机前景预期的任何变化，在资本项目可兑换的条件下，都将对一国外汇储备和汇率产生很大的影响。这主要是由于可兑换性允许经常项目和资本项目的国际收支发生更大的变动，包括发生变动的趋势。在固定汇率制度下，长期的对外不平衡会减少一国的外汇储备，从而产生调整汇率或采用其他政策手段的压力；在浮动汇率制度下，国际收支的早期变化趋势通常会导致汇率的变动和对其他政策手段的调整。这些变化反过来会影响国内价格和收入。在当今世界资本市场高度一体化的条件下，资本流动的范围、规模不断扩大，速度也获得了极大的提高，可兑换性一旦扩大到资本项目，国际游资就有可能会随着国际经济和政治前景的变化而对一国的汇率形成强大的压力。这反过来会使宏观经济稳定的工作更加复杂化。

第四，由于商品、要素和金融市场的调整速度不同，金融市场的调整速度快于商品市场，因此过早地开放资本项目将会刺激资本流入，导致实际汇率升值，从而不利于本国商品市场和经济的稳定发展。

此外，实行资本项目的可自由兑换可能会使一国当局丧失对本国金融活动、金融收入和金融财富的课税能力。在证券市场规模较大的国家，印花税和证券交易税是政府收入的重要来源，而利息和红利收入所得税是大多数税制的主要组成部分。除了这些直接税收外，放开资本管制还使当局部分地丧失了对持有国内货币工具的个人征收“通货膨胀税”的可能性。

（二）实行资本项目可兑换性的利益

第一，实行资本项目的可自由兑换，对于发展中国家来说，最大的利益是吸引外国资本和生产资源，增加直接投资。吸引私人资本的能力是一国经济发展的重要因素，而经济的发展在很大程度上取决于国内投资是否强劲有力。因此，有效地控制资本外流是经济发展的必要条件。外国投资者是否愿意把资本投入一个国家在很大程度上取决于利息、税后利润和最初投入的资本金是否能无阻碍地汇回国内，以及投资项目是否具有吸引力①。资本项目可自由兑换在吸引私人资本流入方面的有效性，在很大程度上取决于一国目前

① 资本项目的可自由兑换不是吸引外国私人资本的先决条件。在未放开资本项目可兑换性之前，可以通过放松一些限制措施以吸引长期资本的流入。如制定一些法规以保证非居民有权汇回资产、投资收入和受雇本国企业所得的补助。这些措施能够保证非居民汇回资金和在将来转移资本，从而能鼓励长期资本流入。

和将来的经济和法律环境。投资需要一个合适和可信的经济环境，当国内和国外的投资者怀疑一国政府的改革措施是否可以持续时，他们是不会轻易做出投资决定的。宏观经济能否持续稳定，是判断某个国家投资环境是否优于其他国家的一个主要因素。同时还要考虑其他一些重要因素：法律和投资条例的性质，基础设施（包括运输系统和通信网络）的质量，人力和自然资源，可预见的政治稳定性，可以进入的国内和邻近国家的市场范围等。

同时，在吸引外国资本流入的同时，可以更好地引进国外先进的管理和技术资源。在那些外国投资者持有多数股份的企业里，资本流入能更新管理经验，改善管理水平，使企业得以更完整地获得有关生产技术及国外销售机会的信息。直接投资还能以其他方式扩大从外国引进技术和打入外国市场的途径，从而改进生产方式。

第二，居民可以借助资本流动来追求更高的预期收益（不考虑风险因素），持有多样化的国际金融资产，并在各种不稳定情况下使其资产构成多样化，从而减小国内经济的各种冲击对其储蓄实际价值的影响。

一国是否实行资本项目的可自由兑换，最终取决于对不受限制的资本运动的风险和收益的权衡。实行资本项目可自由兑换要考虑国内经济的发展水平、宏观金融调控的条件和居民的承受能力。在权衡资本项目可兑换的收益与风险时，应当承认，在不实行资本项目可兑换性的情况下，实行经常项目可自由兑换相当于一种双重汇兑体制。信息和交易技术的进步使国际资本市场日渐趋于一体化，也使对外部门转移的限制性措施越来越难以实行。因此，即使不实行资本项目可自由兑换，有时也会发生大规模的资本外逃。在仅实行经常项目可兑换的条件下，投机压力仍然可以通过对耐用消费品的提前或推迟支付和货币的兑换而传递到汇率。经验表明，在一国宏观经济政策和前景不佳的情况下，控制资本外流往往是不会奏效的。

人民币国际化进程中将面临迅速开放资本市场的压力。由于我国目前还未完全具备开放资本市场的条件，还没有形成平稳的与金融自由化、经济一体化相匹配的国际资本市场对接机制，在对货币的自由兑换、国际收支的调节、外汇储备的选择与管理上还不能适应国际资本流动与变化的节奏。如果立即全部开放资本市场，将会使经济金融面临巨大的风险。在世界经济日益虚拟化、国际资本市场缺乏国际监督和防险措施、金融市场存在信息不对称的情况下，国际资本的自由流动会导致资源配置的扭曲，刺激过分冒险行为，从而引发金融危机。

二、人民币资本项目自由兑换的必要性

长期以来，人民币资本项目的非自由兑换，使得中国经济发展处于竞争的劣势：第一，不利于吸引外资流入。长期以来人民币资本项目下的非自由兑换已成为阻碍外资进入我国的重要因素之一。实现人民币在资本项目下的自由兑换，必将极大地刺激外商对华投资，促使外资大量涌入。这对外汇短缺的我国来讲，在资金供应、经济技术、产品质量、销售渠道、经济效益等方面都将产生积极的影响。第二，不利于从根本上解决人民币汇率不合理的问题。人民币资本项目的非自由兑换，使其脱离于国际市场之外成为封闭货币，从而为人民币汇率制定的主观随意性提供了可能和条件。只有实现了资本项目下的自由兑换，人民币汇率的合理制定才能拥有坚实的基础。第三，不利于提高人民币的国际声誉。人民币实现资本项目下的自由兑换，可以向外界表明中国经济进一步对外开放的趋势和决心，并显示出中国经济更加符合世界经济国际化的潮流，为人民币的逐步国际化创造条件。目前，随着世界经济一体化进程的加快，人民币实现资本项目下自由兑换已成为中国经济与国际经济接轨的重要举措。

1996 年底，中国正式接受了《国际货币基金协定》第 8 条款，取消了国际收支经常项目下的汇兑限制，实现了人民币经常项目下的可兑换，但同时继续实行资本项目下外汇交易控制。主要表现为对资本流入和流出的审批制度、外债总量控制制度以及对防止货币投机行为的管制。推动我国资本项目可兑换，重要的条件是市场机制的发育成熟、经济基础的稳定、宏观调控能力的增强和调控技术的提高以及金融体系的稳健发展等。我国目前之所以仍然对资本项目实行严格管制，是由于我国目前市场经济机制还处于发展完善之中，金融宏观调控和监管都还处在一个较低的水平，还不完全具备放开资本项目自由兑换的条件。

1997 年发生的亚洲金融危机给发展中国家带来的深刻教训是：一国在条件不具备的情况下贸然开放资本项目会对一国经济造成严重冲击。因此我国对开放人民币资本项目采取更为审慎的态度是非常有必要的。然而，从长期

来看，资本项目的管制不仅成本高，而且不符合金融自由化的发展潮流。以隔离国内外金融市场为根本目的的资本项目管制必然会阻碍中国开放型经济的完善。在人民币经常项目自由兑换后继续实行资本项目的管制，会增加管制的成本并导致管制有效性的下降。主要表现在以下几个方面：

第一，管制价格和市场价格之间的扭曲会导致激励机制的错位，从长期来看，会延缓我国产业结构调整的步伐，保护利润低下的部门或企业，造成不完全竞争。在金融领域，会阻碍国内金融体系的发展，削弱国内金融机构进行国际交易的能力。

第二，影响国内利率与国际利率水平的一致性，引致资本外逃。并且对资本流入进行控制使国内企业借款成本上升，不利于我国企业竞争力的提高。

第三，1996年底我国实行了经常项目可兑换后，为实施资本项目管制，必须对经常项目和资本项目进行区分。然而，从国际收支角度看，国际收支大部分交易同时具备了经常项目和资本项目的特性，与此相适应的资金是没有标签的。客观上造成难以对这两者进行有效区分，部分资本项目资金混入经常项目逃避管制。况且，我国目前实际上已经放开了部分资本项目可兑换，由于资本本身具有可替代性，对一些工具进行控制而对另一些工具不进行控制就会导致资金流向未受控制的工具，容易出现资本项目监管的真空或漏洞，从而导致资本管制有效性降低。

第四，国际经验证明没有一种资本管制措施是完全有效的。资本管制只能暂时起到隔离的作用，并不能长期有效保护我国经济和金融体系的发展。银行市场全方位开放、外资银行进入中国市场后，可以有多种渠道绕开资本项目管制，将会对资本项目管制造成深层次冲击，致使现有的管制措施失效。与管制的复杂性相对应的是，资本项目管制成本也将会急剧攀升。

一国货币要想走出国门，其难点关键就在于资本项目自由兑换。同时，一国货币只有实现了资本项目下的可自由兑换，才能谈得上实现了真正的国际化。实行资本项目可兑换是推进我国人民币国际化的必由之路。对于人民币自由兑换问题的过分谨慎，无疑将延缓人民币的国际化进程。人民币国际化最终必须以人民币的自由兑换为前提，一种无法自由兑换的货币，其国际接受范围将十分有限，有可能成为一种高风险的货币，其国际化进程就不可能顺利发展。

中国融入经济全球化的重要内涵，就是将国内市场和国际市场统一起来，更大程度地参与国际市场分工，深化改革开放，提高经营效率。随着市场准入的扩大，服务贸易行业的开放与国际交流必然伴随着大量的资本流动，国际贸易将从传统进出口方式向以投资带动和以承包工程带动的方式转变，与贸易流动相伴的国际资本流动也将会相应增加，微观层面的企业、银行等对投资自由化及资本流动自由化的呼声将会越来越高，由此对资本项目开放提出更高的要求。

总之，随着中国对外开放和经济金融改革的深化发展，人民币资本项目可兑换的迫切性、紧迫感将会逐步增强。为了调整经济结构、引进外资和先进技术、提高经济质量、实施"走出去"发展战略、降低资本管制的成本，我国需要积极推进资本项目的自由兑换。推动人民币资本项目可兑换，内在动力与外在压力并存。

诚然，在近期内，我国尚不完全具备资本项目可自由兑换的条件。在条件不成熟时如果强行推动资本项目自由兑换，必然会加大经济金融的风险。但是我们也应看到，中国独具的某些条件使得资本项目可兑换的风险可能没有预期的那么大。在国际上，发展中国家的国际收支普遍是经常项目逆差、资本项目顺差。而长期以来我国的国际收支一直是经常项目和资本项目双顺差，这为我国资本项目的可兑换奠定了坚实的基础。

在开放经济条件下，放松资本项目管制是一种普遍趋势。但开放资本项目不等于不管理，管理也不等于消极限制。因此，我们应采取措施，积极稳妥地推进人民币资本项目的自由兑换。

三、人民币资本项目自由兑换与资本市场开放的关系

一国货币可自由兑换的结构和程度，是该国贸易服务和资本市场开放的约束条件，只有当货币在资本项目下的自由兑换实现时，开放资本市场才有可能，而当货币不可以完全自由兑换时，资本市场的开放根本无从谈起。从另一个角度看，资本项目下的自由兑换在中国资本市场开放程度有限的情况下，并没有太大的实际意义。人民币完全自由兑换的实现，将自然而然产生国际资本对中国资本市场冲击的可能。例如外国资本对中国的实业投资自由地转换为人民币投资后，通过市场运作就很容易转换为人民币的流动资本，

也就可以毫无阻碍地进入中国的各种市场，当资本市场上的投机空间巨大时，冲击的力量就将集中出现，形成现实的对资本市场的冲击。换言之，人民币在资本项目下的自由兑换一旦实现，中国资本市场的开放将是必然的结果。因此，人民币的完全自由兑换与中国资本市场的开放之间，具有紧密的同步性的关系。以为实行人民币的自由兑换并不会与资本市场的控制与管理冲突的观点是不正确的。鉴于此，中国资本市场谨慎有序地放开和实现人民币在资本项目下的自由兑换，应同步考虑。

中国资本市场目前尚处于发展的初级阶段，最大的弊端在于它具有过于强烈的投机性，资本市场的价格水平与经济的基本面相关性极小，投机空间巨大。由于国内资本流动的相对可控性，各种货币资金对于市场的冲击即使发生，也能够通过反向的宏观管理调节来实现冲击的平缓化，资本市场的宏观管理基础相对牢靠。而一旦全面开放资本市场，国际资本的逐利性就将充分地利用市场波动，在迅速流入流出中牟取暴利。因此，只要中国的资本市场的投机性质不发生实质性的改变，实行资本市场的开放就必然会受到冲击。相应地，加紧对中国资本市场的改造，缩小资本市场上的巨大投机空间，也就成了我国市场开放程度大小决策的基本前提。

从我国目前的情况来看，由于部分企业的自我约束能力较差，证券市场有效性不佳，金融市场和监管能力都还处在一个较低的水平，因此还未完全具备开放资本项目自由兑换的条件。如果中国逐步走向资本项目可兑换，资本市场进一步开放、对外投资流出的限制逐步削弱，资本的流动将表现为双向的，既可能有大规模流入，也会有一定的流出。这同时也意味着中国政府将放弃靠资本管制来维持国际收支顺差的政策，转而更多地依靠市场调节国内经济和对外经济。各种政策工具相互间的关联性将得到加强，政府调节的基点将发生根本性的转变。对此，我国应在进一步深化经济金融体制改革，大力发展资本市场，完善金融监管体系的基础上，选择在适当的时机加快实现人民币的可完全自由兑换，为人民币最终走向国际化做好充分的准备。

四、推进人民币资本项目自由兑换的策略和步骤

国际经验表明，资本项目的完全开放需要具备一定的条件，如稳定的宏观经济、健全的微观机制、健康的金融体系、有效的金融监管、有利的国际

环境等。实现人民币的完全可兑换是一个长期的过程，在条件不具备的情况下，过早开放资本项目交易，容易酿成货币乃至金融危机。选择推迟实行资本项目可自由兑换主要是为了降低资本外流和短期投机资本流动的风险。

人民币自由兑换是我国外汇管理体制改革的目标之一，我们认为推进资本项目自由兑换的总体要求是：人民币资本项目可自由兑换应以形成和发展外汇金融市场作为基础工程，不断完善和发挥市场机制的功能，提高对利用外资的控制程度，保持较佳的外资存量结构，有计划、分步骤、积极可控地稳步推进。

立足于防范外来金融风波的冲击，人民币资本项目下自由兑换应采取的策略是：先易后难，宽入严出。应根据资本项目下不同项目流动性的大小和对国内经济冲击力的强弱程度有序开放。具体而言：先放宽对资本流入的限制，再逐步放宽对资本流出的限制；先放宽对长期资本流入的限制，再放宽对短期资本流入的限制；先放开对直接投资的限制，再放开对间接投资的限制；先放开对银行贷款的限制，再放开对证券投资的限制。在外汇管理的对象上，先放开对金融机构的管制，再放开对居民的管制；先放开对外汇指定银行的管制，再放宽对非银行金融机构的管制。在资本市场开放的过程中，要适时把握资本市场开放的时机和节奏。不能在短期内完全放开，而应有计划、有步骤地推进。在上述原则下，应采取如下措施逐步实现人民币资本项目下的自由兑换：

（1）资本项目汇兑管制要体现明确的政策取向

汇兑和管制应主要通过限制和控制资金流向、流量与流速进行，应根据不同阶段、不同项目以及国际收支平衡的需要，确定限制与放开的重点。应努力促进长期资本输入，并限制资本外流和不稳定的短期资本流入。

在资本市场开放初期，我国应设置一些防范资金在短期内迅速流进流出的限制（如资金汇出一次性的数量控制、非居民开立本币账户最低余额的限制、金融机构进入离岸市场借外债数额的限制等），这样可以降低短期资本异常流动所引发的风险。同时，要抑制国际金融寡头在全球的投机行为。短期资金的跨国短期流动在金融危机中扮演着重要角色，因此我们可以在短期资金流入金融市场后制定相应的规章制度限制其在短期内全数抽回，从而大大减少短期资金在发展中国家的异常流动现象，降低金融危机发生的可能性。

对短期金融交易征税通常被视为抑制短期资本流动的手段。资本管制可以降低外国资产的收益率（如征收利息平衡税或提高资本回流的间接成本），限制获得外国资产，从而有利于稳定国内储蓄。

（2）进一步改革外债和对外担保管理体制，建立市场化的外债运行约束机制

简化或取消境内机构对外借债、发债和担保的事前审批，完善以登记为核心的外债和对外担保管理体系；统一中外资银行的外债管理方式。对于长期外债的管理，今后可采用限额管理的办法，每年定出举债范围、数量，只要不突破限额，就不必逐一审批。限额的标准可采用国际通行的偿债率指标①，只要在公认的20%安全线之下，就不必过多干预。

（3）给予合格金融机构更大的海外融资自主权

我国金融机构在海外融资已有十多年的历史，银团贷款、海外借款和发债等一些融资方式都已被广泛采用。其间因取消双重汇率制度、日元升值等原因，发生过汇率风险；但最大的问题还是金融机构本身经营不规范所引发的风险。总体而言，应给予合格金融机构更大的海外融资自主权，但对于一般企业的海外融资还需进行严格管控。

（4）引进国际机构在国内发行人民币债券

为促进我国债券市场的发展，应探索引进国际金融机构在中国境内发行人民币债券，债券发行获得的人民币资金将用于对国内企业的贷款。逐步开放证券市场，落实合格境外机构投资者（Qualified Foreign Institution Investors，QFII）市场准入制度，做好合格境外机构投资者在境内资本市场投资的外汇管理组织和实施工作，并密切关注该项制度实施对我国外汇收支和资本市场的影响。通过合格金融机构将外汇资金投资于以人民币标价的证券产品。在目前中国证券投资市场还极不完善的情况下，允许外资投资中国证券市场，必然会引发一些经济金融问题。因此在这个过程中，企业债券、金融债券和国债可先放开，最后放开股票市场。在管理上，宜采取日本、韩国在资本市场开放过渡时期曾经长期使用的方式，允许经过批准的外商按照规定的产业领域和持股限制比例入市交易。

---

① 偿债率＝每年需还本付息外债额/当年出口创汇额。

此外，尽快取消外资流入中国直接投资的限制，因为这部分外资大都以固定资产的形式投入，变现性较差。同时，应拓宽跨国公司在华资金的运作渠道。在企业保证有充分流动性并承诺增加在华投资的前提下，适当允许跨国公司把在中国境内的部分闲置资金临时调往境外进行运作，或参与境内外汇市场运作，以提高其资金利用效率。

（5）放宽对外证券投资的限制

在完善合格境外机构投资者制度的基础上，研究落实合格境内机构投资者（Qualified Domestic Institution Investors，QDII）制度，投资境外资本市场。探索允许少数符合条件的非银行金融机构将一定比例的资产用于境外运作。开放 QDII 的目的在于创造更多外汇需求，使人民币汇率更加平衡、更加市场化，并鼓励国内更多企业走出国门，从而减少贸易顺差和资本项目盈余。由于证券市场本身是一个高风险的市场，从防范风险的要求考虑，应比开放海外直接投资更为谨慎。因此，除了加强投资主体的自律外，也需要加强对证券机构的监管。在此基础上，再放松限制，直至完全放开。

（6）尽快统一对不同交易主体的资本项目管理标准

在实行资本项目可兑换的同时要逐步放开对居民用汇的自由兑换的限制，研究适当放宽个人合法资产对外转移的限制。在加强对境内资产来源的真实性、合法性审查的基础上，研究允许公民在移居境外以后分期、分批购汇汇出境内资产的办法。放开对居民用汇的自由兑换的限制，在时间上可与资本项目下的自由兑换同步进行。同时，继续对境外投资外汇管理进行改革，积极支持实施"走出去"战略。简化外汇资金来源审查手续，允许境外投资利润留存当地用于企业进一步发展。放松对境外投资的购汇限制，扩大境外投资外汇管理改革试点。

（7）金融和外汇管理部门应进一步考虑增加外汇交易币种及交易业务种类

目前我国外汇交易币种不多（只有美元、欧元、英镑、港元和日元），因此规避外汇风险的可能性大大减小。交易币种应包括我国主要的贸易伙伴国的货币，以减少因外贸企业收入币种与支付币种的不同或收入币种必须按现行外汇市场上的币种进行转换所造成的损失。

实现资本项目自由兑换后，国家除对个别资本项目下的外汇收支仍然实行必要的限制外，基本上取消外汇管制。出口收汇和进口用汇由管理转为登记申报。放宽外汇出入国境的数量限制，允许人民币作为国际支付手段出入国境。最终过渡到成为完全放松外汇管制的国家，即国家不通过外汇管制，而通过贸易政策、税收政策、利率和汇率政策，调节经常项目和资本项目的外汇收支，实现国际收支的综合平衡。

当然，在实行资本项目可自由兑换和开放资本市场的过程中，一国为维护金融稳定、防范金融危机而采取的限制短期资本流入等措施，在多数情况下不会违反“世贸”规则。即便这些措施与“世贸”义务承担有关，成员国方仍可以对资本项目交易进行限制。只要这些限制国际资本交易的措施是为了确保金融体系的统一和稳定，构成审慎措施，成员国就可以自由采取。

对照上述条件，我国已具备实行资本项目开放的部分条件，基本实现人民币资本项目下的可兑换目标并非十分遥远。我们应从国情出发，顺应形势发展需要，积极稳妥地推进资本项目管理改革。鉴于这是一项复杂的系统工程，应该统筹规划，与经济体制改革的全局相协调，并在改革中不断创造条件。有关政策的出台要与经济发展水平相适应，与对外开放的要求相适应，与宏观调控和金融监管的能力相适应。人民币资本项目可兑换将是一个渐进的过程，因此，我们一定要按照战略方针，循序渐进地努力创造资本项目可兑换的条件。根据国际上开放资本项目的经验教训，结合中国经常项目下可兑换的成功经验，在人民币资本项目可自由兑换的进程中，首先是实现资本项目下有条件的可兑换，在此基础上再实现资本项目下的完全可兑换。总体来看，资本项目的管制应逐步放开，加强和完善外汇监管，以监管逐步取代管制。

第三节　人民币汇率制度的选择

汇率是一个经济体最重要的资产价格。在金融全球化和世界经济一体化不断推进的背景下，汇率制度已成为各国货币当局及国际金融组织重点研究的课题。近年来，我国在世界经济中的地位不断提高，对外贸易发展迅速，外汇储备迅速增长，人民币国际化快速发展。在这种情况下，不论对内还是对外，人民币汇率制度的选择均显得非常敏感而关键。

一、货币汇率体系的“三元冲突”

20世纪50年代，米德认为国际资本流动和固定汇率制度之间存在“二元冲突”，即“米德冲突”，是指资本的充分流动会冲击固定汇率制度，或者说固定汇率制度的前提条件之一是资本管制。J. M. 弗莱明和R. 蒙代尔认为，在完全的资本流动、汇率稳定和货币政策的独立性三者中，只有两个目标可以实现，这就是所谓的“蒙代尔三角”。即一个国家不能既维持稳定汇率，又不限制资本流动，而又能独立控制利率或其他货币政策工具，使自己把宏观经济政策措施集中于国内经济活动实绩的能力不受限制。本国货币政策的独立性是指一国执行宏观经济政策进行反周期调控的能力，这里主要是指一国是否具有使用货币政策影响其产出和就业的能力；汇率的稳定性是指能够保护本币汇率免受投机性冲击及货币危机的冲击，从而保持汇率的稳定；资本的完全流动性是指不限制短期资本的自由流动。如果一国的资本账户尚未开放，那么它既能保持自主的货币政策，又能自由选择汇率制度；但如果一国已经实行资本账户自由化，允许资本自由流动，那么它若要保持货币政策的自主性，就必须实行浮动汇率制。而若要采用固定汇率制，则必须放弃货币政策的自主性。东南亚金融危机后，克鲁格曼教授进一步指出，危机背后的深层次问题是国际货币体系存在的“三元悖论”，即本国货币政策的独立性（adjustment）、汇率的稳定性（confidence）、资本的完全流动性（liquidity）之间的矛盾。从理论上讲，这三个目标不能同时实现，最多只能同时满足两个目标。

如果我们以三角形的三个顶点分别表示各国货币体系旨在实现的三个目标，那么每一条边均代表一类可能的货币体系安排。克鲁格曼将此三角形称作“永恒的三角形”（eternal triangle）。回顾国际汇率制度演变的历史，可以发现，不同时期的各种汇率制度安排都摆脱不了“三元冲突”的约束，不断进行着“三中择二”的不同组合：在古典的金本位制度下，资本自由流动与固定汇率组合，但是各国没有自主的货币政策；在布雷顿森林体系下，自主的货币政策与固定汇率组合，但是为了保持固定汇率，各国必须实行较严格的资本管制，资本流动性差；1973年以后，布雷顿森林体系瓦解，发达国家大多选择对外开放资本市场，同时又不想失去货币政策的自主性，因此只能选择浮动汇率制度，汇率稳定不复存在。欧洲的货币联盟，采取的是固定汇率与资本自由流动的组合，其代价则是牺牲各国货币政策的独立性。前些年，中国采用钉住美元的汇率制度，选择了汇率的稳定和货币政策独立性这两个目标，限制资本的自由流动，即对资本账户实行管制。

如果我国继续实行单一钉住美元的汇率制度，则会产生较大的不利影响，主要体现在以下几个方面：

第一，有可能扭曲本国商品与被钉住国家商品的相对价格。在本国货币与特定货币保持固定比价的条件下，其他因素不变，只有当本国劳动生产率的变化与被钉住国家保持一致时，国内商品和对方国商品的相对价格的扭曲才不会发生。但是，两个国家的劳动生产率在长期内始终保持同步增长的情况是极其罕见的，甚至可以说是不可能的。如果本国劳动生产率增长率低于对方国家，则本国货币的价值就会被高估。这意味着本国所有商品的价值将被高估，同时对方国市场上的所有商品价值将被低估。这必然会打击本国的出口和鼓励本国的进口，造成贸易赤字，并产生相应的紧缩效应。如果本国劳动生产率的增长快于对方国，则在钉住对方货币条件下，又会导致本国货币价值的低估，以及相应的本国的过度出口和进口不足。其他因素不变，这又会进一步导致本国的通货膨胀。

第二，有可能扭曲本国商品与竞争国商品的相对价格，使本国商品丧失国际竞争力。在钉住目标国货币的条件下，如果其他与本国竞争的国家向下调整其货币与被钉住国货币的汇率，本国商品与竞争国商品相对价格就会发生不利于本国的变化，结果可能导致本国出口的下降，并产生相应的紧缩效应。

第三，不仅会使国家丧失缓解经济或者金融危机的手段，而且会使危机更加恶化。在发生经济危机或者金融危机时，迫切需要货币当局增加货币供给，降低利率，向银行系统从而向企业注入流动资金，防止银行和企业因为流动性不足而大规模破产。但是，由于实行钉住汇率，公众很可能纷纷把手中的国家纸币兑换成黄金或者美元，外加贸易赤字和资本外流的影响，本国的黄金或者美元储备将会急剧减少。在钉住汇率制度下，这意味着本币发行总量的急剧收缩。结果是，由于失去了利用汇率进行调控的杠杆作用，在本国货币发行最需要增加的时候，本国货币的发行总量不仅不能增加，反而要大幅度缩减，这必然会加重金融危机的影响。

应该指出的是，目前部分发展中国家所采取的资本自由流动与钉住汇率制度的组合是一种具有潜在危险的组合：在汇率固定和资本自由流动的环境中，试图追求独立货币政策目标的任何尝试都注定将或早或晚地引起显著的国际收支失衡，并由此可能引发投机资本不稳定地流动。一方面，采用钉住汇率制的国家在调节经济运行时，为了维持本币与被钉住货币之间的官价，必须使国内利率与被钉住货币国利率保持一致，从而受制于发达国家的货币政策，当发达国家根据自身经济发展状况调整其宏观经济政策时，钉住其货币的发展中国家不得不紧随其后进行相应的调整，由于这种调整并不是国内经济所真正需要的，调整的结果必然会使国内宏观经济不稳定性加剧。另一方面，采用钉住汇率制的国家更容易受到外来的冲击。在钉住汇率制下，发展中国家人为地抑制汇率的自由变化，给投机者以可乘之机，国际金融市场上的巨额游资随时会对钉住汇率造成巨大冲击。因此，实行钉住汇率制的国家和地区频繁遭遇金融动荡绝不是偶然的，20 世纪 90 年代以来墨西哥金融危机与东南亚金融危机的爆发就是明证。

实践证明：任何一种货币汇率体系安排都不是完美的，只有根据本国和世界经济发展的整体情况来选择适合于本国的货币汇率体系才是适宜的。

二、人民币汇率制度改革取向

（一）中国汇率体制改革和发展的政策目标

中国近些年来实行的汇率制度是以市场供求为基础的、有管理的浮动汇率体制。1997 年亚洲金融危机爆发后，为应对这种特殊形势，中国实行了稳定人民币对美元汇率的政策，缩小了双边汇率浮动幅度。实践证明，这种汇率安排与我国经济发展阶段、企业承受能力和金融监管水平是相适应的，符合我国国情，对中国、亚洲乃至世界都产生了积极的作用。它有利于促进我国对外贸易，有利于企业成本核算，有利于外商来华投资，有利于配合中央银行货币政策操作。

外汇管理体制改革的长远目标是实现人民币可兑换。在金融全球化条件下，全球范围内的资本流动，会对汇率制度的选择产生重大影响。20 世纪 90

年代以来的几次国际金融危机表明，汇率制度安排不当与汇率政策失误是引爆金融危机的核心问题。因此，在金融全球化的时代背景下，正确进行汇率制度选择，关系到一国的金融稳定、金融安全和经济发展。

中国外汇管理体制经过1994年及其随后的一系列改革措施，正在朝着成熟的现代管理体制方向迈进。1996年底，中国实现了人民币经常项目可兑换。在亚洲金融危机爆发后的两年多的时间内，中国又较为成功地抵御了外来冲击，保持了国内宏观经济的稳定，人民币汇率稳中有升，为今后的外汇和汇率管理体制的进一步改革和发展奠定了基础。我国外汇和汇率体制改革与发展的政策目标可以说有两个层次：一是指通过改革措施所应达到的理想外汇和汇率体制模式，二是理想的外汇管理体制所应服务的经济政策目标。前者可以说是外汇管理体制改革和发展的直接目标，后者可以说是外汇管理体制改革和发展的基本政策目标。

随着经济体制转型和对外经济关系的发展，中国的外汇和汇率体制发展正面临新的环境。就外汇和汇率体制改革与发展的基本政策目标而言，外汇和汇率体制都应从属于一个国家的基本经济政策目标，这些基本经济政策目标包括促进经济增长，实现充分就业，保持国内物价稳定，维持国际收支平衡等。

外汇和汇率体制直接涉及的国内宏观经济政策是货币政策。1994年的外汇管理体制改革使外汇管理彻底摆脱了对计划体制的从属地位，使外汇和汇率体制更紧密地与国内货币政策操作相挂钩。1996年底以后，中国开放了经常项目下的人民币可兑换，继续实行资本项目下外汇交易控制，可以说体现了将外汇管理体制及其改革定位于服务国内货币政策的政策取向。因此，现阶段，中国外汇管理体制的直接政策目标可以说是维护经常项目下人民币可兑换并对资本项目下外汇交易实行监督和控制。

但是，从动态上看，中国外汇管理体制改革和发展的直接政策目标是推动实现人民币的完全可兑换，其最终目标是实现人民币的国际化。

（二）建立更具弹性的人民币汇率机制

在汇率制度的选择问题上，一些国家主张一国只能在固定汇率和完全自由浮动两者之间择一而行，我们认为没有一种汇率制度是万能的，各国应根据自己的实际情况选择合适的汇率制度。因此，我们应建立适当的外汇和汇率体制，规避外汇和汇率风险。我国目前实行的对资本流动实施管制的政策，可以维持固定汇率制度，同时也能有效地实施自主货币政策，但代价是资本不能自由流动。

中国现行的汇率制度是有管理的浮动汇率制，并对资本项目实行管制。东南亚金融危机的教训告诉我们，目前将资本管制作为一种次优的制度安排是必要的。但是必须看到，在金融全球化的背景下，对资本自由流动管制的代价将会越来越高。既然资本自由流动已经成为一种趋势，那么中国的宏观经济政策势必要考虑这一经济特征。当世界各国趋向于资本自由流动时，试图依靠资本管制来实现货币政策自主性与汇率稳定的组合正受到越来越严峻的挑战。因此，中国今后汇率体制改革的方向必然是建立浮动汇率体制，实行独立的货币政策并放开资本的自由流动。

随着中国经济的进一步增长和转向平衡发展的思路，货币政策目标必然将更多地与国内宏观经济变量相联系，即以国内经济目标为主要参考对象，这主要是由中国巨大的经济规模所决定的。中国不能单方面地使其国内政策目标和政策手段完全满足维持国际收支平衡的需要，也不能放弃将汇率作为调节国际收支平衡的可供选择的手段。相应地，中国外汇和汇率体制改革面临两个紧密联系的问题：一是提高人民币汇率机制的灵活性，二是增加人民币的对外可兑换性。未来人民币汇率制度的改革应以国内政策目标为主，同时兼顾人民币国际化的未来前景，适当考虑人民币作为区域性国际货币所需承担的责任与义务因素。

当然，完全的浮动汇率制度会使人民币汇率起伏不定，不利于人民币国际化长远目标的实现。在不能放弃货币政策自主性及逐步开放资本市场的条件下，人民币汇率制度由有管理的浮动汇率制度向更加灵活的弹性汇率制度转变是较为理想的选择。更具弹性的汇率政策能更好地配合中国的经济体制改革，可以缓解外来冲击的不利影响，将有助于应付中国经济与国际经济接轨期间经济可能面临的波动，为平衡对外收支提供更大的灵活性，从而更好地调节中外日益增加的资金流动。同时也可为国内货币政策操作提供一个有效的工具，有利于人民币的进一步国际化。因此，更具弹性的汇率制度，应当成为新的探索方向。

中国目前的汇率体制应逐渐增加汇率弹性，放宽汇率波幅，更多地使用汇率波动区间。建立一个适应新的开放经济格局的，不仅服务于对外贸易需要，而且对大规模、多种类资本跨境流动有足够调节能力的新型汇率制度。因此，结合中国实际情况，应考虑试行一种灵活的、有一定浮动区间的汇率制度，但不是完全的浮动汇率制度，而是一种所谓“目标区域”（Target Zone）的汇率制度。一方面使汇率有一定的浮动，减轻货币当局维持固定汇率的压力；另一方面使汇率浮动有上、下限的限制，以防止汇率过于剧烈的变动破坏经济的基本因素。汇率目标区是一种混合体系，它兼有固定汇率制和浮动汇率的特点。目标区是以某个特定的汇率水平作为中心汇率，上下各留有一定的汇率浮动的区间，区间的上下界称为目标区的边界。汇率在区间内的波动基本上不受中央银行的干预，具有较高的灵活性；一旦汇率接近目标区的上下边界，中央银行就会适时地采取行动，使汇率水平重新回到目标区内。

如果我国实施人民币汇率目标区管理，则可以增强我国货币政策和汇率政策间的有效联系，提高政策的主动性和灵活性。当前，应在完善现行的有管理的浮动汇率制的基础上，适当地吸收目标区管理的优点，逐渐减少中央银行对人民币汇率的过多干预，使人民币汇率目标具备更大的灵活性。

在政策设计上，可以考虑将增加人民币汇率的灵活性和人民币资本项目的可兑换性结合起来进行，使两者互相促进。在实施中，可以先在一定程度上开放资本账户，同时允许汇率有一定程度的浮动；随着对资本管制的放松，逐渐扩大汇率浮动的区间。经过一段时间之后，还可以对汇率浮动的区间进行调节。从操作上看，实行较高程度灵活性的汇率体制和较高程度可兑换性的外汇体制相结合比实行固定汇率制和货币可兑换相结合要相对容易。这是因为，当面对外来冲击时，货币当局可以通过直接或间接的汇率调整来缓解冲击效应，而不必考虑改变货币的可兑换政策。但在实行固定汇率和货币可兑换相结合的情况下，当面对外来冲击时，货币当局可能需要考虑改变货币可兑换政策，因而会导致经济金融的不确定性因素增加。简单地说，在前一种情况下，货币当局既可以考虑运用国际储备干预外汇市场，也可以对外汇市场做出减少干预或不干预的决定。而在后一种情况下，货币当局必须随时进行干预。当干预不奏效时，货币当局就将面临要么放弃固定汇率目标要么恢复外汇管制的两难选择。

此外，在人民币汇率制度改革的具体操作上要注意以下两个问题：

第一，恰当选择人民币汇率制度改革的环境与时机。人民币汇率制度改革必须考虑国内、国际经济环境的变化。目前，国际金融市场变幻莫测，主要国际货币尤其是美元、欧元和日元三种主要货币之间的汇率波动加剧。外在环境的变化对人民币汇率制度的改革提出了挑战，但同时也提供了机遇。具体来说，人民币汇率体制改革要服从于国内货币政策目标，同时要充分考虑国际环境的影响。只有在国内外政治经济环境都比较健康、稳定的情况下，才是人民币汇率体制改革的最佳时机。

第二，人民币汇率制度改革必须在实现国内目标与国际性目标之间有所权衡。即要以国内宏观经济目标为主，并适当考虑承担区域货币金融大国的义务，从而在夯实国内价值的基础上，加快人民币向国际货币迈进的步伐。同时人民币汇率制度改革要突破传统的基于贸易平衡的考虑，适当考虑国际资本流动对于汇率的影响，以国际收支总量及结构性目标为主导。

2015 年 8 月 11 日，中国人民银行宣布调整人民币对美元汇率中间价报价机制，中间价报价将参考上日银行间外汇市场收盘汇率，综合考虑外汇供求情况以及国际主要货币汇率变化而确定，这意味着人民币的汇率改革将进一步市场化，汇率水平能够更加真实地反映当前外汇市场的供求关系，人民币汇率双向浮动弹性增强。今后应进一步完善人民币汇率形成机制，加快外汇市场发展，丰富外汇产品，根据外汇市场发育状况和经济金融形势，增强人民币汇率双向浮动弹性，保持人民币汇率在合理均衡水平上的基本稳定。

| 第六章 |

人民币加入 SDR 与提升中国金融话语权

2015 年 11 月 30 日，国际货币基金组织（IMF）执行董事会完成了五年一度的特别提款权货币篮子组成的审查工作。人民币被认定为可自由使用货币，自 2016 年 10 月 1 日起作为第五种货币，与美元、欧元、日元、英镑一道构成特别提款权货币篮子。至此，作为第一个新兴市场国家货币加入 SDR 货币篮子，人民币“入篮”预示着我国人民币国际化进程进入了一个崭新的阶段。

第一节 人民币加入 SDR：成为国际储备货币的开端

人民币加入 SDR 作为人民币国际化的关键一步，与复杂多变的国际背景有着密切的联系。人民币寻求加入 SDR 的夙愿由来已久，而同时，IMF 自身也在寻求改革以更好地适应当前的国际环境，因此，人民币加入 SDR 呼应了 IMF 自身改革的诉求。

一、作为国际储备货币的 SDR：作用发挥及价值确定

（一）SDR 的起源及发展

特别提款权（SDR），又称为“纸黄金”（Paper Gold），是由 IMF 创设的一种超主权货币，充当储备资产和记账单位，是对成员国可自由使用货币的潜在索取权。在 1969 年创设之初，SDR 被用于解决布雷顿森林体系下黄金和美元两种储备资产不足的问题，根据会员国认缴的份额分配，用于偿还国际货币基金组织债务、弥补会员国政府之间国际收支逆差。布雷顿森林体系崩

溃以后，国际货币基金组织官方将特别提款权的作用界定为：第一，各成员国的补充性储备资产；第二，国际货币基金组织及其他一些国际组织的记账单位。

就性质而言，SDR 不是 IMF 发行的货币，在 IMF 的资产负债表上也不反映为对成员国的债权，而是 IMF 分配给成员国在国际收支恶化时对硬通货的兑换权。当持有 SDR 的货币基金组织成员国需要使用其对可自由使用货币的潜在求偿权时，一般国际实体会选择兑换为美元或欧元，日元、英镑兑换比例非常低。IMF 成员国可通过以下途径实现潜在求偿权：成员国之间通过协商达成兑换协议；对外收支状况较好的成员国通过被 IMF 指定可以自由使用的货币从对外收支状况较差的成员国购买 SDR 来履行义务与责任。除了作为补充性储备资产外，SDR 在 IMF、非洲开发银行、国际清算银行资产负债表中还承担了一定的记账单位职能。

从特别提款权及相关机制的设计安排看，特别提款权的功能演进大致分为三个阶段：第一个阶段是 1969 年 SDR 刚刚创立之时，其定位是创设一种新的国际储备货币，其目标是作为美元的一种补充储备（Supplement Reserves），用于维持外汇市场的稳定及减少对国际贸易和实体经济的影响。第二个阶段是 1971 年 IMF 执董会提出了替代账户机制，将特别提款权的发行与替代账户的准备机制相互结合，其目标是作为一种真正的储备货币，并且部分替代美元的职能。前两个阶段的方案设计和机制安排是科学巧妙的。但是，国际货币体系常常受到一个由金融权力所构成的霸权体系的支配，大国在其中秘而不宣地激烈角逐，特别提款权及替代账户机制改革一直没有取得进展。第三个阶段是全球金融危机以来，特别提款权作为超主权货币的最直接形式得到了广泛的关注。2008 年金融危机的爆发，说明目前货币体系的中心货币——美元的发行未受到约束，导致全球流动性泛滥，引发了巨大的金融风险。美国金融危机的爆发和形势恶化表明，必须改革和完善国际货币体系，“推动国际储备货币向着币值稳定、供应有序、总量可调的方向完善，才能从根本上维护全球经济金融稳定”（周小川，2009）。特别提款权具有超主权储备货币的特征和潜力，以及相应的制度基础，特别提款权的改革和使用将对国际货币体系产生深刻影响。本质上，第三个阶段是第二个阶段的延续，在 2008 年之后，特别提款权的份额逐渐扩大，并于 2015 年对货币篮子进行了调整。

（二）SDR 的选择标准

人民币加入 SDR 之前，根据 IMF 的官方文件，SDR 篮子由四种货币组成。这些货币是基金组织成员（或包括基金组织成员的货币联盟）发行的货币，在比定值决定生效日期提前 12 个月截止的五年期间内，这些成员的货物和服务出口值是最大的；这些货币须经基金组织确定，并符合第三十条（f）款的规定，该条款将可自由使用货币定义为“经基金组织确定，事实上在国际交易的支付中广泛使用和在各主要外汇市场广泛交易的货币”。一种货币必须具备此定义中的两个要素，即“广泛使用”和“广泛交易”，才能被确定为可自由使用。设定广泛使用要素的目的是保证有关货币可以直接用于满足某个基金组织成员的国际收支需要，而设定广泛交易要素则是为了保证该货币可间接使用，即可以在市场上兑换成另一种货币，用以满足某个成员的国际收支需要，同时可以合理地保证这样做不会产生重大的不利汇率影响。可自由使用货币不一定必须在所有外汇市场广泛交易，但必须是在一个以上的主要外汇市场交易的可自由使用货币。

按照《基金组织协定》的规定，一种货币要想被确认为可自由使用货币，该货币必须经常用于国际交易，同时还要在重要的外汇市场上被经常使用。可自由使用货币，更注重该货币在国际上的使用率与交易量，而非这种货币能否完全可兑换或者自由浮动。一方面，一种货币虽然受到某些资本账户的限制，但是并不影响其被用于广泛交易，例如，日元与英镑虽受到资本账户管制，但是并不影响两者被认定为可自由使用货币。另一方面，即使一种货币可以完全兑换，但是该种货币未必会在世界经济市场上被广泛使用，例如瑞士法郎。可自由使用的定义对于基金组织的资金运作会产生十分重要的影响。事实上，基金组织的贷款业务可借助 SDR 或可自由使用货币来进行相关操作，而成员国在接受基金组织的援助时，可通过可自由使用货币接受。在 SDR 的基础上，借款国能够将 SDR 兑换为可自由使用货币。在实际运作中，可自由使用的定义能够保证成员国可将从资金组织贷来的货币毫无损失地兑换成另外一种货币，进而满足各种国际收支融资需求。

（三）SDR 的功能

SDR 本身即是国际货币体系改革的产物。20 世纪 60 年代，在双挂钩的汇率水平体系下，国际货币体系的正常运行面临着三大威胁：一是日益突出的国际流动性供给不足的问题；二是国际收支严重失衡，特别是美国出现持续的贸易收支逆差，总需求管理政策在纠正国际收支失衡方面无能为力；三是美元陷入了"特里芬难题"，其他国家央行积累的美元储备已经超过美国持有的黄金价值，出现了美元信任危机。如果国外的银行和企业不愿意继续增加其美元持有量，就会导致国际流动性紧缩和世界经济危机。为了保障世界经济增长和国际货币体系的安全，国际货币体系改革迫在眉睫。正是在这样的背景下，1969 年 IMF 采纳了十国集团的建议，创设了一种超主权国家货币——特别提款权。

特别提款权创立之初的短期目标即补充国际储备，缓解"特里芬难题"，使美国有可能调整美元的黄金平价，调节国际收支失衡，使得当时汇率平价体系的制度安排和基本特征得以维系。它的长期目标是在全球官方美元储备已经数倍于美国黄金储备的条件下，解决国际流动性供给和储备信心问题。用 SDR 来部分替代美元，由国际社会来管理国际流动性和储备，不仅可以对国际流动性进行约束，避免出现流动性过剩，还可以使得流动性供给适度，恰好满足国际贸易和资本流动的需求，既充足又不过剩。从根本上看，引入 SDR 实际上是要建立起一种国际储备发行机制，让国际流动性供给不再依赖于某个国家或某几个国家的经常账户逆差，增强人们对国际储备的信心，从而提高国际货币体系治理结构的国际性。

然而，SDR 并没有取代黄金成为国际货币体系的价值尺度，只是作为成员国官方之间的一种记账货币；也没有成为各国央行的主要储备资产，经过数次分配后，在全球国际储备资产中大约只占 2%的份额。

二、人民币加入 SDR：天时与地利

从 2009 年跨境人民币业务试点算起，人民币国际化已经进入了第九个年头。虽然时间不长，但人民币国际化水平得到了显著提高。截至 2015 年，人民币继续保持着全球第二大贸易融资货币、第五大支付货币、第六大外汇交易货币和国际银行间贷款货币的地位，因此成了人民币"入篮"的一个绝佳的时间点。

（一）天时：“入篮”的国际背景

人民币加入SDR，从国际背景来看，是国际主要经济体货币波动的结果，标志着市场对人民币稳定国际货币寄予了很高的期望。

1. 原有四大篮子货币的表现情况

从IMF对SDR的官方定义来看，SDR的价值是建立在一系列重要国际货币基础之上的，这些关键货币在SDR中的权重就代表了对应国家过去五年里的贸易和金融比重。从实质上来讲，SDR的比重还体现出了一个国家经济的稳定程度。

决定货币国际需求的根本要素有：市场导向的经济规模、发展前景以及国际贸易规模。通过目前的四大篮子货币比重可以窥见其相对应的经济和金融表现。在SDR组成货币篮子中，美元占据了绝对主导地位。

在当前金融全球化的世界局势下，全球多数市场经济国家，都与美国有着密切的联系，普遍受到了美国宏观经济政策的影响。同时，各国的经济政策，尤其是货币政策的制定也受到了其严重影响。美国自爆发次贷危机以来，不断实行量化宽松货币政策，美元持续贬值，导致美元的全球流动性减弱，给许多持有美债的国家造成了很大压力。另外，美元的不稳定还影响到了全球的经济状况，全球范围内对美元的信任均呈现不同程度的下降，多国减持美债，对美元的期待度降低。与此同时，SDR作为另一储备货币的重要性便日益凸显出来。

2011年8月6日，国际三大评级机构之一——标准普尔下调美债评级，从AAA级降为AA+级，评级展望为负面，美国的经济霸权地位进一步下降。欧元区则饱受欧债危机困扰，希腊主权债务危机阴霾持续笼罩欧元区。而乌克兰危机和中东难民问题又为欧元区平添诸多不确定因素，使得欧盟地区经济面临的挑战持续加大，投资者对欧元的期待度降低。

日元表现受到日本经济持续低迷的影响十分巨大，再加上受到日本首相安倍晋三推出“安倍经济学”的影响，日元持续贬值，给全球市场带来了巨大压力。此外，美元与日元的紧密挂钩也使其货币本身受到极大冲击，导致市场对日元的预期进一步降低。英国是欧元区经济表现较好的国家，其国际金融中心的地位也使得英镑的国际影响力能够保持稳定。但同时，英国国内退出欧元区的呼声不断，也为其经济增添了诸多不确定因素。

综上，SDR现有的四大货币均存在着不同程度的不稳定因素，所代表的发达经济体在全球经济危机中的表现不尽如人意。国际市场需要一个更具稳定性的货币以稳定全球货币市场，并为全球经济提供新的经济增长点。在此背景下，人民币加入SDR便充满了极大的必然性。

2. 人民币国际货币地位提升

市场对人民币充满预期，这与人民币在国际市场上的表现是紧密相连的。一方面，人民币在亚洲地区已经具有很强的影响力。中国与东盟、韩国自由贸易协定的达成，增加了人民币的使用量，提高了人民币在地区的影响力。许多东盟以及中国、日本、韩国等国的央行表示，已经将人民币纳入储备投资组合中。而马来西亚、柬埔寨、菲律宾、新加坡和泰国已在早些时候将人民币列为储备货币。

另一方面，人民币已经被广泛运用到国际贸易结算中，人民币的使用已经突破了亚洲区域的局限性。在与世界主要经济体的经贸往来中，人民币被广泛使用，人民币的国际化程度不断提高，影响力不断扩大。其中，较为突出的表现就是2015年8月11日，中国对汇率体制进一步进行了市场化改革，人民币汇率波动引发了全球市场动荡，此次人民币汇率的大幅波动对世界金融领域的影响充分体现出了人民币巨大的影响力。

3. 国际货币体系改革需求

2008年美国发生的金融危机席卷全球，人们认识到国际储备货币不能仅仅依靠美元，因此，国际储备货币不应单与一国货币挂钩，建立一个多国共同制约的国际货币体系是解决货币市场不稳定问题的关键举措。从这一角度讲，人民币加入SDR适应了IMF改革的需要，对重塑国际货币储备体系具有重要的意义。IMF对SDR给予了极大的期望，旨在逐步推动SDR作为重要储备货币并最终成为最主要储备货币。这一长远计划的实现离不开国际市场这一大环境，更离不开新兴发展中国家的支持。而中国作为一个正在崛起的新兴发展中国家，正可以为改革国际货币体系注入新的活力，并稳定全球市场，因此人民币加入SDR就成了一种必然。

（二）地利："入篮"的国内背景

根据IMF的要求，一国货币成为SDR货币的标准较为严苛，其中就有必须是“自由兑换货币”这一要求。但是，对于这一标准，IMF并没有制定相关的量化指标。于是有些国家利用这一盲点，针对人民币加入SDR提出了央行独立和灵活汇率等要求。为此，中国做了大量准备与改革以便尽快加入SDR。

1. 人民币汇改取得成效

2005年7月21日，中国央行宣布改革人民币汇率形成机制，建立以市场供求为基础的、参考一篮子货币的、有管理的浮动汇率制度。人民币汇率与利率形成机制改革取得了显著成效，构成了人民币初步具备加入SDR的基础条件之一。

人民币兑主要货币及人民币有效汇率实现了较大幅度的提升。IMF数据显示，2005年6月至2015年5月这10年间，人民币对美元、欧元与日元分别升值了26%、32%与33%，而人民币对其他国际主要货币的升值幅度更远超上述三大国际货币。根据国际清算银行（BIS）的数据，在这10年间，人民币名义有效汇率与实际有效汇率分别提升了46%与56%。

人民币有效汇率提升，显著被低估的状况也得到明显改观。中国尽管依然持续保持经常账户顺差，但经常账户顺差占GDP的比率，从2011年至2014年已经连续四年持续低于3%；同时，中国持续十余年的国际收支双顺差的格局正在发生改变，中国未来可能出现经常账户小幅顺差、资本账户逆差的国际收支新常态。

2. 中国政府大力推进人民币国际化

从2009年至今，人民币国际化在跨境贸易与投资中使用人民币进行计价与结算、以中国香港地区为代表的人民币离岸金融市场、央行与其他国家或地区央行签署双边本币互换协议三个维度均取得了显著进展，大大推动了人民币成为特别提款权篮子货币的进程。

首先，鼓励在跨境贸易与投资中使用人民币进行计价与结算。在政策的推动下，人民币已经成为重要的在跨境贸易与投资结算领域中被广泛使用的货币。根据SWIFT提供的数据，截至2014年底，人民币已经成为全球第五大国际结算货币。

其次，大力发展以中国香港地区为代表的人民币离岸金融市场。迄今为止，中国香港地区、新加坡、英国伦敦、中国台湾地区台北市等地已经发展成为重要的人民币离岸金融中心，其中尤以中国香港地区为最。根据BIS的统计，截至2014年底，全球以人民币标价的国际债券的余额已达到5351亿元，其中境外机构在离岸市场发行的人民币债券余额高达5305亿元。

最后，通过央行与其他国家或地区央行签署双边本币互换协议的方式来满足境外人民币流动性需求。随着越来越多双边本币互换协议的签订，人民币已经逐渐成为全球范围内重要的储备货币选择。

三、人民币加入SDR：机遇与风险并存

人民币“入篮”有助于增强世界对中国经济的信心，有利于推进人民币国际化，将会大大提升我国参与国际经济金融治理的能力和话语权。

（一）提高人民币流动性

人民币加入SDR能在一定程度上缓解当前人民币国际化进程中的失衡情况。现阶段，由于历史发展和我国特殊的金融状况，人民币国际化在地域、跨境支付结算、贸易结算与国际储备货币职能发挥以及在岸市场与离岸市场上存在着不平衡的情况。

人民币加入SDR有助于人民币国际化的区域分布更加均衡。“入篮”前中国的跨境市场过多地集中在中国香港地区，根据SDR货币篮子标准，人民币必须加快在国际市场上的运用，加快伦敦、法兰克福、卢森堡等离岸中心建设，这将有利于人民币使用地区更加均衡。同时，针对我国长期以来的跨境结算进出口失衡问题，人民币加入SDR后能够使企业更自由地选择结算货币。进出口贸易结算较为均衡，有助于解决目前人民币进出口结算不平衡的问题。

从2009年开始，我国采用人民币进行贸易结算发展迅速，但是人民币作为其他国家（地区）储备货币职能进展缓慢，与贸易结算职能不匹配。人民币加入SDR在长期内通过便利国外央行类金融机构在我国金融市场融资、降低融资成本，使得外国央行类金融机构配置人民币负债，进而配置人民币资产，增加人民币在国际储备货币中所占的份额，这将有助于解决国际贸易结算和国际储备货币之间不平衡的问题。

（二）倒逼我国金融体制改革

在人民币被纳入SDR之前，SDR是与IMF的主要储备货币体制相对应

的。虽然人民币被认定为满足可自由使用标准，但随着 IMF 内部改革的深化，掌握 IMF 较大投票权的国家由于自身能够达到较高的标准，因此为维持自身地位倾向于采用高标准，这导致加入 SDR 货币篮子的标准在许多方面趋向于世界货币内在要求：①该国货币有能力为全球货币市场持续提供流动性；②货币自由兑换；③发达、充分的外汇交易市场和基本灵活的汇率机制。作为货物和服务出口第三大国，我国连续多年贸易顺差，人民币作为全球第五大支付货币，基本满足第一点流动性的约束条件；目前，人民币还尚未成为可自由兑换货币，其资本管制也还没有全部开放，因此人民币还不满足第二点自由兑换的要求；针对第三点，目前，我国金融体制仍较为落后，距此要求还有相当长的一段距离。因此，加入 SDR 相当于我国做出了相关的承诺，力争尽快完成金融体制的改革，不断推动金融深化，以便在较短的时间内达到 SDR 的标准。

（三）加入 SDR 后面临一定的风险

1. 人民币加入 SDR 面临“三元悖论”的困境

美国经济学家克鲁格曼针对开放经济下的政策选择问题提出了“三元悖论”，一国政府最理想的政策目标包括货币政策独立性、资本管制、固定汇率。但在开放经济的假设下，三个目标不可能同时实现，为了实现其中两个目标不得不放弃第三个，这也被称为“三难选择”。

长期来看，人民币加入 SDR，促使我国不得不开放资本与金融账户，即选择资本自由流动，我国要做的选择就是在货币政策独立性及固定汇率之间做出适当平衡的选择。在开放经济条件下，较小的经济体适合选择固定汇率、非独立货币政策以及资本项目开放，中国香港地区是典型代表。港元与美元挂钩的联系汇率是基础，香港不实行独立的货币政策；较大经济体不可能放弃独立的货币政策，因此其最优化选择可能是独立的货币政策、浮动汇率制度及资本项目开放。当然一国（地区）面临“三元悖论”选择时需根据本国（地区）发展状况及面临的国际国内环境做出符合自身发展的选择。

资本管制曾经是我国避开国际金融市场波动冲击的有效手段，使人民币在 1997 年的亚洲金融危机中保持了稳定。但是根据 IMF 制定的 SDR 货币篮子标准，一种货币若想加入 SDR 货币篮子，前提就是其能够在国际市场上进行结算和交易。立足长远，为了持续满足 SDR 标准的要求，我国央行必须抛弃资本管制政策，对于长期以来一直采用的一些具有行政性质的资本管制政策进行改革，以便能更好地对资本进行监管，服务于全球的货币经济贸易。这就意味着我国政府必须在货币政策独立性以及固定汇率之间做出两难的抉择，因为两者无法兼顾。

2. 政策外溢性风险加大

全球经济需要系统的结构化改革，这些变革在有益于全球经济再平衡的同时也给全球经济治理带来了更多的压力和风险。一般理论认为：在全球货币体系中一种或两种主要储备货币发挥着核心作用，这意味着，某个主导货币的经济体的发展会对其他经济体产生重大影响，其国内政策具有明显的外溢性，因此会限制其国内政策选择。目前中国的金融溢出效应仍然较小，但随着中国逐渐融入全球金融体系，这种影响在未来很可能会大幅扩大。人民币加入 SDR 将导致参与全球经济金融治理程度加深，我国需承担一定的国际义务。这要求我国政策制定者需要同世界银行、IMF 等国际金融机构及世界主要国家及时进行政策沟通，保证政策目标的透明度。

3. 面临特里芬难题

“特里芬难题”是由美国著名经济学家罗伯特·特里芬于 1960 年提出的，其原理是布雷顿森林体系中黄金与美元挂钩、其他国家货币与美元挂钩，实际上形成了美元的世界本位。为了满足美元的流动性要求，美国必须长期作为贸易逆差国来对外输出美元；但美元作为世界储备货币要求其必须保持币值稳定，因此二者相互矛盾。由于布雷顿森林体系存在固有缺陷，其不可能维持下去，必然崩溃。

美国采取的模式为通过经常账户逆差向世界输出美元的流动性，通过建设有竞争力的金融市场，美元资产的吸引力得到提升，从而通过资本账户顺差，保持美元的币值稳定。“特里芬难题”的核心在于本币国际化和贸易顺逆差的问题，也就是本币的流动性和币值稳定之间的矛盾。我国由于出口强势，尤其是低端制造业和人口红利的影响，使得我国连年贸易顺差。未来我国解决“特里芬难题”基本存在两种途径：①经常账户贸易逆差，向世界输出人民币流动性，通过资本市场的改革，提高人民币资产的吸引力，保持资本账户顺差，保持币值稳定；②经常账户继续维持目前的顺差，保持币值稳定，通过对外投资，保持资本账户逆差，向国际上输出人民币的流动性。

第二节　人民币加入 SDR 对国际货币体系改革的影响

目前以美元为主导的国际货币体系带来了包括世界经济失衡、金融危机周期性出现、新兴经济体的货币风险等一系列问题，促使人们对现行国际货币体系进行反思。国际储备货币由单极向多极变化、区域货币合作成为未来国际货币体系的显著特征。

一、国际货币体系的发展变迁

（一）国际货币体系的建立和发展

国际货币体系（international monetary system）又称国际货币制度，是指为了适应国际贸易和国际支付的需要，各国政府对货币在国际范围内发挥职能作用所做的有关政策规定和制度安排，对于这些规定和安排各国都应共同遵守。它包括各国货币的兑换、汇率制度的规定、国际收支的调节和国际储备资产的确定等方面的内容。由于各国货币是由各个主权国家发行的，而国际经济交易则是跨国进行的，这就需要一种国际性货币体系来协调、规范各国的经济交易，从而保证和促进国际贸易和国际支付的顺利进行。

从货币的产生与发展及其演变过程的角度考察，跨越国界的国际贸易，客观上要求某种形态的国际货币充当交换的媒介及贮藏的载体或中介。要为国际经济交往建立一个相对稳定的结算及媒介环境，就要对国际货币的运行做出必要的制度性安排和规定，于是就产生了国际货币制度。

直到 19 世纪后半期，当国际贸易以及其他多种形式的国际经济交往发展到了一个空前的高度，形成了统一的世界大市场以后，才建立起了近现代国际货币制度。自 20 世纪 70 年代初布雷顿森林体系解体以来，国际货币制度一直处于不断的动荡和调整中，时至今日，关于国际货币制度改革的意见始终未达成一致。

就国际货币体系的历史演变和其在协调国际经济贸易关系中所发挥的作用而论，可将国际货币制度的主要内容概括为以下五个方面：

第一，汇率制度。指各国货币汇率的制定原则和依据，对各货币汇率波动幅度的相关规定，对建立维护汇率稳定机制和保证这一机制有效运行的相关规定。

第二，国际储备资产的确定。指对各国为满足国际支付和调节国际收支的需要，应持有的国际储备资产数量及其构成的相关规定。

第三，国际收支调节机制。主要涉及三方面的内容：一是各国货币汇率的调节机制；二是对国际收支逆差国的资金融通机制；三是对国际货币发行国的约束机制。

第四，各国货币的可兑换性以及各国对国际支付所采取的规定。指一国货币是否可自由兑换，一国在清算国家间债权债务时采取什么样的结算方式，以及一国是否实施外汇管制政策，对其国际支付加以限制，等等。

第五，国际金融的协调、监督机制。指通过某种特定的国际条约或协议，建立起全球性的或区域性的国际金融组织或机构，负责对国际货币金融事务实施双边或多边的协调及监督。

健全的国际货币体系应能够促进国际贸易和国际资本流动的顺利进行，它应具备几个条件：①必须提供一个有效率的国际收支调节机制，通过该机制的运作能够使各国公平合理地承担国际收支失衡的调节责任，并使调节所付出的代价最小。②必须在满足国际清偿能力增长的同时维持人们对储备货币的信心。一国国际清偿能力的增强在很大程度上取决于该国国际储备的增长，但国际储备的增长应在国际控制之下，并随着世界生产和国际贸易的增长而增长。因为国际储备增长过快会加剧世界通货膨胀，同时也会打击各国对储备货币的信心；增长过慢又会导致世界经济萎缩。因此，能否提供足够的国际储备供应并自觉抵制国际储备的过量增长是衡量国际货币体系是否有效的一个标志。

货币本位是国际货币体系的基础，它制定汇率制度的基本原则，决定着国际储备资产的性质，以及国际收支平衡的调节机制如何发挥作用等一系列重大问题。在涉及国际货币制度改革的一系列问题中，究竟采取哪种汇率制度也是各国货币当局密切关注的重要问题。

在讨论国际货币体系分类问题时，比较一致的做法是将汇率制度和货币本位结合在一起。具体可分为以下三种类型：以金本位为基础的固定汇率制度；以不兑换纸币本位为基础的“可调整的”固定汇率制度；“有管理的”浮动汇率制度。

（二）国际货币体系的演变

国际货币体系迄今已有一个多世纪的历史，在这期间，国际货币体系主要经历了三种形态的演变：国际金本位体系、布雷顿森林体系和牙买加体系。在1870年前后，当主要西方国家的国内货币制度普遍实行金本位时，国际上即自动形成了国际金本位制度。国际金本位制的形成不是国际协议的结果，而是生产和国际贸易发展对货币制度的自然要求。国际金本位制运行的外部环境是处于上升时期的资本主义自由竞争经济，这与金本位制的运行规则恰好相互适应，因而是较稳定的货币制度。国际金本位制是一种以一定重量和成色的黄金作为本位货币的货币制度，货币体系的基础是黄金，各国货币按其含金量之比确定一个法定平价。所以可以说国际金本位制是一种各国货币根据黄金来确定比价的固定汇率制度。

第一次世界大战的爆发打破了金本位制的运行环境，各国开始对黄金自由兑换及输出入加以限制。战后的一段时期（1918—1925年）各主要资本主义国家的货币自由浮动。这一时期是各国调整国内经济，试图重建国际金本位制的过渡时期。1925年前后，各主要资本主义国家相继恢复了本国货币与黄金的兑换，在国际形成了以英镑、美元、法国法郎为基准货币的国际金汇兑本位制。这个制度是黄金和基准货币同时作为国际储备货币，汇率制度以黄金为基础，外围国家货币同基准货币相联系的固定汇率制度。这个制度在1931年的世界经济大萧条中崩溃。1931—1939年，各国货币先后放弃了本国货币与黄金的联系，这段时期国际货币体系一片混乱。各国开展本币贬值竞赛，实行贸易保护，极大地抑制了世界经济的发展。

第二次世界大战后建立起来的布雷顿森林体系是全面国际合作的产物。它是以美元为中心的可调整固定汇率制度。但由于该体系在国际储备制度上存在着严重的缺陷，因而最终不能人为地维持。在布雷顿森林体系下，美元作为国际主要储备资产享有一种特权地位。美国可以利用美元直接对外投资，操纵国际金融事务，弥补国际收支赤字，这就导致拥有美元储备国家的实际资源向美国转移。由于各国货币钉住美元，这就导致各国货币对美元形成了依附关系，美国的货币政策对各国经济产生着重大影响。

布雷顿森林体系崩溃后，国际货币体系发展成为多元化储备条件下的有管理的浮动汇率制度，其特点是多元化和分散化。牙买加体系在一定程度上克服了由于国际储备资产单一而造成的储备资产价值不稳的弊端，它的主要缺陷是汇率变动过于频繁和剧烈。在牙买加体系下要稳定汇率协调国际收支，出路只有加强国际合作。这样的货币制度是布雷顿森林体系崩溃后世界经济规律发展的结果。

20 世纪 50 年代后半期，区域经济和区域货币一体化开始发展，在区域货币一体化方面成果最显著的是欧洲货币联盟，其发行了统一的货币——欧元，欧元的流通对国际货币体系产生了重大影响。

总之，国际货币体系的发展，实质上是储备货币形态发展及其与汇率制度安排之间关系的演变。国际货币制度的形成，可以是市场力量自发作用的结果，也可以是国际货币合作的产物。但国际货币制度能否持续地运行，则是客观经济环境的选择，因为国际货币体系是更为广阔的国际经济环境的组成部分。

随着金融创新、金融自由化和电信技术的发展，国际金融日益呈现出一体化趋势。国际金融一体化在给世界经济带来利益的同时，也不可避免地加大了国际金融业所面临的风险。

（三）国际货币体系运行与协调

国际货币体系是世界各国间经过长期的实践所形成的一套惯例和规则，或者是经过国际的广泛协商所达成的协议和条约，体现出较大的灵活性和一定的松散性，因而国际货币体系对各国一般不具备强制性的约束力。

国际货币体系的相对稳定和健康运行，在相当的程度上主要是依赖于各国对有关惯例和规则、有关国际条约和协定的自觉遵守和共同维护。然而，各国间天然地存在着国家利益的冲突。而且，一旦出现国际经济失衡和国际金融波动的局面，各国自然会将其国家利益放在首位。因此，国际货币体系明显地受到国际经济金融形势变化的制约，表现出较强的波动性。

所以，从根本上来说，国际货币体系的基本框架以及在此框架内的有关国际惯例和规则、有关国际条约和协定更多的只是体现为对国际经济金融现实的确认。正是因为客观上存在各国国家利益间的矛盾和冲突，在国际货币体系的设计和运行，以及国际货币制度下的国际协调机制如何最大限度地发挥作用等重大问题上，世界各国间往往争议不断，它们各自的立场往往难以协调一致。但由于世界上的主要大国拥有其他中小国家无法企及的政治、经济、综合国力方面的实力，这些大国在国际事务中拥有更大的发言权和决策权。因此，在不同历史时期实际运行着的国际货币制度往往都较为集中地体现了当时那些大国、强国或大国集团的意志和利益，或者国际货币体系本身就是那些大国、强国或大国集团相互争夺和相互妥协的产物。所以要对国际货币制度进行改革，目的在于对国际货币制度的非公正性、非合理性和歧视性进行必要的限制。

当然，作为调整国际货币关系的一种制度性安排，特定历史阶段的国际货币体系还是以有利于协调各国货币金融政策的制定与实际运行为宗旨，借助此种制度性安排，达到协调各国的对外经济贸易活动，促进国际经济贸易和国际支付结算过程的顺利进行，以及支撑各国经济乃至世界经济的健康发展和稳定增长的目的。

国际货币体系先后经历了金本位制、布雷顿森林体系和牙买加体系的发展进程，这是与当时的国际背景、经济发展水平、国际贸易和国际支付等因素直接相关的。国际货币体系都是国际政治经济力量博弈协调的结果，对于各国政府对货币在国际范围内发挥职能作用所做的有关政策规定和制度安排，各国都应共同遵守。它包括各国货币的兑换、汇率制度的规定、国际收支的调节和国际储备资产的确定等方面的内容。由于各国货币是由各个主权国家发行的，而国际经济交易则是跨国进行的，这就需要一种国际性货币体系来协调、规范各国的经济交易，从而保证和促进国际贸易与国际支付的顺利进行。

二、国际货币体系存在的问题

2008年国际金融危机爆发并在全球范围内迅速蔓延，反映出当前国际货币体系的内在缺陷和系统性风险。以美元为主导的国际货币体系暴露出的诸多弊端，如美元霸权、纯粹信用本位、世界最后贷款人的缺位；汇率在调节国际收支时表现出的政策溢出效应等，均显示出该体系蕴含的深层次矛盾，并进一步催生了全球经济失衡、流动性泛滥、资产价格泡沫以及全球金融动荡等问题的出现，这些正日益侵蚀着世界经济健康发展的根基。同时，也正是现行体系的诸多弊端在客观上进一步促进了国际储备货币多元化的形成。

（一）“美元两难”的症结难消

症结之一：“特里芬两难”并未彻底解决。

自20世纪70年代以来，没有任何货币可以向美元的世界霸主地位发出挑战。在缺乏替代货币的前提下，美元一直维持着其世界霸主的地位，这实际上确保了美联储可以向世界提供任何数量的流动性，却不承担相应的责任和义务。这就是1971年以后国际货币体系中存在的最根本的问题，即国际货币权利和责任的不对称。当前国际大宗商品的交易仍然主要以美元为主。为了满足储备资产流动性的要求，主要国际储备持有国将储备资产超配于美元资产。

在牙买加体系下，美元汇率变动得更加剧烈。与此同时，美元汇率频繁变动也引起了全球汇率市场的巨幅波动，各国为本国国内经济考虑，甚至采取以邻为壑的汇率政策，这就进一步加大了全球经济稳定与均衡增长的风险。此外，由于美元资产在全球范围内的超配，美国金融市场的波动可以借由多种渠道迅速传递到全球金融市场，这使得美元不受约束的货币发行权的冲击力进一步扩大。由此意味着，一旦美国发生金融危机，其风险和破坏性将会对全球经济造成致命的影响，2008年美国次贷危机的爆发与蔓延即是明证。

症结之二：“内外政策两难”——美国国内货币政策目标与各国对美元要求的矛盾进一步激化。

在布雷顿森林体系下，为了维持全球汇率的稳定，美国的货币政策实质上是无法独立的。但是在牙买加体系下，美元币值的稳定性要求却没有了布雷顿森林体系下的体制性的约束与保证，任由美国根据本国的经济利益来调整美元的发行量，掠夺国际铸币税和国际通货膨胀税，美联储拥有国际储备货币的实际发行权，在其他国家仍然受制于美元的情况下，美国则不再履行币值稳定的义务。在大体维持美元国际地位的基础上，美国可以充分地拥有货币政策的自主权，而不需要承担相应的国际责任。这就导致美国在通货膨胀时采取的紧缩性政策，将会由于美元的主导地位导致全球性紧缩；而在经济危机时的宽松性货币政策，则会导致全球流动性的泛滥。这使得其他国家尤其是采取钉住美元政策的国家不同程度上丧失了货币政策的自主权，使得全球经济的发展严重受制于美国经济。

（二）无序的汇率制度助长了全球流动性泛滥和汇率风险

国际储备货币及其汇率的稳定性一直是影响国际贸易与投资的关键因素。牙买加协议从制度方面承认了浮动汇率制的合法性。然而，该制度反而进一步助长了世界各国在汇率制度上的利己主义和各自为政的倾向，金融领域国际合作削弱，国际货币体系矛盾日益加剧。

事实上，在现行牙买加体系下，所谓的“浮动”汇率只是一种理想，受限于美元霸权和发展中国家货币地位低下的瓶颈。绝大多数发展中国家基于本国经济发展现状即经常性拥有巨额外债，往往倾向于采取相对稳定的汇率制度，即实行带有固定性质的钉住汇率制度。但是，不管是钉住单一货币还是多种货币，钉住汇率制度都将使得本国汇率波动受制于钉住货币发行国的汇率变化，而不能根据本国经济进行有效调整。这种汇率制度对本国经济目标的实现产生了干扰作用，导致该国内外经济均衡目标分离。同时，钉住汇率制度的另一个重大弊端是容易引致国际投机资本的冲击，当实行钉住汇率制度国家的汇率偏离本国均衡汇率较远时，就会产生汇率调整的预期，国际投机资本的攻击也会不期而至，这在东南亚金融危机中表现得尤为明显。

（三）美元的国际循环模式成为全球经济失衡的核心要素

在现行国际货币体系下，全球经济失衡主要表现为两个方面：美国国内过度消费与负债，贸易逆差与财政赤字不断扩大；新兴经济体储蓄率高，出口导向导致巨额贸易盈余与美元外汇储备。

美国的经常项目逆差问题已经成为全球经济失衡的主要原因。凭借美元国际储备货币的特殊地位以及国内巨大的金融市场，美国通过各种手段吸引美元回流，在为自身经常项目逆差融资的同时，也使得美国能够在较长时期内通过对外负债来支撑国内的高消费。

美国为其他国家提供的投资渠道主要包括一些收益比较低的债券品种（主要表现为美国国债），此外还有一些风险比较高的金融衍生产品。在经济和金融体系正常运转时，美国能够享受到这种循环所带来的巨额收益。然而，一旦循环链条发生断裂，美国惯用的手法是：通过这种垄断地位以及现行国际货币体系，将这种经济与金融危机转嫁出去，由全球各国共同为其分担调整的成本。从次贷危机的形成过程来看，美元的大量回流为美国国内提供了充裕的流动性，降低了国内的融资成本。过低的融资成本导致了居民过度举债，金融机构过度杠杆化，推动房地产泡沫和信贷泡沫不断扩大，为危机的最终爆发埋下了隐患。

从制度经济学的角度来思考，现行以美元为主导的国际货币体系并不存在“超国家”的制度因素。因此，就某种意义而言，现行国际货币体系存在一定程度上的制度缺位以及无序状态，因缺乏国际最终贷款人以及有效的监管机构与措施，难以有效调节与应对全球经济失衡、国际金融危机频发、国际外汇市场动荡等问题。IMF 本应作为独立性与权威性的国际金融机构，但事实上却被以美国为主导的西方发达国家所操纵。因此，IMF 的相关宗旨以及金融救助规则主要反映的是这些国家的利益，发展中国家的利益长期受到忽视和侵害，从而导致 IMF 的权威受限，制约了其全球金融协调作用的发挥。

三、人民币加入 SDR 的现实意义

金融危机暴露了国际货币体系存在的严重缺陷：美元霸权和美国实行的量化宽松货币政策通过现行国际货币体系的传导机制对整个世界经济的运行产生影响。为避免这种由于某一国家的货币波动和货币政策选择对整个世界的经济系统造成不良影响的弊端，一个有效的解决方案是建立多元储备货币篮子，以摆脱对单一货币的过度依赖。

1. SDR 的代表性将得到显著增强

随着全球经济的发展，以中国为代表的新兴经济体在世界经济中所占比重越来越大。高盛认为，如果 SDR 的货币篮子不纳入人民币这样的新兴经济体货币，必然会出现“代表性危机”。如果将人民币纳入 SDR，其货币篮子组成国 GDP 代表性将达到 60%以上，人民币加入 SDR 货币篮子对建立新的更具代表性的 SDR 价值权威性作用明显。

2. 储备货币体系的稳定性得到加强

目前世界储备货币主要为美元、欧元、日元和英镑。2011—2014 年 IMF《官方外汇储备货币构成》中的数据显示，由于欧元区持续因主权债务危机承受着巨大的压力，美国也面临着巨额财政赤字和汇率大幅波动的问题，各国央行正在寻找其他货币作为外汇储备，将人民币纳入 SDR 货币篮子，其储备

货币的作用将得到较大幅度的提升，同时也有利于补充国际储备货币的不足及增加储备货币体系的稳定性。

3. 有利于推动国际货币体系改革

自美国次贷危机爆发以来，主要国际货币无序变动，国际货币体系的稳定性下降。中国人民银行行长周小川在《关于改革国际货币体系的思考》一文中指出，“SDR 具备超主权储备货币的特征和潜力”。新兴市场国家的储备占全球储备的比重约为 70%，中国等新兴市场国家的货币进入 SDR 货币篮子，有利于提升新兴市场国家在国际金融领域的话语权，也有助于 SDR 成为超主权储备货币，为国际货币金融体系朝着公平、公正、有序的方向发展起到了巨大的推动作用。

第三节　国际储备货币与金融治理话语权

20 世纪 90 年代初期，作为全球治理理论主要创始人之一，美国学者詹姆斯·罗西瑙（James N. Rosenau）最早提出了全球治理的概念。1997 年亚洲金融危机爆发后，学术界开始从金融的角度研究全球治理问题，主要讨论如何对全球金融体系开展有效的全球治理。2008 年全球金融危机后，全球金融治理问题引起学术界的高度重视并迅速成为研究热点。学术界普遍认为，全球金融治理是一种机制和方法，即在国际金融体系中，通过平等对话与协商合作，共同应对世界经济问题和金融挑战。全球金融治理体系则是指由全球（国际）储备货币体系、国际金融机构以及全球监管体系等要素组成的框架体系。

一、人民币加入 SDR 与国际储备货币多元化

国际储备（International Reserve），是指一国货币当局能随时用来干预外汇市场，支付国际收支差额的资产。按照该定义，一种资产须具备可得性、流动性以及普遍接受性等三个特征，方能成为国际储备。国际储备由黄金储备、外汇储备、在 IMF 的储备头寸（地位）、在 IMF 的特别提款权（SDR）等四个部分构成。

根据前文关于国际货币的论述，国际货币即指已经实现了国际化，在国

际上能够自由兑换的货币。至此我们可以厘清国际货币与国际储备货币之间的关系：一国货币成为国际货币，意味着其在国际经济市场上能够自由兑换，但由于该币种背后的经济支撑、信用程度、使用额度及惯性作用等多种因素影响，该货币不一定是国际储备货币；然而，一国货币一旦成为国际储备货币，则一定是国际货币。换言之，国际储备货币是国际货币的更高级阶段。

在当前的国际货币体系下，各国的国际储备资产构成主要以外汇储备为主。根据前文所述，当前国际货币体系面临的风险与改革需求促使其向多元化发展，相应地，国际储备货币也将向多元化发展。人民币加入 SDR，便正式踏上了成为国际储备货币的发展道路。而随着人民币在成为国际储备货币的道路上越走越远，中国的全球金融治理话语权也将不断提升。

二、当前金融治理体系现状

全球金融治理体系的发展趋势总体上是积极的，但这些趋势还不足以改变其由发达国家主导的根本性质。全球金融治理问题从性质上讲是全球公共问题，发达国家分散的国内治理机制和简单的国际合作仍不能满足解决全球性金融问题的需要。若想从根本上解决全球性金融问题，首先要从打破发达国家的金融"霸权"、营造多元治理体系开始。

（一）发达国家"金融霸权"依旧存在

金融学家廖子光将美元霸权界定为："自 1971 年以来，美元作为一种没有黄金支撑、没有美国货币和财政纪律约束、只靠美国军力和地缘政治实力支撑的不兑换纸币，却继续担当全球金融与贸易的首要储备货币的角色①。"此后，国内外学者对于美元霸权进行了大量的研究，大部分的研究表明美元霸权使美国获得了巨大的利益，却给全球经济失衡、国际货币体系的改革造成了不利的影响。

从宏观层面而言，美元霸权可以使美国获得铸币税收入。所谓铸币税，又称"货币税"，指发行货币的组织或国家，在发行货币并吸纳等值黄金等财富后，货币贬值，使持币方财富减少、发行方财富增加的经济现象。据统计，美国平均每年全球铸币税收入约为国内 GDP 总值的 2%。此外，美元霸权使

① ［美］廖子光．金融战争：中国如何突破美元霸权［M］．北京：中央编译出版社，2008.

美国可以比较容易地应对国际收支失衡。一般情况下，当某国国际收支经常项目出现逆差时，都要调整国内经济政策以保持国际收支平衡。但是美国凭借美元霸权地位，在出现经常项目逆差时，通过印刷美元就可以弥补赤字；无须干预外汇市场，就能维持国民经济的平衡运行。

从微观层面而言，美元霸权使美国企业对外经济交易不用面临汇率风险。美元是全球经济贸易结算的第一大货币，美国企业在进出口中一般都采用美元进行支付和结算，不存在美元与其他货币之间的结算，因而就规避了汇率变动的风险。此外，美元霸权使美国金融机构盈利空间巨大，作为国际储备货币，美元资产以天文数字剧增，极大地拓展了美国金融市场的规模、广度和深度，形成了最强的金融实力，占据了全球资源配置的最高端，成为了今日美国霸权最强有力的组成部分。

除此之外，更为重要的是，目前大部分国际经济与金融活动仍依赖于传统发达国家，而新兴国家各自的经济发展程度不同，大多数新兴国家还难以承担提供最终产品的国际市场需求和综合性国际金融市场这样的功能。此外，新兴市场国家在危机后也面临着各自的经济问题。如果其经济发展前景不明朗，其在国际金融体系中的影响力也将急剧下降。

（二）缺乏有约束力的全球治理体制

2008 年全球金融危机爆发之后，一些新的治理机制随之产生，各国也在全球金融治理方面做出了努力，但全球金融治理结构并没有得到实质性的改善，更没有完全建立起“新的国际货币体系”。例如，G20 本质上仍然是个松散的国际协调机构，各成员国之间不仅难以达成一致，而且对于成员的约束力很弱。在组织形式上，G20 缺乏常设机构，这也使其运作效率大大降低。

由于 G20 并不针对不遵守协议的国家制定惩罚措施，每次峰会都能比较容易达成协议，峰会之后各国都根据自己的意愿履行承诺。这虽然在一定程度上增强了该组织的灵活性，但同时也大大削弱了其作用。客观地看，G20 在金融危机后地位的提升缘于发达国家危机处置的需要，而一旦这种需求消失，其地位就有可能会迅速弱化，这种趋势从近几届的集团峰会中已经显现出来。

与此同时，虽然 G20 为新兴市场国家和发展中国家提供了诉求的平台，并因此得到了后者的青睐，但这些国家是否有将其发展成为一个具有约束力的全球金融治理机制的意愿则尚存疑问。因此，G20 等扩大化的治理机制的未来发展具有较大的不确定性。

（三）中国在全球金融治理体系中的话语权较低

国际金融话语权是国际地位和国家软实力的重要标志。虽然当今中国已经是世界上第二大经济体、国际第一大贸易国，外汇储备在世界上位居第一，但国际金融话语权仍然非常有限，国际金融市场定价权较弱，在国际金融组织中的影响力仍然较小，应对西方某些国家针对我国的不利言论和行为的手段与措施较少。具体表现在以下几个方面：

（1）我国的信用评级机构在全球金融体系中缺乏话语权

美国通过大规模收购中国信用评级机构的方式控制了我国信用评级市场部分的份额。随着中国市场被外国评级机构逐渐渗透，已经显露出对中国的金融资本定价的控制现象。这使得我国很难实现自身金融话语权的获得，导致大量的资本流失。

（2）缺乏国际大宗商品的定价权利

在当前情况下，我国已逐渐发展成为全球范围内的大型产品承包商，但我国在全球贸易与产品定价中所具备的话语权较弱，进而导致我国大多数企业遭受了巨大的经济损失，国际贸易环境和贸易条件持续恶化，发达国家针对中国的关税壁垒和贸易制裁层出不穷，对我国经济的可持续发展造成了严重的负面影响。

（3）中国参与制定金融治理规则的能力不足

中国参与国际金融治理话语权不足的主要原因在于制定规则的能力不足，表现在经济实力转为治理能力的时滞性和金融治理人才的缺乏等。改革开放以来，中国总体经济规模不断提升，但对于“二战”以后发达国家制定掌握的国际金融规则，中国一直无法突破。如果中国希望凭借经济实力来参与制定规则，将会受到现有既得利益者的阻挠。同时，中国参与国际金融治理的人才也较为缺乏。虽然中国在金融发展的实践中积累了大量的经验，但是相对于国内尚不发达的金融市场，国际金融市场的变化更加迅速，面临的挑战更多，“中国经验”尚不足以应对纷繁复杂的国际金融问题。虽然近年也有部分中国金融人才加入国际金融治理的相关组织和机构中，比如世界银行和国际金融组织，但是整体比例相对较低，改变金融治理规则的能力相当有限。

三、影响一国金融治理话语权的因素

（一）稳定的政局和良好的社会环境

稳定的政局和较强的经济实力是一国货币币值稳定的重要保障，是增强各国对该国货币信心的推动力。一个国家政局的稳定是该国货币成为国际储备货币的基石。国际储备货币必须是世界各国政府和私人部门所接受和信任的货币，这就需要一国的政治长期稳定和在国际上有较强的话语权。

货币是保持世界运转的工具，是维护生产关系的连接板。一方面，它决定了上层建筑。一国稳定的政局和较强的政治话语权，会使该国在国际事务中深入、广泛地参与，促进该国政府部门和私人部门在国际上的金融交易、商品交易和项目投资，促进该国货币的国际化。相反，政局动荡、社会不安定，则会对持有该国货币的持有者的资产造成负面影响，使该货币不被世界所接受。

若一国在全球政治格局中拥有很强的政治话语权，就能在各国间的政治博弈当中占据相对优势。经济、军事实力的强劲才能有效地保障该国货币持有者的经济利益，保障持有该国货币资产的持有者的资金安全。所以，最强的政治实力会有最强的货币与之相匹配，这是历史规律，也是经济发展的必然选择。

（二）强大的经济实力和国际贸易地位

强大的经济实力包含两方面的内容：从数量上来说，该国的国内生产总值位居世界前列；从质量上来说，该国具有较高的劳动生产率，产品的技术含量高，而且该国创新能力强，经济将保持健康发展。

强大的国际贸易也要从两个方面来理解：从广度上来说，该国的商品贸易的种类齐全，贸易对手是世界范围的各国，贸易的交易量位居世界前列；从深度上来说，该国国际贸易的支付手段完善、金融市场发达、风险回避的金融工具齐备，且该国商品在国际上拥有很强的竞争优势。

一国货币要成为国际储备货币必须具备强大的经济实力和繁荣的国际贸

易，只有具备这两个条件，该国货币在世界上才有需求，才能在经济贸易中被持续用于交易，在此过程中货币流出到境外，被广泛地使用。

目前，各国的货币发行都依靠货币发行国的政府信用。在货币国际化发展的最初阶段，货币在世界上购买力的强弱取决于该货币发行国的经济实力和国际贸易地位。

（三）相当广度与深度的金融市场体系

英国、日本和美国的货币国际化都离不开本国金融市场发展的支持。英镑和美元在19世纪50年代以后到20世纪70年代分别占据着国际储备货币的霸主地位。相应地，伦敦和纽约也相继成为国际金融中心。所以只要是国际储备货币，该货币的发行国必定有国际金融中心存在。如日元在牙买加体系中成为国际储备货币之一，东京也是世界金融交易中心之一。国际金融中心是世界上离岸金融市场的重要场所，所以，完善和发达的金融市场是该国货币成为国际储备货币的必要条件。

不论是英镑、美元，还是欧元、日元，这些货币的发行国都有着完善的金融法规、成熟的金融市场、种类繁多的金融工具，以及专业的监管机构，以保障该货币能够在世界金融市场上扮演重要角色。相反，如果一国没有发达的货币市场、资本市场和衍生品市场，既不能满足不同风险偏好的金融主体的需求，也不能满足各个机构和个人的投资、风险管理、交易的需求。因此，一国货币要成为国际储备货币，发达的金融市场、强大的金融产业、完善的金融体系等缺一不可。

在推动人民币国际化的过程中，应大力改善国内的金融市场环境，促进金融市场的完善，为人民币在国际经济中作用的发挥提供保障。中国需要加大自身金融部门改革开放力度，使其能够适应国际金融市场的变革与创新，从而为人民币国际化创造一个良好的环境。

（四）历史的惯性

国际储备货币的形成和持续具有很强的历史惯性。所谓“历史惯性”是指，当国际储备货币体系形成之后，在短时间之内，或没有其他竞争力很强的货币出现时，其他货币很难取代现有的国际储备货币。究其原因，是“网络外部性”的作用，具体为：①国际储备货币具有先天的优势，会在各个领域中产生垄断效应。随着时间的推移，这种垄断效应会扩散并固化，这种货币会充斥在经济、金融和生活的各个方面，充足的流动性会进一步降低使用该货币的成本，增加收益，从而吸引更多的投资者。在这个过程中，该货币又巩固了其国际地位。②新货币很难形成网络外部性。在现有的国际储备货币中，使用最广泛和大家所公认的货币更为安全并更具收益性。从该种货币转换成一种新的货币，不仅要付出转换的潜在费用和代价，还要考虑使用新货币的各种风险与挑战。

早在 20 世纪初期，美国就已经成为世界第一强国，但在布雷顿森林体系成立后，美元才取代了英镑的国际储备货币的霸主地位。20 世纪 80 年代，日本、德国的经济已经长期处于快速增长的时期，成为位居世界前五的经济强国。在这个时期，美元相对于日元和德国马克的地位有所下降，但是美元的国际储备货币的霸主地位仍然没有被取代。欧元一度对美元的地位形成了挑战，欧元区的经济实力和水平与美国相当，但欧元在国际储备货币体系中的地位却无法与美元相比。可以预见，美元在今后相当长的时间内，仍将是最强的国际储备货币。

四、提升中国金融治理话语权的途径

中国作为国际新兴市场的重要成员之一，需要加大自身对国际金融治理的参与力度，同时也要积极为自身的利益争取国际话语权。从长远来看，国际金融治理是一个长期的、曲折前进的过程。人民币加入 SDR 可被视为我国金融治理话语权提升的一项重要举措和成就，通过推动人民币成为国际储备货币，切实参与到国际金融事务合作中。

（一）积极参与国际金融组织改革

在当前环境下，国际金融政策的制定主要由少数西方国家所垄断，广大发展中国家和新兴国家缺乏发言权和代表权，无法维护自身金融安全和利益。金融危机爆发后，国际金融组织如 IMF 等也意识到发达国家“一家独大”为世界金融稳定带来的隐患，纷纷提出改革建议，并欢迎发展中国家参与到改革中来。人民币加入 SDR 便是 IMF 渴求改革以及中国希望参与改革共同努力的结果。然而，仅获得“入场券”还远远不够，切实深入参与国际金融组织的重建和改革才能改变现有的人微言轻的局面。

首先，针对国际金融组织影响力有限且受制于个别发达国家的情况，中国要联合广大发展中国家，积极推动国际金融组织体系的变革，提高其透明度、决策公平性以及协调能力；其次，促进和推动其现有基本规则创新，特别是改革 IMF 持股比例，增强发展中国家的发言权和投票权等，以改变西方国家长期的决策和投票程序的垄断；最后，还要增强金融风险预警机制，带动多方力量，加强双边和多边监督，推动国际货币体系的公平公正建设。

（二）积极参与国际金融联合监管机制

除了积极参与国际金融机构的运作，中国还需广泛参与国际金融监管体制的构建和规范化运营，从而促进稳定健全的国际金融新秩序的形成和发展。首先，要在公正、公平、公开的基础上，不断提升信息的透明度，尽可能减少因为信息不对称所产生的决策不透明行为；其次，提升自身对于各种流动性资本的监管能力，建立相应的管理制度；最后，针对跨国金融机构的跨国经营，创新管理体制与方法，推动国际社会建立有效的监督与管理体系，加强对相关金融产品的跨国、跨领域运营的监督与管理，规范市场行为，增加市场的透明度，严控金融风险。

（三）积极参与国际金融合作与协调

随着各国经济金融依存度及一体化程度的提高，各国经济金融发展不均衡及其政策独立性间的矛盾日益突出，国际金融协调问题凸显。

国际金融协调，泛指国际在制订和调整各国金融政策方面均采取共同步骤或措施，实现国与国或经济集团之间利益的协同及互惠，促进世界经济、金融稳定与可持续发展。根据前文所述，金融危机的爆发凸显当代金融霸权和国际金融环境失衡问题，加强金融合作、促进国际金融机制协调发展是促进当今金融格局变革、减少金融危机发生的重要举措。国际金融协调要求各国追求内部均衡目标与外部均衡目标的政策保持协调。一般来说，根据具体协调对象的不同，国际金融协调可分为货币机制协调、汇率机制协调、货币政策协调等。

1. 人民币国际化与货币互换机制

在中国与他国的对外交流中，货币互换交易是一种重要的不可忽视的合作方式。通过与其他国家签订货币互换协议，可以达到规避汇率风险、降低交易成本、加强两国经贸合作的目的，同时对于扩大本币的影响力也将起到积极的作用。

2001年12月6日，中国人民银行行长戴相龙与泰国银行行长德瓦库拉在北京签署了中泰两国之间的双边互换协议，这是中国首次与其他国家签订货币互换协议。截至2015年末，中国人民银行已经与33个国家与地区签订了货币互换协议。“一带一路”倡议实施以来，我国更是与周边20个沿线国家签订了货币互换协议。在金融危机中，由于金融业受到冲击导致信心不足，往往会导致市场上缺乏流动性，将使各国陷入国际支付结算危机。货币互换协议的签订可以使两国在面临短期流动性不足时能够得到对方的帮助，节约外汇的使用。

2. 人民币国际化与汇率稳定机制

人民币国际化是汇率改革的一个目标，人民币汇率形成机制改革是实现人民币国际化的手段。近年来，我国在外汇管制、外汇市场结构、外汇交易工具及品种、汇率浮动空间和中央银行干预各方面进行了一系列的改革，人民币汇率形成机制日趋市场化。

所谓汇率稳定机制，是指使外来冲击所带来的汇率非均衡重新恢复均衡的机制。这里的“汇率非均衡”是指一国实际汇率偏离了使宏观经济内外均衡的水平①。无论是相比发达经济体货币还是新兴市场货币，人民币的波动率较低，币值也较为坚挺，人民币在全球货币体系中体现出稳定的强势货币特征。

近两年，受美联储退出量化宽松政策及美元加息、英国脱欧、特朗普政府政策不确定性以及一些国际政治事件等因素的影响，人民币对美元汇率有所贬值，但贬值总体来说是有序的，人民币对一篮子货币汇率基本保持稳定。应当看到，在美元走强的大背景下，全球主要货币对美元大多都有所贬值。比如，2014年下半年至2017年3月末，欧元、日元、英镑和澳元分别对美元

---

① 外部均衡意味着经常项目余额达到“可持续”水平，即经常项目顺差（逆差）能够可持续地被金融项目下的资本流出（流入）所弥补，自主性国际收支保持在可持续的均衡水平。内部均衡意味着国内非贸易品市场均衡，在很多实证研究中，它还被定义为较低的通货膨胀率加上充分就业。均衡汇率则是指在宏观经济运行中使外部均衡目标与内部均衡目标相一致的实际汇率水平。

贬值 22.13%、8.85%、26.82%和 19.67%，巴西雷亚尔、俄罗斯卢布、印度卢比和南非兰特分别对美元贬值 29.48%、38.99%、7.36%和 20.47%，同期人民币兑美元汇率中间价仅贬值 10.83%，小于多数主要发达经济体和新兴经济体货币的贬值幅度。

2017 年以来人民币汇率双向浮动，人民币对美元略有升值，对一篮子货币汇率也保持了基本稳定。总的来看，尽管受美联储退出量化宽松货币政策、特朗普政府减税政策以及其他国际政治经济事件等影响，未来美元走势还存在着不确定性，但国内影响人民币汇率的积极因素有望延续，经济基本面等因素将继续支持人民币在合理均衡水平上保持基本稳定。随着人民币国际化进程的推进，人民币将会被广泛用于更多的贸易和投资，并将继续保持在国际货币体系中的稳定地位。

3. 人民币国际化与货币政策协调机制

国际货币政策协调是经济全球化条件下国际货币金融运行的必然选择。经济全球化使各国经济的相互依存性日益增强，各国经济和金融政策的外溢效应增加，各国只有建立起货币政策的协调机制，才能充分发挥货币政策的有效性。在应对 2008 年全球金融危机的过程中，G20 各国同时采取了扩张性的货币政策和大规模的经济政策协调行动。为了缓解美元资金市场的流动性压力，美联储与主要国家的中央银行签订了临时货币互换协议。金融危机后各国的货币政策协调措施为缓解金融危机、复苏金融市场起到了积极的作用。全球金融市场信用风险显著降低，流动性状况得到改善。通过对金融市场注入流动性和建立一系列资产购买机制，减少了金融机构破产倒闭的现象，稳定了金融市场，各国的实体经济也得到了不同程度的发展。这些表明以 G20 为中心的发达国家与新兴国家的联合协调机制取得了较好的效果。

随着中国的经济实力日渐增长，中国与国际接轨的程度日益加深，外界要求中国承担相应的“大国责任”的呼声越来越高。在此背景下，中国积极参与和利用 G20 等全球经济治理机制，既能获得更多话语权和规则制定权，也能进一步在维护中国金融安全稳定的条件下推动人民币的国际化进程。

同时，中国更应关注各国非常规货币政策退出后可能产生的国际溢出效应，特别是美联储超宽松货币政策的退出对全球流动性产生的重大影响。届时国际资本回流美国，流动性的收紧将影响世界各地的资产价格。中国要防止因宽松货币政策的退出而导致国内资金大规模外流现象的发生，进一步强化与 G20 国家间的货币政策合作和沟通，避免相互之间采取以邻为壑的货币政策。中国提出的“一带一路”倡议及亚投行的建立与运作更是促进国际金融协调合作的重要创举，中国正在切实履行一个负责任大国的职责。

人民币加入 SDR 是人民币国际化进程中关键的一步，也是人民币成为储备货币、提升我国金融治理话语权的重要一步。人民币加入 SDR 是新兴国家向传统国际货币体系和金融秩序发起挑战的开始，以及提升中国金融治理话语权的良好契机，既顺应了国际金融格局的改革趋势，同时也维护了国际金融环境的稳定。

第七章

“一带一路”倡议与人民币国际化

“一带一路”与人民币国际化是当前构建我国开放新格局和促进经济增长的两大重要部署，两者互相促进、共同发展。“一带一路”与人民币国际化既有内在的必然联系，更存在巨大的协同发展空间。因此，发挥“一带一路”与人民币国际化战略协同效应具有非常重要的意义。

第一节　人民币国际化与区域经贸合作

人民币国际化是中国经济金融国际化的现实需求，也是国际货币体系改革的必然产物。自2009年央行启动跨境贸易人民币结算试点以来，人民币国际化取得了长足进展。“一带一路”沿线国家和地区是中国跨境贸易的重要伙伴，自然也是推进人民币跨境贸易结算的重要领域。

一、中国与“一带一路”沿线国家贸易

（一）贸易发展格局

自从2001年加入世界贸易组织以来，中国奉行世界贸易组织“在提高生活水平和保证充分就业的前提下，扩大货物和服务的生产与贸易，按照可持续发展的原则实现全球资源的最佳配置”这一宗旨，积极同世界各个国家和地区展开互惠互利的贸易合作。而同“一带一路”沿线国家的贸易合作更是发展迅速。在经历了2008年金融危机以后，中国同“一带一路”沿线国家的贸易进入了快速发展期，贸易总额从2001年的84亿美元增长到2015年的9535.9亿美元，进出口贸易总额不断上升。中国与“一带一路”沿线国家的

贸易总额占中国贸易总额的比例由 2008 年的 13.26%上升为 2016 年的 25.7%。其中，出口总额占中国总出口总额的比例由 2008 年的 12.51%上升为 2016 年的 27.8%，进口总额占中国总进口总额的比例由 2008 年的 14.22%上升为 2016 年的 23.0%，出口总额上升比例最大。通过这些数据可以看出，中国与“一带一路”沿线国家贸易合作联系越来越密切，从贸易总量看，中国与沿线国家贸易比重不断上升（如图 7-1 所示）。

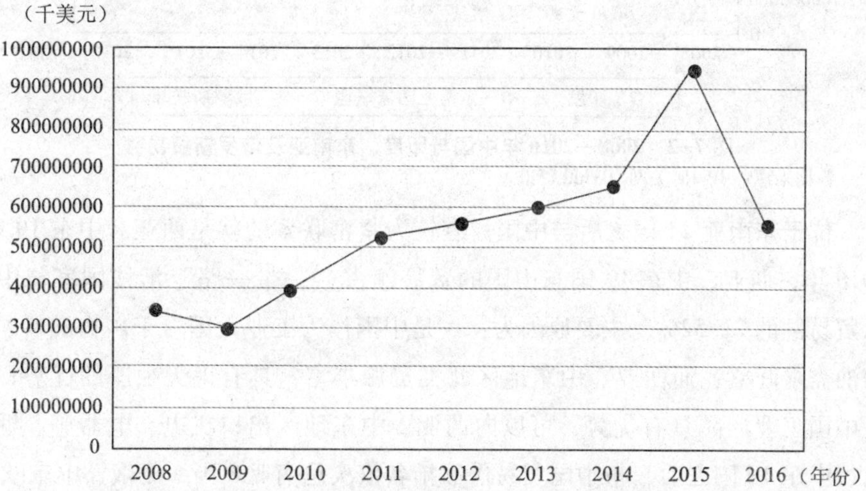

图 7-1　2008—2016 年中国与“一带一路”沿线国家贸易额

数据来源：中国海关网、Wind 资讯。

从“一带一路”沿线具体国家或地区来看，中国与东南亚国家的联系最为紧密。中国与东南亚国家的贸易额占中国与“一带一路”沿线国家和地区贸易总额的比例由 2008 年的 68%上升为 2016 年的 76%，虽然 2016 年较 2015 年有短暂下降，但从长期来看，中国与东南亚的贸易往来仍会呈现出增长的趋势：首先，东南亚国家作为中国密切关注的周边国家是中国周边外交的优先方向，这一密切的外交关系，对于双边的贸易来说是一个长期的动力；其次，自从 1991 年中国与东盟开展对话以来，双边进行积极的沟通，签订了一系列的贸易协议、投资协议及冲突解决机制协议。尤其是 2010 年中国—东盟自贸区的成立，进一步促进了地区经济贸易的发展（如图 7-2 所示）。

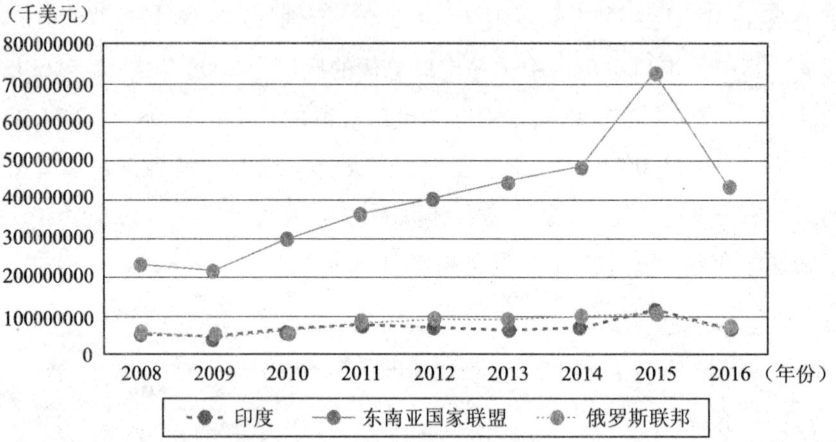

图 7-2　2008—2016 年中国与印度、东南亚及俄罗斯贸易额

数据来源：中国海关网、Wind 资讯。

位于东南亚 11 国之后与中国具有较为紧密联系的就是西亚、中东 19 国。2016 年，西亚、中东 19 国与中国的贸易额占“一带一路”沿线国家与中国总贸易额的 22.52%。主要原因为：一是中国作为工业大国对于矿物燃料、矿物油需求旺盛，而西亚、中东地区此类资源丰富，具有得天独厚的优势；二是中国工业产品具有优势，可以向西亚、中东地区出口机电、电器等。继西亚、中东 19 国之后，与中国贸易份额排名依次是南亚 8 国、蒙俄、中东欧 19 国、中亚 5 国（如图 7-3 所示）。

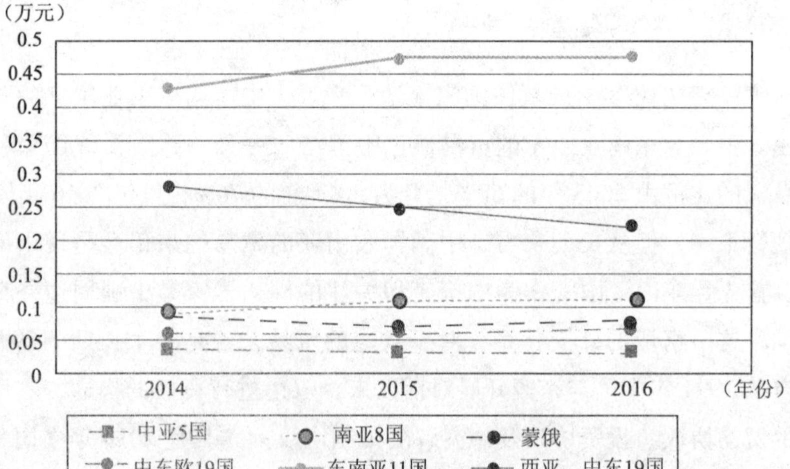

图 7-3　2014—2016“一带一路”沿线国家或地区贸易额

数据来源：中国海关网、Wind 资讯。

从2014年至2016年“一带一路”沿线国家或地区与中国的贸易额占沿线总贸易额的比例来看，增长最快的依次是东南亚11国、西亚和中东19国、南亚8国。而蒙俄、中东欧19国、中亚5国则出现了贸易额占比下降的情况（如图7-4所示）。

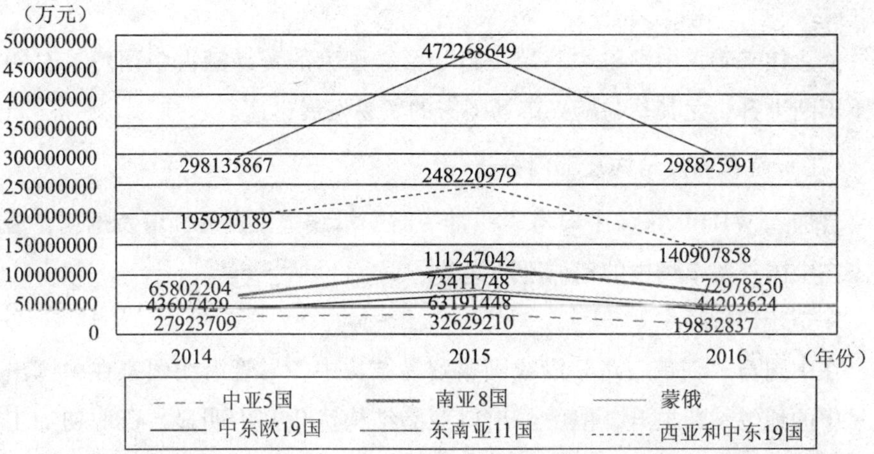

图7-4　2014—2016“一带一路”沿线国家和地区贸易额

数据来源：中国海关网。

2016年，受全球经济改善迟缓、贸易发展徘徊低迷及国际市场大宗商品价格下降等因素影响，中国与沿线国家的贸易额较2015年下降了4.9%。其中，出口额下降了4.4%，进口额下降了5.7%（如图7-5所示）。

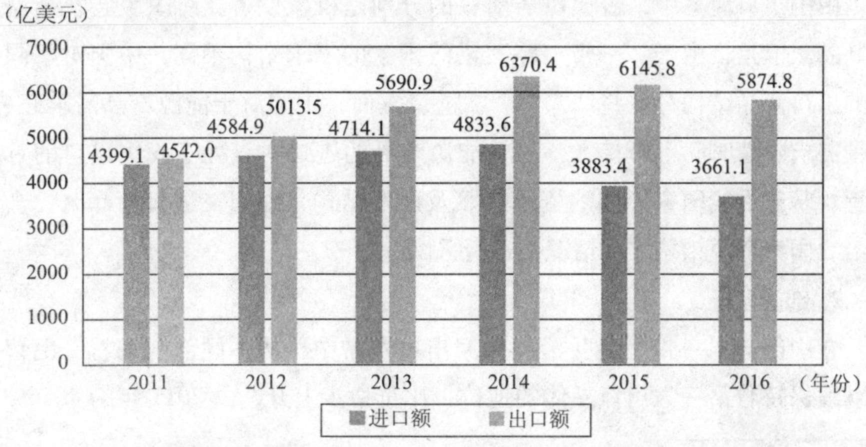

图7-5　2011—2016年中国与“一带一路”沿线国家贸易合作总格局

数据来源：《“一带一路”贸易合作大数据报告（2017）》。

从进出口结构看，2011—2015 年，中国与沿线国家的贸易顺差额逐渐扩大，但 2016 年较 2015 年下降了 48.7 亿美元，为近年来的首次下降。2016 年，中国与 52 个国家贸易顺差，其中与印度的顺差额最大，达 470.7 亿美元。与 12 个国家贸易逆差，其中与马来西亚的逆差额最大，达 109.0 亿美元①。

从总体来看，中国与“一带一路”沿线国家的贸易额占中国贸易总额的比重不断上升，尤其是与新兴市场国家的贸易发展迅速。

（二）贸易商品结构及部门分析

自加入 WTO 以来，中国与“一带一路”沿线国家贸易额增长迅速，沿线国家在中国外贸市场中的地位不断提升。

1. 进出口份额

在中国与“一带一路”沿线国家贸易结构中，尽管沿线国家在中国出口贸易中的地位不断提升，但中国出口商品结构优化并不明显，资源初加工产品及劳动密集型产品出口增长最快，中国对该区域出口商品结构的优化相对滞缓。相较于出口，中国进口行业结构变化更为显著。进口商品结构日趋集中，能源占比不断提升。2014 年，中国从“一带一路”沿线国家进口商品中，能源占比达 42.52%②，比 2001 年增长了 17.69 个百分点，矿物进口也出现小幅上升。沿线国家日益成为中国能源及劳动密集型产品的主要来源国。

中国出口商品中，占比位居前三的分别是机械设备、纺织服装及金属机器制品。但是，由于“一带一路”沿线国家的需求结构不同，中国对不同国家的出口商品结构存在些许差别。在进口方面，中国对于能源产品需求旺盛，这种需求随着时间不断扩大，并且能源产品的进口一直处于我国进口的首要位置。基于沿线国家不同的资源禀赋及产业结构，中国在进口商品时，会根据沿线国家资源结构实际情况而进行采购。

2. 部门分析

在中国与“一带一路”沿线国家出口贸易中，从不同部门来看，民营企业继续保持着第一大出口主体的地位，比重稳步上升，由 2011 年的 46.6%上

① 中国海关网。

② Wind 资讯。

升至2016年的58.9%；外商投资企业、国有企业在出口总额中的占比均呈逐年下降的趋势，外高投资企业由35.4%下降至27.8%，国有企业由17.9%下降至13.1%（如图7-6所示）。

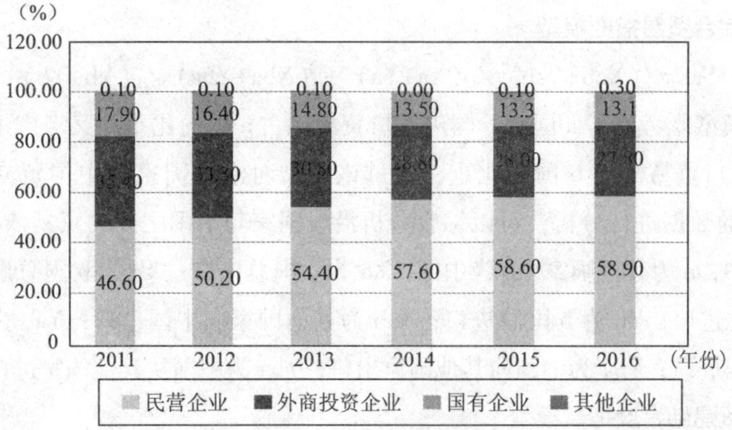

图7-6　2011—2016年中国对“一带一路”沿线国家出口贸易部门变化

资料来源：《“一带一路”贸易合作大数据报告（2017）》。

在中国与“一带一路”沿线国家的进口贸易中，2016年外商投资企业进口额占比高于其他类型企业，达到37.0%；国有企业该比值逐年下降，由2011年的43.1%下降至2016年的31.6%；民营企业逐年上升，由21.5%上升至28.2%（如图7-7所示）。

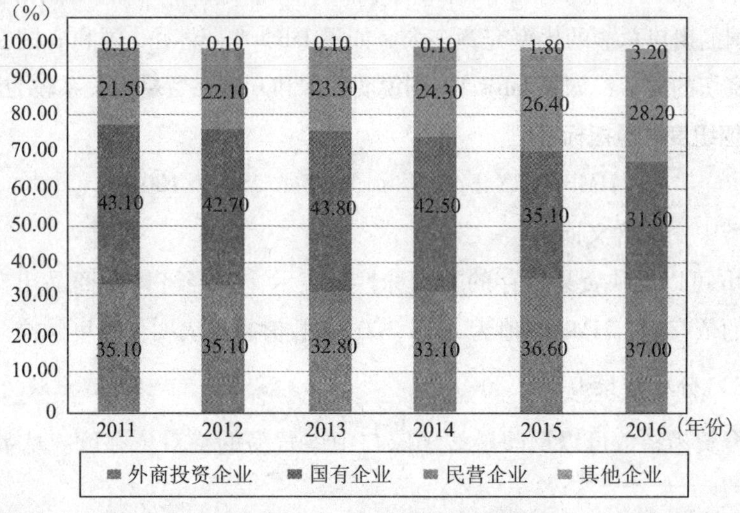

图7-7　2011—2016年中国对“一带一路”沿线国家进口贸易部门变化

资料来源：《“一带一路”贸易合作大数据报告（2017）》。

二、中国与“一带一路”沿线国家贸易依存度分析

（一）研究方法与模型

1. 综合贸易指数模型

$$Sab=(Xab+Yab)/(Xa+Ya)+(Xba+Yba)/(Xb+Yb)$$

该模型既考虑了 a 国对 b 国进出口贸易额占 a 国的比重；又考虑了 b 国对 a 国进出口贸易额占 b 国的比重，通过该模型对沿线国家与中国贸易往来的 2015 年的数据进行分析，可以综合分析沿线国家与中国之间的贸易依存度。

其中，a 为其他国家；b 为中国；Xa 为 a 国总出口；Xb 为 b 国总出口；Ya 为 a 国总进口；Yb 为 b 国总进口；Xab 为其他国家向中国出口；Yab 为其他国家从中国进口；Xba 为中国向其他国家出口；Yba 为中国从其他国家进口。

2. 贸易结合度指数模型

$$Iab=(Xab/Xa)/[Yb/(Yw-Ya)]$$

其中，Yw 为世界进口贸易总额，模型中的其他变量同上。

贸易结合度指数（Iab）是由经济学家布朗（A. J. Brown，1947）提出的，后经过小岛清（1958）等人的研究得到了完善，并明确了其统计学和经济学上的意义。

公式表明，与 b 国的进口总额占世界进口总额的比率相比，a 国对 b 国的出口占 a 国的出口总额的比率究竟多大。如果 $Iab \geq 1$，说明 a 国和 b 国在贸易上存在着密切的关系；如果 $Iab \leq 1$，则说明 a 国和 b 国在贸易上关系较为疏远。

3. 枢纽度测量指标模型

$$HMb=(Xab/Xa)\times(1-Yab/Yb)\times 100\%$$

模型中变量含义同上。

HMb 可以反映贸易依存的非对称性，表示 a 国经济体中商品出口对于 b 经济体的依存度，HMb 取值为［0，100］，数值越大表明依存度越高。

（二）分析结果①

综合贸易指数可以反映沿线国家与中国贸易的绝对依存度。从数据分析

---

① 数据来源于海关总署网站、联合国数据网站及 Wind 资讯，选取了“一带一路”沿线 48 个国家 2015 年的数据进行分析。

中可以看出与中国贸易绝对依存度排名前三的国家分别是吉尔吉斯斯坦、蒙古国、菲律宾；与中国贸易绝对依存度最低的国家依次是塞尔维亚、巴勒斯坦、巴基斯坦（如图 7-8 所示）。

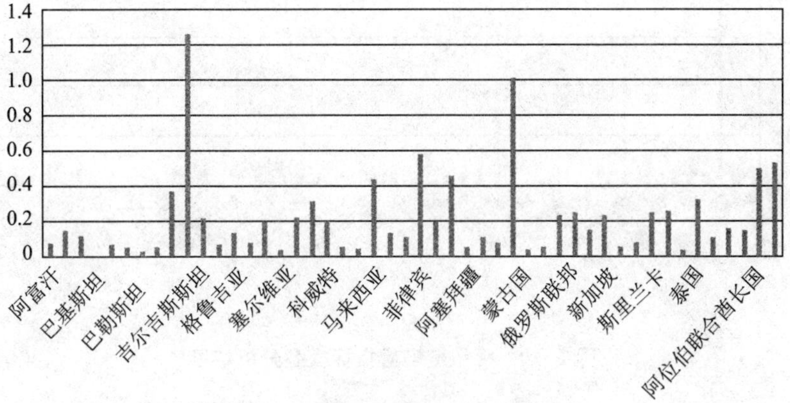

图 7-8　综合贸易指数模型分析结果

贸易结合度指数可以分析贸易国家之间的相对依存度。在该模型下与中国贸易依存度排名前三的分别是也门、蒙古国、阿曼；与中国贸易相对依存度排在最后三位的分别是马尔代夫、巴勒斯坦、巴基斯坦（如图 7-9 所示）。

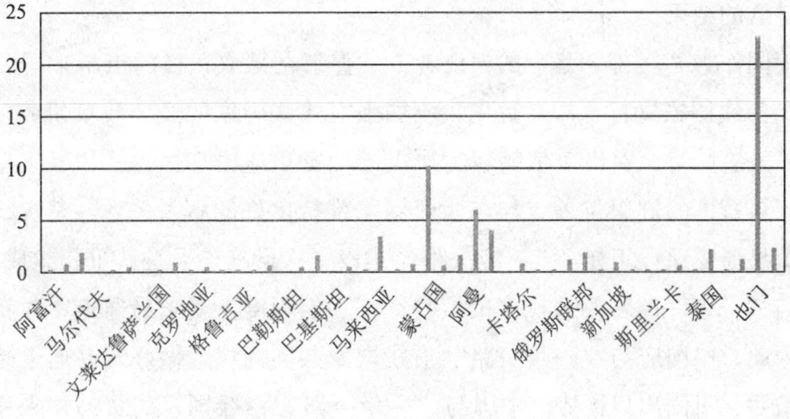

图 7-9　贸易结合度指数模型分析结果

枢纽度测量指标可以分析贸易国家之间依存度的对称性。在该模型下与中国贸易依存度排名前三的同 Iab 模型一样分别为也门、蒙古国、阿曼。也门与中国非对称依存度最高。与中国贸易依存度排在后三位的分别为马尔代夫、巴勒斯坦和巴基斯坦（如图 7-10 所示）。

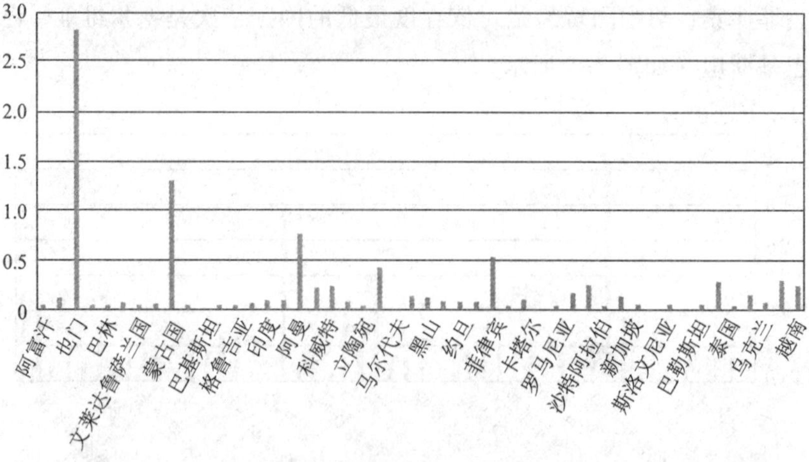

图 7-10　枢纽度测量指标模型分析结果

综合贸易指数模型分析结果中与中国贸易依存度较高的国家与另外两个模型的结果略有差别。通过分析可知造成这种差别的原因是综合贸易指数模型综合分析了中国与“一带一路”沿线国家彼此的贸易依存度；而贸易结合度指数模型及枢纽度测量指标模型侧重于分析“一带一路”沿线国家的贸易对中国的依存度。这三个模型都得出了巴勒斯坦、巴基斯坦与中国的贸易依存度最低的结果。

中国作为“一带一路”的倡议者，一直都在采取积极的措施来同“一带一路”沿线国家进行合作。首先，应加强对这些国家的经济政策研究，把握其经济发展趋势，对出口依赖较为严重的国家更应密切关注。积极推动中国—东盟自贸区的健康发展，与东南亚国家维持良好的贸易关系。其次，积极推进贸易通道建设工作。“一带一路”建设中，设施连通是其重要组成部分，中国与“一带一路”沿线国家的贸易往来一定程度上受贸易通道不通畅的影响，因此，中国应与“一带一路”沿线国家共同商议，做好贸易通道建设工作。最后，巩固出口优势。中国与“一带一路”沿线国家的贸易往来程度存在一定差别，中国不同省份应根据贸易业务特点及出口对象国，不断巩固自身出口优势，提高出口产品竞争水平。同时，为给相关省份创造良好的出口环境，国家应制定相关扶持政策，鼓励出口，为促进与“一带一路”沿线国家贸易的长远、健康发展铺平道路。

三、“一带一路”沿线国家人民币贸易结算存在的问题及建议

跨境贸易人民币结算是指人民币在跨境贸易中履行计价和结算的货币职能，即进出口企业开展货物贸易并以人民币计价进行跨境对外收付时，商业银行为其提供的采用人民币作为跨境结算货币的国际结算业务。2015 年，跨境贸易人民币结算规模稳步扩大，全年跨境贸易人民币结算业务累计发生 7.23 万亿元，同比增长 10.38%。跨境贸易人民币结算占中国进出口总额的 29.36%，较 2014 年提高了 4.6%，跨境贸易人民币结算规模全球占比也从 2014 年第四季度的 3.04%提升至 2015 年第四季度的 3.38%①。目前“一带一路”沿线国家人民币贸易结算发展势头良好，但也存在着一些问题。

（一）存在的问题

1. 外部贸易需求萎缩制约人民币跨境结算规模

根据 Donnenfeld 和 Haug 与 Floden 和 Wilander 的研究，贸易双方经济体的规模会对结算货币的选择产生相当重要的作用。Dowd 和 Greenway 与 Hartmann 的研究还发现，只有当新货币相对于现存货币具有明显的非网络优势时，结算货币改变才会大规模发生。金融危机发生后，“一带一路”沿线国家外部需求萎缩，发达国家将“再工业化”作为重塑竞争优势的重要战略，发出向实体经济回归的信号，围绕信息、生物、环保等领域的新一轮科技和产业竞争愈演愈烈，从提升产品内在质量来开拓新一轮市场。当前中国经济面临的问题，并不是短期需求的匮乏，而是中长期有效供给的缺失，必须从供给端刺激经济增长。在这样的环境下，我国的外部贸易需求萎缩，导致人民币跨境结算需求。

2. 沿线国家整体金融市场发展程度较低， 不利于人民币跨境结算

Helence 认为如果外汇市场上存在该货币的大量交易，将会在更大范围内推进该货币的使用。一旦此种货币作为结算货币后，市场交易量的增加和交易成本的下降将会巩固该货币作为结算货币的地位。“一带一路”沿线大多是新兴经济体和发展中国家，整体经济发展水平较低、金融市场欠发达，中国与沿线国家的金融合作程度也相对较低。金融市场的发达程度影响着一国货

---

① 中国人民银行．人民币国际化报告 2016：货币国际化与宏观金融风险管理［R］.

币的国际化水平。一方面，我国“走出去”的中资银行数量较少，且大多是国有商业银行，金融市场广度较小，市场价格难以真实反映当前的供求状况以及未来的走势预期。另一方面，本国金融市场也不成熟，且深度不足，提供的金融服务品种不足以满足国与国之间的交易需求。

3. 中国的出口产品与贸易国差异化程度较低

根据 Tavlas 的研究，国际贸易结算货币的使用与贸易双方所出口产品的差异化程度正相关。而中国出口产品总体上与贸易对象国产品差异化程度较低，仍处于国际市场产业链的中、低端，出口产品的同质化现象严重。这一方面降低了出口利润，同时不利于人民币在“一带一路”沿线国家跨境贸易结算中的推广。

4. 美元、欧元作为主要跨境结算货币的惯性较大

根据 Krugman、Dowd 和 Greenway 与 Hartmann 等经济学家的研究，只有当货币的交易成本较低以至于可以替代之前的结算货币时，才会发生国际结算货币的变更。Hartmann 与 Fukuda 和 Ono 的研究还表明，结算货币的使用具有惯性。美元和欧元是最主要的国际货币，在国际贸易中无论是结算还是计价都具有绝对优势，美元和欧元有着完善、便捷的操作模式和结算网络，各国、各地区在对外贸易中已经形成了使用美元、欧元的惯性。美国、欧洲高度发达的金融市场有着丰富的风险控制和投融资手段，货币持有者会因为美元、欧元较低的交易成本和持有风险较低而积极持币。此外，在人民币国际贸易计价结算份额逐步扩大的过程中，美国、欧盟必然会因为人民币等货币动摇了其货币的霸权地位而采取各类遏制措施，阻碍人民币的国际化进程。

（二）促进“一带一路”沿线国家贸易人民币结算的建议

根据以上人民币在“一带一路”贸易结算中存在的问题，现提出如下建议：

1. 发展离岸人民币市场

发达的金融市场和完善的金融体系是活跃人民币交易、降低交易成本的保证。要充分发挥离岸人民币市场的作用，增加离岸市场人民币的交易量、交易深度和交易广度，增强境外对人民币定价以及人民币作为结算货币的信心，完善人民币的全面结算功能。发达的金融市场和金融体系可以为“一带

一路”沿线国家贸易的发展提供充足的动力，推进人民币跨境贸易结算的发展。

2. 构建人民币计价、支付和结算的大宗商品交易市场

大宗商品人民币计价结算是推动人民币实现计价功能和储备功能的主要动力。人民币成为大宗商品定价货币，有利于提高人民币的国际流动性和世界的认可度。自 2015 年 8 月 1 日起，中国开始启动境内原油期货人民币计价结算，这也意味着，中国开始积极推动大宗商品的人民币计价结算。在全球大宗商品价格低迷的背景下，中国作为大宗商品主要进口国，推动大宗商品领域的人民币计价和结算具有良好的条件。建议在上海自贸区和中东人民币离岸市场大力发展人民币计价的能源和大宗商品期货市场，以人民币对大宗商品进行定价。同时，在重大支撑项目建设及对外贷款中，有意识地将能源、资源产品作为抵押物和还款保障。尽快建立一套完善的人民币大宗商品定价的市场规则和机制，从而获得人民币对于石油、天然气，以及其他大宗商品期货的定价权。

3. 完善人民币汇率形成机制

根据 Devereux 和 Engle 的研究，结算货币的选择与货币政策的稳定性密切相关。货币汇率及货币政策的稳定，一方面可以使企业规避汇率风险，实现货币交易功能；另一方面有利于公众形成稳定的汇率水平预期，有利于贸易投资的便利化，实现价值储藏的功能。人民币汇率的稳定是促使贸易伙伴接受人民币的重要因素。而在推进人民币国际化的进程中，中国也一直在进行汇率改革，目的就是为了减少汇率形成的行政管理，推动汇率的市场化和稳定性，进一步增强人民币汇率弹性，使人民币汇率水平能够真实反映市场的供求状况。

随着“一带一路”建设的推进，中国与“一带一路”沿线国家的贸易密切程度不断增强，贸易关系迅速发展。中国同周边国家良好的经贸关系，为双边贸易的开展奠定了坚实的基础。同时，在“一带一路”沿线国家人民币贸易结算中，要持续完善人民币计价结算基础设施建设，提升人民币国际使用的便利性，这在一定程度上可以促进人民币国际贸易的计价结算。

第二节 人民币国际化与中国企业"走出去"

"一带一路"建设为人民币国际化提供了新的契机，也为人民币国际化创造了难得的投融资载体和市场条件。"一带一路"建设将助推人民币对外直接投资和人民币境外信贷的发展，有助于实现人民币国际化的模式突破。"一带一路"建设还将助推人民币在基础设施投融资及电子商务计价结算等关键领域实现新的突破。

一、中国企业境外投资

（一）人民币的国际化助力中资银行"走出去"

人民币的国际化和中资银行"走出去"是相辅相成的。从中资银行"走出去"促进人民币国家化的角度来说，首先，中资银行积极同海外国家或地区进行合作，可以吸引和引导客户。伴随着中国经济的发展，越来越多的企业将目光投向国外，在国外投资设厂。对于这些企业来说最大的问题莫过于资金的筹集，而中资银行的"走出去"可以解决企业在投资所在国融资难的问题，同时还可以开展本土企业的金融业务。其次，中资银行的海外扩展，可以同国外管理水平、业务水平高的金融机构进行合作交流，积累跨国经营经验，获取先进管理技术，从而帮助中资银行提升自身服务水平，增强金融产品创新能力，提高经营管理效率。最后，从国家层面来讲，中资银行的"走出去"可以提高中资金融机构在世界金融市场的影响力，为人民币的国际化创造条件，为中资企业"走出去"提供完善的金融服务支持。

从人民币的国际化促进中资银行"走出去"的角度来说，随着人民币国际化进程的推进，尤其是在 2015 年 12 月人民币加入 SDR 货币篮子后，国际社会期待着中国发挥出更大的作用，对人民币发挥国际货币功能的需求也相应增加。人民币国际化将提升更多国家和地区与中资金融机构加强合作的意愿，为中资银行带来巨大的国际化发展空间，推动其在客户和产品两个维度加快提升海外业务规模及收入来源。所以对于中资银行来说，在人民币国家化的背景下，要抓住机遇加快国际化步伐，为"走出去"的中国企业提供全方位的金融服务，帮助它们在国际市场站稳脚跟、树立品牌。同时要根据自身特色以及外部环境，制定和调整经营发展方向及策略，丰富相关产品和服务的种类，实现收入结构的多元化，在国际金融市场提升核心竞争力，增强中国金融机构的国际影响力。

近年来，中资银行在加强同“一带一路”沿线国家的金融合作方面，取得了巨大的进展。第一，中资银行成为区域金融合作的主力军。“一带一路”倡导共商、共建、共享机制，截至2016年末，共有9家中资银行在26个“一带一路”沿线国家设立了62家一级机构。在中资银行“走出去”的同时，沿线国家和地区的金融机构也在不断进入中国市场。截至2016年末，在“一带一路”沿线国家中，已有20个国家的54家商业银行在华设立了6家子行、1家财务公司、20家分行以及40家代表处。

第二，提升跨境融资能力。中资银行制定了多项信贷政策及措施，通过银团贷款、产业基金、对外承包工程贷款及互惠贷款等多样化的金融工具，合理引导信贷投放，一系列重大项目落地开花，涵盖公路、铁路、港口、电力及通信等多个领域。仅2016年中国与“一带一路”沿线国家新签的对外承包工程合同金额就达1260亿美元，对“一带一路”沿线国家直接投资145亿美元，这些项目的承接和实施都离不开银行的资金支持。国家开发银行和进出口银行充分利用多边金融合作机制，在“一带一路”沿线国家和地区贷款余额已达2000亿美元。

第三，提供综合化金融服务。中资银行围绕“一带一路”建设积极开展业务创新、制度创新和管理创新，为中外企业提供多元化金融服务。一是配套服务。为“走出去”企业跨境贸易提供结算、清算、汇兑等便利性支持，为跨境投资提供财务顾问、并购搭桥、股权融资等金融服务。二是撮合交易。中资银行利用互联网、大数据和境外分支机构信息渠道优势，通过跨境投资洽谈会的形式，帮助企业寻找市场空间，实现全球资源、市场、技术、资金、人才的互联互通。三是管控风险。帮助客户合理地评估风险，为客户提供套期保值、掉期等金融衍生业务，有效对冲风险。中资银行密布的金融网络、强大融资能力和完善的金融服务将有力助推人民币的国际化。

（二）人民币国际化助力非金融企业“走出去”

中国提出“一带一路”倡议的出发点是为了应对金融危机后经济的复苏

放缓以及国际经济贸易中的不平等现象，而这些问题也是"一带一路"沿线国家急需解决的。"一带一路"倡议中涉及的改善沿线国家公路、铁路、港口、油管、桥梁、输电网路、光缆传输等基础设施，提升沿线国家在投资贸易、文化教育、旅游购物、医疗卫生等领域合作往来，实现经济共荣、文明共生，以及通过互联互通，实现中国与周边国家和地区互利共赢，并形成不可分割的"命运共同体"等愿望和举措是切实可行的。

近年来，中国对外直接投资增长迅速，"一带一路"建设更是给中国企业"走出去"带来了新的机遇，拓展了中国对外开放的空间。现阶段中国企业在"一带一路"沿线的投资中，国企、央企是投资的主力军和领头羊。开拓产品国际市场、提高全球市场份额及增加盈利能力等市场因素是企业"一带一路"沿线投资的一大动因。

商务部相关数据显示，2015 年，中国企业对"一带一路"沿线国家对外直接投资流量为 189.3 亿美元，占当年中国对外直接投资总流量的 13%，主要投资国家有泰国、俄罗斯、哈萨克斯坦、新加坡等国。截至 2015 年末，中国对"一带一路"沿线国家对外直接投资存量达到了 1156.8 亿美元，在中国对外直接投资总存量中的占比为 10.5%。

在企业特征方面，对外投资企业主要来自北京、上海、广东和浙江四个省市，而且以国有企业为主。

在投资模式方面，跨国并购与绿地投资持平，但在平均投资规模方面，前者高于后者。农业投资和房地产投资更倾向于绿地投资，公用事业、旅游、矿产、娱乐和技术领域则倾向于跨国并购。

在地区分布方面，中国对"一带一路"直接投资主要集中在东南亚（东盟）、中东（西亚）和南亚地区。东南亚地区是"一带一路"沿线吸引中国直接投资最多的地区，投资主要集中在电力、矿业资源开发领域。2015 年，中国对该区域直接投资流量创下历史最高纪录，达到 146.4 亿美元，占到了"一带一路"相关区域投资总流量的 77.24%。对西亚的投资主要集中在伊朗、沙特阿拉伯和阿联酋等国。中东欧地区吸引中国投资的起点较低，但增长迅速。南亚与中国地理相邻，人口众多，市场容量大，虽然中国在印度、斯里兰卡和孟加拉国等国的直接投资增长迅速，但由于国际地缘政治环境的影响，中国对南亚地区直接投资步伐相对滞后于贸易增长。

在产业分布方面，能源、交通运输和信息技术是中国对“一带一路”相关国家直接投资较为重要的产业领域。东南亚地区石油储量丰富，印度尼西亚和马来西亚天然气的储量较大，有助于保障中国的能源安全，成为中国能源企业对外直接投资的重要地区。

在非金融企业对“一带一路”沿线国家对外投资过程中，人民币的国际化提供了资金方面的保障。首先，跨境贸易人民币结算规模的扩大，使得世界越来越多的国家和地区认可人民币，中国企业在同世界各国企业进行贸易时直接使用人民币进行结算，避免了汇率变动给企业造成的损失；其次，直接使用人民币进行境外投资，解决了中资企业境外投资的资金来源问题。

近年来，跨境贸易人民币结算规模稳步扩大，人民币国际金融计价结算功能日趋完善，中国的境外投资规模和人民币境外投资额显著增加，在国际债券和票据市场上，人民币国际债券和票据存量稳步增长，人民币境外信贷投放进一步增长等，这些都为中国企业走出国门提供了便利的条件。国家的强大和强有力的货币为“走出去”的中资企业降低国外投资的政策风险、经济风险等提供了强有力的保障。

二、人民币国际化促进对“一带一路”沿线国家投资的发展

（一）完善“一带一路”沿线国家的风险评估和预警机制

“一带一路”沿线国家的政治体制、文化宗教、经济环境及政治环境等存在着较大的差异和不确定性，社会骚乱，甚至政权更迭时有发生，这可能会使中国对外投资和对外贷款的投资安全面临较大挑战，自然也不利于人民币国际化的稳步发展。另外，“一带一路”沿线国家经济发展水平参差不齐，文化背景差异较大，也会对人民币国际化构成阻碍。

此外，沿线各国国家主权信用水平也存在较大差异。根据中诚信对“一带一路”沿线主要国家的信用评级，可以发现沿线国的主权信用呈现以下特征：第一，主权信用级差跨度大。主要欧元区国家（除希腊主权信用为 CCC，展望负面）自身的经济实力和国际货币地位决定了其主权信用级别普遍较高。部分中亚和东盟国家凭借丰富的资源及相对成熟的经济财政体系，主权信用级别较高。而“一带一路”沿线其他大多数国家，由于内部面临着政治稳定

及经济转型的压力，外部面临着经济再平衡和资本外逃的风险，信用水平表现相对较低。

第二，部分国家主权信用评级中次级因素评分差异明显，其中部分国家政治及违约风险相对突出。欧洲国家经济风险较低，但财政风险相对突出。中亚、东盟等国财政风险较低，但经济及债务风险两极分化严重。除荷兰等欧洲四国及东盟的新加坡、马来西亚等个别国家外，整体沿线国家政治风险都较为突出。

第三，部分沿线国家存在主权级别下调的风险。总体来看，欧元区内部主权债务危机还在持续，尤其是希腊面临着严峻的财政和债务局面，主权债务危机和银行危机之间形成了恶性循环。信用水平的低下会恶化国内投资的预期，沿线国由于信用风险而难以获得融资也将进一步降低主权信用。

以上问题对于推进“一带一路”国家对外投资来说是一个不容忽视的挑战。因此，政府相关部门要适时做好对沿线国家政治、经济、金融市场的风险评估和预警，积极引导企业和金融机构在相关国家和地区的投资和信贷行为，采取有力措施切实保护本国企业和金融机构的利益和投资安全。

（二）建立境外投资风险防控预警机制

在推进“一带一路”沿线境外经贸合作区建设过程中，必须高度关注当地政治、经济等方面变化所产生的风险，建立健全风险防控机制，一旦发生风险，尽量减少对入区企业的影响。一是完善支持企业“走出去”的风险防控平台，重点关注东道国的政治、经济发展动向，以及金融、税收外汇等经济制度和相关法律制度变化，定期向在东道国投资的企业通报境外安全信息，及时发布安全预警；二是加强与驻外使领馆的联系与沟通，利用驻外使领馆对东道国安全信息进行收集、评估和预警，并及时对投资企业进行一线指导，帮助企业规避和应对风险；三是建立权威的风险预警系统，根据东道国政治、经济和法律等变化，建立观测指标体系，定期预测，分级别设定应对方案，提高企业应对风险能力。

（三）推进资本和金融账户开放，拓宽人民币双向流动渠道

资本和金融账户开放旨在实现资本项下的人民币双向自由流动和交易，是推动人民币国际化向更高级阶段发展的重要步骤。通过资本项下的人民币输出与回流推进人民币国际化，既是满足市场需求的顺势之举，也是中国经济发展到一定程度的必然要求。通过打通离岸和在岸人民币市场，一方面可满足境外人民币资产投资国内市场进行保值增值的需求，进一步拓宽境外人民币资金投资境内金融市场的渠道，有效扩大人民币回流的路径。另一方面可促进境内企业和金融机构跨境人民币投融资的便利化。特别是在当前资金外流压力较大的情况下推出上述相关举措，既有助于缓解资金外流压力，也为人民币国际化提供了坚实的基础。

（四）以对外直接投资推动人民币资产由简单的货币储存向资产配置转变

对外直接投资能同时带来本币结算的集聚效应和对其他国际货币的替代效应。通过大量的对外投资及其对进出口贸易的带动，促进各种东道国货币与本币之间的结算与兑换，增加和扩大本币对外结算的频度和范围，并促进以本币为结算货币的金融资产及实物资产的聚集和配置。以人民币计价结算的各种金融资产的丰富和庞大，自然会在国际上形成人民币资产池，从而更加方便各国的人民币资产配置。

人民币对外投资可以在很大程度上绑定出口，推动人民币更多地在出口贸易中使用，可以使中国企业在对外投资过程中将人民币资金用于全球资源配置、销售及定价。改变跨境人民币结算在经常项下不均衡的局面，进而把人民币作为国际结算货币使用，推动人民币国际化向更高阶段发展。当前和未来一个时期，可考虑积极推进与“一带一路”沿线国家企业的合资及并购。这种投资方式有利于被并购企业资产计价置换，从而可以增强人民币的计价功能。同时，积极开展跨境人民币贷款、境外人民币债券融资、权益类融资等。进一步发展人民币基金，专门用于以人民币投资国外基础设施建设、矿产资源开发等项目，并适当附带购买中国的产品和设备等条件，支持本土企业“走出去”。当然，在“一带一路”沿线国家贸易和投资中推动人民币使用也应尊重市场规律，不应采取强制手段在对外融资、海外投资中绑定人民币，以免起到反向效果。

第三节　人民币国际化与“一带一路”金融组织合作

“一带一路”建设深入开展，推动我国对外经济和金融合作不断深化，国际市场对人民币跨境使用需求不断扩大，为人民币国际化注入了新的动力。为服务“一带一路”建设，亚洲基础设施投资银行（以下简称“亚投行”）、丝路基金等金融组织相继成立，这些金融组织将在“一带一路”建设中发挥重要作用，并将为人民币国际化进程提供重要机遇。

一、“一带一路”与亚洲基础设施投资银行

（一）亚洲基础设施投资银行的设立

2014 年 10 月 24 日，包括中国、印度、新加坡等 21 个首批意向创始成员国代表在北京签约，共同决定成立亚洲基础设施投资银行。截至 2017 年 5 月 13 日，亚投行有 77 个正式成员国，涵盖了除美、日之外的主要西方国家。亚投行是一个政府间性质的亚洲区域多边开发机构，其宗旨是为了支持亚洲区域的基础设施建设，促进亚洲地区互联互通建设和经济一体化的进程。这是中国政府尝试主导区域金融体系的重要举措，体现了中国通过外交战略来发挥资本在国际金融中的力量。亚投行的治理结构分理事会、董事会、管理层三层。理事会是最高决策机构，每个成员在亚投行有正副理事各一名，董事会有 12 名董事，管理层由行长和 5 位副行长组成。

理论界认为基础设施对于经济发展有着重要影响。罗斯托在《经济成长阶段》一书中指出基础设施是经济发展的重要前提条件：首先，基础设施是社会变革、生产力发展及经济成长的前提条件。其次，政府在基础设施投资中应担负起重要的责任，因为基础设施投资相对于其他投资而言，具有投资资金需求大、投资回收期限长及直接投资者获益少等特点，并且基础设施效益具有很强的外部性。最后，基础设施投资是进行其他投资的基础，比如要发展农业，只有具备基本水利设施、交通设施、电力设施等基础设施后才能促进农业规模化发展，降低单位农业活动的劳动力的需求。美国经济学家赫希曼在《经济发展与战略》一书中指出基础设施是经济持续增长的保障，在保障最基本的基础设施供给的前提下，应该集中资本进行生产，在生产获得较大的收益后，利用一部分收益继续投资于基础设施的建设。基础设施服务的可得性是一种重要的生产要素，一个国家基础设施状况的恶化会导致生产效率的下降。还有一些经济学家的研究发现，基础设施特别是通信条件的改

善能够显著地促进一国经济的增长。如农村地区通信条件的改善，使得农业产品信息能够更容易地为外界所知晓，进而促进农业的发展。

推动亚洲基础设施投资银行设立的因素主要有两个：

第一，推动亚洲基础设施的建设，促进亚洲经济的发展。由于基础设施投资规模大，投资周期长，不确定风险大，因此基础设施投资项目除了国家承担外，一般很难融到数额巨大的资金，而对于跨地区投资基础设施来说，这种难度更大。基础设施落后的亚洲地区，对于基础设施资金的需求是巨大的。根据亚洲开发银行的研究，在 2010 年至 2020 年期间，亚洲地区经济的发展需要 8 万亿美元的基础设施配套投资①。面对如此巨大的资金需求，成立亚洲基础设施投资银行，可以有效地利用各国闲置资本，为基础设施项目建设提供充足资金保证，从而满足亚洲地区对基础设施融资的需求。

第二，对于亚洲基础设施投资所需要的资金，现有的区域性或多边的开发银行不能给予足够的支持。如世界银行主要是为全球内贫困国家摆脱贫穷提供资金支持，大部分涉及资助地区的医疗、卫生、教育等方面。而亚洲区域只是世界银行关注的其中一部分，因此在基础设施方面能够获得的资助额度较小。因此，设立亚洲基础设施投资银行，是对现有的区域或多边发展银行的有益补充。

（二）亚投行为人民币国际化提供了重要机遇

亚洲基础设施投资银行的成立对推进人民币国际化战略具有重要意义，为人民币国际化提供了重要契机，中国应该抓住机会，利用好这个平台，积极推动人民币的国际化。

第一，亚投行的成立将进一步提升人民币的国际储备地位。随着亚投行的运转，中国与东盟国家之间的经济联系必定会越来越密切，与亚洲区域内其他国家之间的人民币互换协议也会增加，不断扩大人民币在亚洲国家国际储备中的份额，最终带动人民币在全球范围内的国际储备地位上升，为人民币真正实现国际化创造条件。同时，亚投行能为“一带一路”沿线国家或地区的建设项目提供融资支持。随着业务的开展，各成员国缴纳的资本金必然

① Bhattacharyay B. N.，B. Estimating Demand for Infrastructure in Energy，Transprot，Teleconmunications，Water and Sanitation in Asia and the Pacific：2010-2020［R］. ADBI Working Paper No. 248，2010.

不能满足亚洲区域发展的需要，还需要大规模筹资，这就为私人投资者进入该领域留下了巨大空间。亚投行可以通过发行大量包括以人民币计价的债券和其他金融衍生品在国际上募集资金，增加国际投资者手中的人民币资产。

第二，亚投行的设立有利于推动沿线国家的区域经济合作。“一带一路”建设和亚投行可以促进国家之间的互联互通，减少贸易障碍。随着亚投行和“一带一路”战略的不断推进，中国与区域内各个国家之间的贸易合作越来越密切。“一带一路”沿线60多个国家，经济发展层次不一，产业结构各具特点，区域内各国可以通过相互之间的优势互补来实现资源的最优配置。通过组建亚投行，可以为“一带一路”沿线的基础设施项目进行融资，保障贸易往来能够顺利进行。

第三，拓展人民币的计价支付功能。人民币的国际计价支付功能是衡量人民币国际化的重要指标，因此拓展人民币的计价支付功能对促进人民币的国际化具有重要影响。亚投行的成立，能促进亚洲地区的基础设施建设，中国企业可以凭借在基础设施建设上积累的丰厚资本和技术优势参与进来。在这一过程中，中国与亚洲区域内众多国家之间的经济金融联系必然加强，区域内的跨境贸易和投资规模也会不断扩大，随着相互之间的计价和结算业务的简化，将会降低双方的贸易和投资业务的成本，这也为人民币国际化带来了更多机遇。此外，随着“一带一路”建设的推进，沿线国家贸易往来程度不断加深，进而贸易自由化的程度也不断加深。

第四，亚投行的设立有利于推动沿线国家的投资合作。亚投行和“一带一路”倡议的重点之一就是加强基础设施建设，亚投行的设立可以集合各国力量来应对基础设施建设的资金需求。一方面，亚投行作为专业化的基础设施投资银行，可以利用其专业化的知识和规范化的机制对投资项目进行筛选来防范投资风险，保证各国投资资金的安全。另一方面，亚投行服务于“一带一路”建设可以激发各国的投资热情，这必定推动沿线各国的投资合作。

第五，亚投行的设立可以提升发展中国家在世界经济贸易中的话语权。2008年的金融危机，给世界经济造成了沉重的打击，但是在这一危机中发展中国家充分发挥了自己的潜能，使经济实现了快速发展，对世界经济的影响力越来越大，理应在世界经济格局中占据更高的位置。但是，目前世界经济格局现实的状况是经济贡献与话语权不匹配。因此，亚投行的建设可以弥补区域或多边金融机构的不足，提高亚洲国家的金融话语权，完善全球金融治理体系，改变目前不平衡的国际金融格局，为发展中国家提供更多的机会。

第六，提高人民币在跨境贸易中的计价结算比例。我国作为亚投行最大的出资国，可以创造条件促进人民币在国际贸易和国际投资中的使用，通过在亚投行支援的基础设施建设国提高跨境贸易和国际投资中以人民币计价结算的比例，带动人民币“走出去”。尤其是可以将人民币与基础设施建设材料的贸易结算绑定起来。大部分中国的建筑企业具有长期海外基础设施建设方面的丰富经验，中国政府应通过这个良好的平台，力争使众多建筑材料交易以人民币计价结算，增加人民币的输出，助推人民币国际化。

第七，带动中国企业“走出去”，助推人民币国际化。当前，亚洲很多国家正处于工业化、城市化的起步或加速阶段，对能源、通信、交通等基础设施建设的需求很大，但是供给却严重不足，并且面临建设资金短缺、技术经验缺乏的困境。因此，一方面亚洲众多发展中国家有巨大的基础设施建设需求和资金缺口，另一方面中国企业拥有丰富的资本并且积累了丰富的国际工程承包经验，双方可以通过亚投行联系起来，实现互利共赢。国内企业“走出去”能够助推人民币国际化，同时人民币国际化也能使企业“走出去”的货币交易成本减少，投资的汇率风险降低，为企业“走出去”提供强有力的保障，两者可以通过亚洲基础设施投资银行的平台联系在一起，相互推动。

面对上述机遇和挑战，亚投行理事会、董事会和管理层应提升投融资管理水平，引进先进的管理经验，在选择投资项目时充分考虑项目的投资回报能力。同时要将全球政治、经济等宏观因素纳入决策范围，积极同各金融机构合作，增强应对风险的能力。

二、“一带一路”与丝路基金

丝路基金是由中国外汇储备、中国投资有限责任公司、中国进出口银行、国家开发银行共同出资设立的中长期开发投资基金。其重点也是在“一带一路”发展进程中寻找投资机会并提供相应的投融资服务。

中国经过多年的发展，积累了巨额外汇储备。而这些外汇储备一直都被用来购买美国债券，很少投资于实体经济，投资收益较低。因此，设立丝路基金，将中国的外汇储备投资于那些有需要的地区，不仅可以使中国避免外汇风险的问题，还可以促进“一带一路”的建设。目前“一带一路”沿线国家对于投资基础设施的资金缺口巨大，现有的区域或多边金融机构难以满足巨额的基础设施建设资金缺口，而丝路基金的设立可以为沿线的投资项目提供投融资服务，促进“一带一路”基础设施的建设和完善。

丝路基金对“一带一路”建设具有重要意义。首先，丝路基金是依托国家战略和政策而设立的，因此，不仅会获得国家在税收等方面的优惠，还会在投融资中得到国家政策的保障。同时利用丝路基金，可以吸引更多的资金参与“一带一路”建设，实现杠杆效应。其次，丝路基金同其他金融机构或组织之间是相互协同的关系。丝路基金自设立伊始，就秉承开放包容的态度，希望成为社会资金、国际金融机构资金以及不同经济体的开发性金融机构资金之间的纽带，从而将各方力量整合起来，以便更好地服务于“一带一路”沿线的建设。

对于丝路基金促进“一带一路”建设，要引用先进的管理经验，制定完善的决策机制和利润分配方案。丝路基金设立最根本的目的是促进“一带一路”沿线国家之间的互通互信，构建国家之间长期良好的合作基础，从而在此基础上实现区域经济的一体化。丝路基金的运作应积极创新，拓展服务项目，以更好地服务于“一带一路”沿线国家的建设。

三、“一带一路”与人民币国际化

（一）“一带一路”与人民币国际化互相促进

“一带一路”倡议是中国在全球经济增长乏力和自身经济发展“新常态”的背景下做出的重要部署，充分体现了中国的大国责任和历史担当。当前全球公共物品供应面临总量不足、结构失衡的窘境，特别是发展中国家所需的全球公共物品匮乏，严重制约了世界经济和金融的稳定与发展。

“一带一路”倡议和人民币国际化存在着内在一致性及协同发展的内在逻辑。从战略层面看，“一带一路”与人民币国际化是战略协同的。“一带一路”以政策沟通、设施连通、贸易畅通、资金融通、民心相通为核心政策目标，其中，资金融通是首先需要解决的问题。基建、资源、贸易等方面的合作都离不开资金融通，而人民币国际化的进程将逐步巩固和加深区域之间的资金融通，成为其他“四通”的基础和保障。从实施层面看，“一带一路”与人民币国际化是互相促进的。“一带一路”为人民币国际化创造契机，人民币国际化通过“一带一路”战略实施检验成败得失，从货物贸易到跨境直接投资，从经常项目到资本项目开放合作，未来跨境信贷、金融市场及货币市场开放等，都将因“一带一路”倡议而产生巨大的现实需求。同时，人民币国际化为“一带一路”提供货币支持，推动了“一带一路”的发展。

（二）“一带一路”为人民币国际化提供重要契机

首先，“一带一路”建设的需求为人民币国际化提供了内源动力。“一带一路”倡议涉及基础设施建设、能源资源及制造业等众多领域的金融支持，高度汇集了融资、投资、贸易等众多国际经济金融合作项目，在贸易与投资结算、跨境融资等领域，将催生出更广泛的人民币跨境使用需求，这种内在需求必将有助于扩大人民币使用及流通规模，加速人民币国际化进程。

其次，“五通”将助力人民币国际化。为推进沿线国家的互联互通，“一带一路”倡议将“五通”作为合作重点，即政策沟通、设施连通、贸易畅通、资金融通和民心相通，以此全方位推进务实合作，增强区域经济一体化程度，打造经济融合、政治互信、文化包容的利益共同体、责任共同体和命运共同体。

最后，“一带一路”实现了人民币国际化的路径创新。人民币将与中国的贸易结构、金融体系的完善和开放程度等因素相适应，逐步实现国际化。在人民币国际化的发展过程中，“ 带 路”建设能发挥桥梁和纽带作用，为深化人民币国际化进程提供有利条件，实现人民币国际化既有路径的突破。“一带一路”倡议将进一步提升人民币在亚欧区域的接受度，特别是作为“一带一路”倡议的重要载体，亚洲基础设施投资银行和丝路基金等将在推动人民币国际化中发挥重要作用。

（三）人民币国际化为“一带一路”提供资金保障

“一带一路”是中国对外开放政策的重要部分，而人民币国际化作为“一带一路”规划中跨境贸易与资金融通的重要支撑，为“一带一路”提供资金支持和服务便利，无疑会推动国际投资与区域合作的平稳发展。

首先，人民币国际化为“一带一路”提供资金支持。“一带一路”倡议涉及民生的基础设施建设项目，具有公共物品性质，资金需求量大、建设周期长且直接经济效应不明显。除现有金融机构外，目前为“一带一路”倡议提供资金融通的制度安排主要有金砖国家开发银行、亚洲基础设施投资银行和丝路基金等。目标是扩大人民币对外投资，向“一带一路”沿线的公路、铁路、通信管网、港口物流等基础设施建设提供信贷资金支持。因此，在基础设施投资过程中，如果没有人民币的国际化，“一带一路”倡议将会遇到资金瓶颈。

其次，人民币国际化为“一带一路”提供服务便利。“一带一路”区域贸易和投资增长迅猛，市场极具开发潜力。随着“一带一路”建设的逐步推进，区域内贸易合作有望进一步提升，中国与“一带一路”沿线国家贸易和投资便利化的强烈需求，需要人民币的国际化以逐步降低贸易和投资成本，促进经贸合作，实现互利共赢。

最后，人民币国际化将降低“一带一路”项目风险。国际贸易计价货币的选择受货币供给波动、汇率波动、货币交易成本、利率收益等多种因素影响，其中最重要的影响因素就是使用这种货币的成本。目前国际市场上最重要的贸易计价货币是美元。2008年金融危机以来，美元汇率大幅波动，美联储的多轮量化宽松政策致使美元不断贬值，国际交易双方不得不面临很大的汇率波动风险。因此，扩大人民币使用乃至人民币国际化，可以使交易双方避免因美元币值的波动所产生的汇率风险。

（四）实现“一带一路”与人民币国际化协同发展

1. 大力发展国内债券市场，满足全球人民币资产配置和避险需求

成熟的债券市场对满足境外机构人民币资产配置需求和避险需求具有十分重要的意义，也有助于“一带一路”与人民币国际化的推进。美国正是以其成熟、庞大且高度开放的债券市场，为外国投资者的资产配置和避险需求提供了重要场所，这也是美元长期以来作为全球最主要国际货币的重要基础和保障。

随着人民币国际化的深入推进，境外机构和个人持有的人民币资产将稳步增加，相应的资产配置和避险需求将不断提高，建立一个面向全球发行和交易，更具深度、广度和开放度的人民币债券市场将为“一带一路”倡议提供强有力的融资支持，同时也有助于满足全球人民币资本配置和避险需求。

未来应大力发展国内期货市场和衍生品市场，为各参与机构利用套期保值、掉期合约等金融工具规避汇率风险奠定市场基础，进一步完善多层次资本市场建设，稳步提高资本市场开放度，为境内外投资者提供更丰富的交易

工具和投资渠道，使人民币能够真正实现“走出去”“回得来”，只有这样，人民币才能成为真正的国际货币。

2. 加强“一带一路”沿线国家人民币离岸中心建设，优化离岸市场布局

目前人民币离岸中心主要在中国香港地区、新加坡、韩国首尔等亚洲地区，布局有待进一步扩大和优化。随着“一带一路”倡议的实施推进，资本流动和金融需求必将推动中亚、南亚、中东地区出现新的人民币离岸市场。建议选择与中国经贸往来密切、金融市场比较发达、影响力和辐射力相对较强的区域中心城市，稳健打造人民币离岸中心。

3. 吸引鼓励“一带一路”沿线国家使用并储存人民币

借助“一带一路”倡议的战略平台，我国积极通过政府援助、政策性贷款、混合贷款和基础设施债券发行等方式来解决沿线国家基础建设的资金瓶颈问题，这一过程使人民币的使用得以推广，为人民币国际化奠定了基础。2016年10月1日起，人民币正式加入国际货币基金组织（IMF）特别提款权（SDR）货币篮子，并成为其中唯一的新兴经济体货币。这是国际货币体系改革进程中的里程碑事件，也标志着中国近年来推动国内金融改革和深度参与全球金融治理取得了阶段性成就。目前人民币国际化已初见成效，人民币在“一带一路”相关国家间的流通和使用，形成了闭环流转。低风险、低成本的人民币资金必将给沿线各国带来更多的便利和优惠。

4. 充分发挥中资金融机构载体作用

大型中资金融机构既是人民币国际化的主力军，也是支持“一带一路”建设的重要载体。大型中资金融机构，尤其是国际化程度较高的银行能够提供跨境清算、结算、企业投融资等全方位的金融服务。在支持“一带一路”建设中，中资金融机构的服务范围和业务种类要在人民币国际化业务中占据主导地位，如借助中资银行发行的“熊猫债”“绿色金融债”① 等；要在各国际金融中心的人民币市场中占据主导地位，并成为人民币“走出去”“流回来”的主要渠道。因此，应进一步支持中资金融机构以“一带一路”为中心，谋划全球网络布局，发挥经营管理人民币的优势，在支持“一带一路”和人民币国际化协同发展中实现自身的发展。

---

① 绿色金融债券是指金融机构法人依法发行的、募集资金用于支持绿色产业并按约定还本付息的有价证券。

第八章

人民币国际化战略与风险防范

人民币国际化以及如何国际化将对宏观经济政策带来严峻的挑战，较早研究并制定相应的人民币国际化战略和过渡性安排实属必要。在人民币国际化的进程中，我们应借鉴货币国际化进程的一般规律，并在此基础上顺势而为，根据我国的国情和人民币的现状，促进人民币走向国际。

第一节　人民币国际化的目标层次与国际化战略

一国货币国际化是其经济发展、金融发展以及国际贸易扩张的必然趋势，但哪种货币能够成为国际货币则是多元货币竞争的结果。人民币国际化是中国经济国际化特别是金融国际化的重要内容之一。虽然人民币的国际化是一个客观的过程，但我们要在尊重货币国际化规律的基础上，以积极的态度，优化人民币所面临的内外环境，从而使人民币能够顺利地向国际货币的道路迈进。

一、人民币国际化的目标层次

（一）人民币国际化的渐进式推进和目标层次

1. 人民币国际化只能渐进式推进

在各国货币国际化的进程中，各国由于整体经济状况的差异而选择了不同的方式，大多数国家采取的是逐步推进的方式。人民币国际化是一个自然发展演进和不断成熟的过程，因此要遵循货币国际化的一般性规律，采取渐进的国际化方式。

人民币国际化与世界上其他国家（或地区）的货币国际化一样，实际上都是一个国家或地区经济与世界其他国家和地区融合过程的一部分，或者说是经济金融全球化的一部分，因而就必然涉及中国经济的对外开放问题，也就不能离开对外开放来片面地谈论人民币国际化问题。在世界各国对外开放的道路选择上，不同的国家选择了不同的道路。总体来看，可分为渐进式和激进式两种不同的道路，从这两种道路的效果上看，各有其优缺点。但激进式的道路通常会带来经济的剧烈震动和社会及政治的不稳定。其开放过程要么是以牺牲其他方面的利益为代价，要么就是成功率不高，反而带来了相当大的负面影响。而渐进式的道路虽然开放的速度较慢，但可以给经济体制的改革提供缓冲的余地，可以使各种经济机制及利益主体逐步适应和平稳过渡，因而代价较低，成功率较高，这符合经济发展的客观规律。中国的渐进式改革无论从理论上还是实践上看都是相当成功的。可以看到，改革开放以来我国的总体经济实力稳步增长，人均 GDP 逐年上升，经济增长速度一直维持在较高的水平上，这更加坚定了中国进行经济体制改革的信心。

同样，作为中国金融开放一个重要组成部分的人民币国际化也必定是一个渐进的过程。根据货币一体化和最优货币区理论，实现货币国际化需要经济、政治领域等多领域的协调和合作，而这是一个漫长的过程，需要稳步推进。虽然完全意义上的货币国际化，是指货币同时具备贸易计价结算职能、金融计价结算职能和官方储备职能，但也有历史经验表明，如果一种货币在国际交往中能够较充分地发挥部分职能，特别是贸易计价结算职能，也可被称为国际货币。所以对于人民币而言，不要急于追求货币的国际职能在短期内全部具备，要循序渐进地长期来推进。

由于货币金融问题牵涉到国内国外的利益和宏观经济的方方面面，其本身具有联动性和复杂性。一国货币成为国际货币意味着本国和世界上其他国家经济金融的进一步融合，本国的经济金融政策不仅对本国有影响，也会对其他国家带来影响，同样，外部的经济金融政策也会对本国造成较大的影响，也就是说货币国际化的影响是双向的。因此，在人民币国际化进程中更应当采取审慎的、渐进的原则，人为地或者激进地推进人民币的国际化都可能带来相当大的经济金融风险，对经济体制改革造成不利影响。

在渐进推进人民币国际职能的过程中，应以市场需求为主导。例如跨境贸易人民币计价结算政策，就是在较强烈的、较坚实的市场意愿基础上推出的。但我们也不能否定政府推动的作用，只是在其他职能形成的过程中，政府也应以市场为出发点。货币的国际化在整个经济开放的大背景下有其本身的内在规律性，这个规律就是一国货币的国际化取决于其经济实力和国家信誉的支持，而这有别于其他领域的对外开放。由于一国货币的国际化对本国来说具有一定的利益，所以货币国际化本身存在着竞争，这种竞争在很多情况下是全方位的，与经济、政治等因素有很大关系。在这些因素上有无竞争实力直接决定着一个国家的货币国际化程度。

2. 人民币国际化的目标层次

从世界各国货币国际化的进程来看都存在一个从低级向高级演进的过程。它与成员国的经济状况、经济开放程度、金融体系的演变趋势紧密相关。因此，货币的国际化具有一定的层次性，更高的层次是在前一层次基础上进一步发展的结果，且处于不断的发展变化之中。一般在货币国际化的每一个层次上都会有一个滞留期，货币国际化是从一个层次上升到另一个层次的过程。国内外学者根据世界各国的实践研究，将货币国际化进程分为五个阶段：①起步阶段，货币开始作为货币发行国与个别邻国贸易中计价结算的工具，以民间活动为主，中央银行主要监管货币的兑换过程；②初级阶段，货币在多个邻国间使用，边境贸易发展，官方开始进入货币兑换；③中级阶段，货币使用冲破邻国的限制，在跨境贸易中被用作计价结算，货币可以自由兑换；④中高级阶段，货币使用开始进入资本项目，在两个非货币发行国之间进行金融投资与借贷；⑤高级阶段，货币在多个国家使用并作为储备货币，货币进入成熟的国际化阶段。

我们认为，初级形态的货币国际化是指一国货币在经常项目和资本项目下的完全可兑换，并在国际特别是货币发行国相邻国家和地区使用；其中间形态是成为地区性国际货币，保持稳定性和强势地位，并在国际经济交易中得到广泛使用；而高级形态应成为世界其他国家储备资产的主要形态，成为国际储备货币。

人民币国际化就是人民币通过不同阶段的可兑换，最终成为国际储备货币的全过程。这个过程包括人民币逐步由经常项目可兑换，到资本项目有条件可兑换，再到资本项目完全自由兑换，即货币的完全自由兑换，最后才是人民币的国际化。这一进程应当遵照以下的顺序：不可兑换货币—经常项目下有限制可兑换货币—经常项目下可兑换货币—资本项目下有限制可兑换货币—完全可兑换货币—国际货币。

当然，人民币的可自由兑换与国际化并不完全等同。人民币的可自由兑换是人民币国际化的必要前提条件，而人民币的国际化则是人民币可自由兑换发展的必然结果。人民币即便实现了自由兑换，也不意味着立即就能成为国际货币，成为可自由兑换货币只是人民币在国际化进程中迈出的第一步，其国际化的实现还要经过较长时间的艰苦努力。人民币的可自由兑换与成为国际货币有着本质的区别：第一，适用的范围不同。人民币可兑换仅限于我国与他国有贸易经济往来时，可以使人民币与外国货币自由兑换。而成为国际货币的人民币则可以适用于世界经济市场，在外国之间相互购买或支付，即第二国可以用人民币向第三国购买商品和劳务，第三国也可以用人民币向第二国投资等。第二，职能不同。可兑换货币仅仅充当交易媒介的作用，而国际货币还具有价值尺度、国际结算、国际储备等职能。一旦成为国际货币就可以用人民币作为支付手段进行国际结算，还能作为外汇储备被别国所保存。

人民币成为国际货币的进程不可能一步到位，而是需要采取分阶段实施的战略，具体来讲，需要经过三个阶段，即可以把人民币走向国际的目标确定为初级、中级和高级三个层次：人民币国际化的初级目标是成为完全可自由兑换货币并在亚洲国家和地区使用。中级目标是成为区域性国际货币，使人民币能够在世界经济交往中发挥作用，特别是成为亚洲地区国家可广泛接受的交易、投资、结算货币和储备货币。当然，作为区域性国际货币并不是说发挥作用的范围局限于亚洲，而是指以亚洲为重点，在世界其他地区也能作为国际货币在一定程度上发挥作用。而高级目标是成为国际储备货币，在世界范围内发挥储备货币的作用。当然，人民币国际化的远期目标，即成为国际储备货币，并不是说要独占国际货币的发行权，而是同时与其他国际储备货币共存，在世界范围内发挥国际储备的作用。

鉴于人民币目前已完成了经常项目下的自由兑换和在部分资本项目下的可兑换，因此，在人民币国际化的步骤上，应将人民币的完全可自由兑换和国际化初级目标结合起来进行，将资本项目可兑换进程和国际化进程合二为一。在具体操作上，应当进一步鼓励人民币在周边国家和地区的流通使用。

在人民币国际化的道路上，要注意初级目标与中级、高级目标的有效结合，有层次、分阶段地推进人民币的国际化进程。目前，推动人民币国际化的重点是在逐步开放人民币资本项目自由兑换的基础上加强人民币的初步国际化。事实上这项内容已经有了一定的基础，现在的关键是要继续保持我国经济发展的良好势头和人民币的相对稳定，在此基础上进一步增强人民币的地区影响，扩大人民币的使用和流通范围，从而在战略的高度积极推进人民币的区域国际化。

（二）近期内人民币国际化应重点定位在亚洲区域

从“三极通货体制”或三大货币圈的发展趋势看，近期内人民币国际化的重点在亚洲地区，即人民币国际化首先要使人民币成为在亚洲广泛保有、运用和流通的国际通货，并由此与“美元圈”“欧元圈”相抗衡。

1997年亚洲金融危机后，虽然美元的地位在亚洲有所下降，但它仍然是亚洲地区的主导货币，亚洲地区尤其是东南亚地区对美国贸易上的严重依赖，决定了其对美元的依赖度在短期内不会有太大的变化。虽然日元的国际化程度并不高，其在亚洲的地位还不能与美元相抗衡，并且由于日本经济增长速度的放慢和其他许多因素，日元的国际化呈现倒退趋势，目前日元要成为世界货币独立一极的条件尚不成熟。但毕竟日元在亚洲已有一定的地位，因此，人民币要想在短期内取代美元和日元在亚洲的地位，难度很大。可能的情况是：人民币在一个相对较长的时期内与日元共同作为美元的补充，充当亚洲的国际货币。人民币的国际化正好能够扭转目前由于日元国际地位下滑造成的国际货币“第三极”相对弱化的状况，从而和日元共同支撑起国际货币的“第三极”。

人民币成为亚洲支点货币，是中国作为世界经济中重要一极的历史选择，也是中国以大国姿态参与全球化的重要一步。如果人民币汇率能够保持长期稳定，并且稳健地逐步推进人民币的国际化，人民币就可能成为亚洲支点货币。作为区域金融板块的核心，可能在金融资本全球化中处于相对有利的地位，但是同时必须负担起亚洲货币金融大国的责任。中国国际收支政策和货币政策的制定就需要考虑政策的外溢效应，有关人民币的宏观政策就不再是独立的国内经济政策，而是要综合考虑亚洲其他国家金融经济发展的需要。

由于人民币国际化的重点在亚洲，所以，推进亚洲的金融合作和金融联合，对人民币国际化而言也是十分重要的。

二、人民币介入国际货币领域的战略路径

（一）构筑人民币国际化的宏观和微观基础

从宏观上来说，维持中国经济的高速增长、全面提升中国的经济总量是人民币国际化最强劲的推动力。因此，中国宏观经济运行必须保持良好的局面，保证国民经济持续、快速、健康发展，不断提高国民经济的整体水平和综合素质，为人民币币值的长期坚挺、增强周边国家和地区对人民币的信心提供根本保障。同时，要全面推进金融体制改革，充分发挥市场机制和国家宏观调控的作用，这是维持人民币作为强势货币的基础，也是提高人民币国际地位的根本保障。

从微观上来说，国内企业及其产品和技术的国际竞争力是支撑人民币国际化的微观经济基础。微观主体的范围包括生产、流通企业和金融企业。微观主体具备良好的国际竞争能力和适应国际市场价格的能力是获得货币自由兑换经济效益的一个必要条件。在一国货币自由兑换后，企业将面临非常激烈的来自国内外同类企业的竞争，它们的生存与发展状况直接决定了货币自由兑换的可行性。竞争力差的微观经济主体不仅会导致巨额的财政补贴，恶化财政状况，形成银行不良资产，而且还会在货币自由兑换时因缺乏竞争力而导致国际收支状况恶化，经济内外均衡难以维持。强有力的微观主体可以通过扩大对外贸易、加大对外投资力度等途径，拓展人民币的国际使用范围，增强人民币的国际影响。并且，宏观经济状况是以微观经济主体状况为前提的，而且长远看前者取决于后者。因此中国要以提高企业的国际竞争力为切入点，促进企业转换企业经营机制，加快制度和技术创新步伐，增强企业全面参与国际竞争的实力，奠定人民币国际化的坚实微观基础。

（二）启动金融强国战略

在当代，不是金融强国的经济强国是不存在的，不建设金融强国就难以建成经济强国，建设金融强国会大大加速与强化经济强国的进程。目前西方发达国家都在竭力抢占金融领域的制高点，设法掌控国际金融资源的配置。

金融强国的内容可粗略地从金融机构的发展水平、金融市场的发育程度及本币的国际地位等方面来描述。金融强国战略还包括消除国内金融业中存在的隐患、加快全球化金融体系建设步伐等内容。目前我国应从以下方面实施金融强国战略：

1. 继续努力提高和保持人民币在国际上特别是在亚洲的信誉

一个国家（或地区）的信誉对于其货币的支撑是相当重要的。当然国家信誉的背后又涉及许多因素，因为信誉的高低是外部评价的结果。国家信誉反映了世界其他国家对一个国家的总体评价和看法，国家信誉是一国货币被其他国家接受的一个重要前提。

尽管维持人民币的稳定需要成本，但货币稳定的长期收益大于成本。因此，在金融外交策略上，央行应采取措施保持人民币的长期稳定，积极创造有利于外国保有和运用人民币的政策环境。同时，中国要承担起区域金融大国的责任，充分利用国际政治和外交舞台营造人民币国际化的良好环境，由此提升人民币的国际威望。在区域性和国际性经济金融事务中充分发挥积极的、具有建设性的作用，逐步增强人民币的地区和全球影响。

2. 建设现代化的国际金融市场

现代化国际金融市场的建立是人民币国际化的重要前提。一个与国际接轨的高效率金融市场能够迅速为各种金融资产的转换提供便利，给货币持有者提供一个规避货币持有风险的通道，因而可以增强货币持有者对所持有货币的信心和乐观预期。综观拥有国际货币发行权的国家，无一不拥有高效完备的金融市场，为其货币和金融资产的交易提供了极大的便利。

一个成功且有效率的现代国际金融中心需要具备以下条件：金融人才汇集、金融法规松紧适中、金融信息获取方便、金融通信技术和交易系统先进、金融创新能力强等。对照上述条件，我国的金融市场起步较晚，市场功能还不健全，存在着市场规模偏小、广度与深度不够、金融工具单一、金融法规不健全、市场监管不到位等缺陷。结合我国实际，要建设现代化的国际金融市场，具体来说应从以下几方面着手：

（1）加快国内货币市场的发展，以形成调节人民币需求与供给的"流动资产池"

应该看到，货币市场的发展对人民币的平稳自由兑换十分重要，它是人民币自由兑换实现的市场基础和调控基础，在宏观金融调控中起着传导和纽带的作用。人民币的国际化，就是要充分保证人民币的国际流通量和储备量，并使作为人民币国内外流通基本场所的市场符合国际标准并具有竞争性。以人民币国际地位上升为前提，提高作为人民币交易中心的市场的职能，是真正实现人民币国际化的关键点。可以对比一下美国，其国际化程度最高的金融市场是国债市场，而股票市场的国际化程度始终很低。因此，人民币和人民币资产的输出必须以国际化的货币市场（货币市场上的主要金融工具是国债）为基础，这样才能形成和扩大中央银行相对于国际投资者的永久性的最小动态负债。

目前，我国外汇市场业务操作由于缺乏相应的人民币公开市场业务工具配合，使中央银行外汇市场干预的缓冲余地受到很大局限。货币市场的发展和完善，有助于中央银行的公开市场业务操作，从而维持人民币币值和金融资产价格的稳定。在发展国债市场方面，我国要改善国债市场的投资环境，增加国债的品种，提高国债交易的透明度和流动性，为境外居民利用人民币资产提供方便。

（2）进一步发展和完善我国的外汇市场

人民币自由兑换的主渠道是外汇市场，外汇市场的效率和稳定与否直接影响到人民币可兑换进程。在人民币国际化的进程中，要逐步加大市场对人民币汇率的调节能力，提高外汇市场的市场化成分，通过市场机制来调节外汇供求和人民币汇率，减少直接管制对外汇市场的影响。中央银行可通过运用外汇平准基金，调剂外汇供求，稳定汇率，为人民币自由兑换创造条件。

（3）改革证券交易结算系统，建立统一的结算体系

方便快捷的结算系统是外国投资者放心保有和运用人民币资产的重要前提，所以，我们应参照欧美各国的经验，尽快建立股票、公司债券、国债等各种有价证券统一结算的系统。

（4）积极创造条件，发展离岸金融市场

离岸金融市场的建立，有利于实行内外分离，从而可降低外部资金对人民币的冲击。同时也增加了金融市场的交易品种和业务，为国外资金套期保值、规避风险提供多种渠道，为人民币的国际借贷、使用、兑换和流动提供便利。但离岸金融市场的建立需要宽松的管制环境和优惠的税收待遇，这需

要我国不断提高金融管理水平并使之日趋完善。

3. 加快全球化银行体系的建设步伐

全球化的银行体系是实现人民币国际化的一个不可缺少的条件。有了遍布世界各国的金融机构，才能保证人民币在海外的存放、流通和转换。发达的、遍布世界各国的银行机构不仅是保证人民币在海外存放、流通和转换的经营主体，而且对促进我国对外贸易和境外投资也具有十分积极的作用。很难想象一个国家的银行还未在国际上站稳脚跟，而它的货币却已成为世界货币。显然，在实现全球化这一方面，我国的银行还远远落后于发达国家，许多国内商业银行仍处于起步阶段。

企业海外投资经营的发展与银行的跨国经营是密不可分的，跨国公司与跨国银行具有天然的伙伴关系，跨国公司是跨国银行的理想客户，跨国银行是跨国公司的强大后盾。企业的海外投资需要本国银行海外分支机构提供服务，尤其是在我国企业海外投资经验不足的情况下，更需要银行海外分支机构提供全方位的配套服务。因此，我国应积极推动国内商业银行实施国际化发展战略，扩大人民币的海外业务，拓展人民币国际化渠道。同时，提高我国银行业的服务水平，为人民币和人民币资产的运用提供方便。在中近期内，我国银行要特别重视在周边国家和地区以及亚洲其他国家和地区分支机构的建设，为各国政府、企业和居民所持有的人民币提供一个存放、流通的渠道，同时也有利于国内商业银行增强自身的竞争实力。

（三）强化制度约束，保持人民币内外价值的稳定

人民币的国际化应在强制度规范和约束的框架中予以考虑。在经济实力相对较弱的情况下，建立有效的货币金融制度和高效的宏观调控体系，发挥制度创新在金融开放中的作用，是提高人民币国际地位的有效途径。建立人民币国际化强有力的制度约束需要从以下两方面考虑：

1. 控制本国货币供给，保持币值稳定

实践证明，控制本国的货币供给，保持币值的相对稳定是一国经济金融健康稳定发展的前提条件，而独立的中央银行系统和正确的货币政策是币值稳定的保证。坚持适度从紧的货币政策，保证经济持续稳定增长和国际收支良好状态，可以为提高人民币的国际信誉并使其成为硬通货创造条件。人民币的制造者——中央银行，在市场中必须建立和保持自己的信誉和品牌。

因此，在人民币国际化的进程中，不能用政府的信用代替体现“一般等价物”交易关系的人民币的自然信用，政府应准确界定其在货币稳定中的责任，降低人民币的“虚幻性”含量。中国经济的持续增长与人民币币值的相对稳定是人民币国际化的基础，如果人民币的通货膨胀率较高，就会导致其名义汇率的贬值和不确定性，从而影响人民币作为国际价值尺度和记账单位所发挥的作用。另外，通货膨胀率较高，会增加持有人民币的风险，国际上对于持有人民币的期待度就会下降。有些国家的货币国际化进程中的教训是深刻的，恶意贬值本国货币将会对本国货币造成打击，从而被人们排斥在世界储备货币的范围之外。历史上德国曾出现恶性通货膨胀，但是德国从中吸取了教训，在将近一个世纪的过程中强力维护本国货币的地位，从而在世界人民面前重新树立起了形象，而且马克的信誉对欧元的顺利启动发挥了至关重要的作用，这一点是世人所公认的。

此外，中央银行宏观金融调控和监管能力的提高对保持币值的稳定也具有重要作用。在金融市场全球一体化的今天，国际资本的大量流入和流出，会给一国货币供给造成较大干扰和冲击。因此，控制本国货币供给应充分考虑这些干扰因素的影响。这就要求中央银行具备较高的调控货币供给的技巧，当监测到其他国家经济金融政策溢出效应的冲击时，应通过公开市场业务等渠道及时进行反方向的对冲操作，以抵消其干扰和影响。

从我国的实际来看，中央银行的金融宏观调控能力和监管水平还不够高，特别是在外汇、汇率的调控方面，还缺乏丰富的经验和手段。例如，近年来随着我国对外开放的力度加大，出口对我国经济的贡献率明显提高，我国外贸收支连年呈现顺差且不断扩大，但这也增加了我国的外汇储备数量。从宏观角度讲，外汇储备增加使基础货币投放量扩大，对货币政策产生冲击。在当前没有更多的外汇“蓄水池”的情况下，中央银行在外汇市场上只能处于托盘状态，购入多余外汇就要投放一定数量的本币。由于人民币不是国际货币，因外汇储备增加而投放的货币不可能形成资本输出，只能滞留在国内，将会产生通胀压力。为抑制通胀，央行会采取一些对冲操作，如削减对各专业银行的再贷款、进行国债回购等，但这些措施执行起来难度很大。中央银行进行对冲操作的余地正在变小，储备增加的副作用较为明显。因此，逐步提高金融监管部门的宏观金融调控能力，掌握驾驭国际货币的运行本领，是人民币走向国际化的前提。为此，首要的工作是提高中央银行的监管能力和政策调控能力，形成严密的监管法规体系、组织管理体系、信息监测体系和操作执行体系。

2. 改革汇率管理体制

人民币汇率于1994年并轨及2005年改革后，我国建立了以市场供求为基础的、单一的、有管理的浮动汇率制度，但实际上汇率很大程度上仍受制于官方的目标汇率，汇率水平仍受到中央银行的控制。这种状况导致人民币汇率水平不能有效地反映国内外市场价格水平和外汇供求状况，并造成经济主体外汇风险意识淡薄等，这不利于人民币国际货币职能的发挥。2015年8月人民币汇率体制又进行了进一步改革，中国人民银行调整了人民币对美元汇率中间价报价机制，中间价报价将参考上日银行间外汇市场收盘汇率，综合考虑外汇供求情况以及国际主要货币汇率变化而确定，这意味着人民币的汇率改革将进一步市场化，人民币汇率双向浮动弹性增强。

人民币的国际化，要求必须改进人民币汇率形成机制，完善外汇市场，加强人民币汇率生成的市场基础，使汇率体制向间接的市场管理转换。对于人民币汇率水平，应建立健全汇率调控参照体系，向面向美元、欧元、日元，同时考虑英镑、港元、加元、澳元等一篮子货币的基本浮动汇率制度过渡。在这个逐步放松管制的过程中，货币当局要密切关注人民币作为国际交易媒介在国际金融市场上的竞争能力。

浮动汇率制的正常运行，要以外向型的国内金融市场为前提，因为货币交易通常表现为金融资产的交易，一种金融资产在国外金融市场的替代性越强，其稳定性就越容易得到保证，汇率波动的频率和幅度也越小。而在大多数发展中国家，国内发行的证券不仅种类稀少、规模有限，更缺乏外向的性质。金融市场的相对封闭性和不健全性使得这些国家的短期汇率无法通过资本市场得以实现。因此，我们应加大金融市场的改革力度，增加市场交易工具，完善市场交易机制。

（四）进一步发挥人民币的国际作用

人民币在国际上流通和使用范围的扩大，必须以我国与各国贸易往来和投资的扩大为前提。加强对外贸易和直接投资，扩大我国与世界各国的经济往来，带动人民币在国际经济交易中的广泛使用，这是推动人民币国际化的重要力量。

在我国对外经济往来中，要积极鼓励中国企业在周边国家和地区的贸易和投资中使用人民币进行结算和支付，把贸易结算人民币化作为企业国际化、全球化经营的目标之一，并适当向当地政府和企业提供中短期人民币出口信贷，以扩大人民币在区域经济中的影响。在国际投资、政府和金融机构对外贷款和国际援助中应发挥人民币的作用，要求贷款和援助接受国用人民币向我国购买商品和劳务，用人民币同我国银行兑换外币，也要鼓励其用人民币向第三国购买商品和劳务以及兑换货币。

目前人民币境外流通可能会引发一些问题：首先，在外人民币存量达到一定规模后，可能产生回兑的需求，从而可能会对国内货币流通量造成冲击，加剧国内通胀；其次，在外的人民币存量可能会自发地形成一个人民币的离岸市场，其价格形成和调整机制可能有别于中国内地市场，可能出现较大价格差距，从而影响中国内地汇率水平；再次，在外流通的人民币数量增加后，可能会影响中国内地宏观经济政策的作用效果；最后，在外人民币形成的游资通过某种途径回到中国内地，如果投资于资本市场，可能会引起金融市场的动荡。

虽然目前人民币境外流通可能会引发一些问题，但对于目前人民币在境外周边国家和地区流通使用的现状，央行应予以鼓励。解决的办法是建立外汇平准基金并及时买进非正常回流的境外人民币，这样就可以稳定人民币汇率和保持国内正常的货币流通量。

目前，在周边国家和地区扩大人民币的使用范围应成为人民币国际化进程的主要阶段性目标，这就需要中国货币当局和周边经济体缔结人民币境外流通的双边协议，以双边协议为手段，以边境贸易和投资为突破口推进人民币的区域化。将人民币在周边国家和地区民间流通的做法正规化、法律化，使人民币的境外流通使用成为一种合法、正式的行为。同时，增加与周边国家和地区的经济交往，继续推进人民币在周边的流通。进一步放开对人民币现钞出入境的限制，从而使国外流通使用的人民币数量不断增加，国际接受程度不断提高，带动国外各种金融机构逐渐接受人民币并开始办理人民币的兑换业务。

（五）“一带一路”倡议推动人民币国际化发展

“一带一路”是指丝绸之路经济带和21世纪海上丝绸之路。“一带一路”建设以政策沟通为主，加强沿线国家基础设施建设与多边贸易发展，促进资金融通。我国提出“一带一路”倡议，搭建了良好的发展和合作平台，使得沿线国家迎来了新的发展机遇，从而可以形成共同发展、共同繁荣的新格局，也有利于人民币国际化进程的推进。“一带一路”建设促进了与沿线国家的贸易，从而可以促进以人民币计价结算的贸易规模不断扩大，大量资金用于基础设施建设，使人民币的使用范围不断扩大，增强了人民币在周边地区的影响力。

在“一带一路”建设中，亚洲基础设施投资银行是“一带一路”计划实施过程中重要的资金来源。2015年亚投行正式成立，亚投行的成立将会使人民币的国际化流通进一步加强，人民币的区域影响力进一步扩大，为将来人民币国际化提供机制保障。

但在“一带一路”建设中，沿线国家经济实力较弱，发展水平较低，货币币值不稳定，抗风险的能力较差，从而可能会导致金融市场频繁波动，这将会对人民币国际化带来一定的风险和挑战。因此，在借助“一带一路”建设推进人民币国际化的进程中必须要注意防范风险，稳步推进。

第二节 人民币国际化进程中的风险防范

人民币的国际化是一个自然演进的过程，是中国经济持续增长和不断融入国际经济领域的必然结果，也是各国在货币金融领域竞争博弈的自然而然的选择。但在人民币国际化进程中将会存在许多不确定的因素和风险，如果对这些风险防范控制不当，将可能对我国经济金融的发展产生致命的不利影响。因此，积极有效地防范人民币国际化进程中的风险是关系到人民币国际化成功与否的又一关键点。

一、人民币国际化进程中可能遇到的风险

（一）人民币国际化的逆转风险

首先，人民币在国际化进程中，必然会受到在位国际货币的排挤。人民

币在长期中仍将处于国际货币竞争格局的劣势地位，在位国际货币会对人民币的国际化产生约束作用。人民币地位的上升不仅取决于中国经济实力的增强、经济的持续稳定发展，以及中央银行保持物价稳定、反对通货膨胀的良好表现，而且还取决于其他在位国际货币发行国的经济政策及经济状况。如果这些国家经济运行正常，没有发生根本性的经济波动，人民币要想挑战其地位，应该说成为国际主导货币还需要相当长的时间。

其次，目前人民币在周边国家和地区的流通使用范围的扩大，虽有中国经济实力逐步强大和人民币币值长期稳定的因素，但政府信用的注入也对人民币的强势地位起到了一定的作用。人民币的稳定运行有国内外居民和经济体过分依赖中国政府对人民币的责任和稳定货币政策预期的成分在里面，而这种信心和预期具有正向和逆向强化的双重倾向。当逆向强化发生作用时，这种信心和预期就会夸大货币波动的振幅，因此在对政府稳定货币的政策和信心不足时，逆向强化的悲观预期就会引发人民币国际化进程中的逆转性风险，进而引发货币金融危机。相对于美元、欧元、日元等三大在位国际货币而言，人民币的经济基础力量最为薄弱，其国际信用基础仍较为薄弱，国际竞争实力也相对较弱。因此，如果过分加速人民币的国际化进程，必将使人民币的国际化遭受挫折。

此外，经济之外的外部压力也将导致人民币国际化的道路充满坎坷。最大的障碍可能来自地缘政治关系的影响。尽管中国经济的稳定与高速发展对亚洲地区经济乃至全球经济与金融稳定都具有重要意义，但许多国家还是对中国的高速发展保持着相当的警惕甚至忧虑，因此逐步走强的人民币很容易遭遇某种偏见甚至敌视。而且，一旦人民币的地位越来越高，作为主要储备货币的美元会随着人民币的兴起而受到一定影响。美元地位的削弱将会导致美国对他国征收的巨额铸币税收益减少，从而影响美国的政治和经济利益。不能排除人民币的坚挺会使中国在国际社会的影响力越来越大，从而牵制美国追求单极世界格局战略的可能性，并由此可能造成美国对人民币的国际化采取压制政策。因此，在人民币国际化的进程中，我们要避免大国情绪的膨胀，尽量减小人民币国际化的逆转风险。

（二）货币替代和资本外逃的风险

1. 货币替代的风险

货币替代与著名的“格雷欣法则”（Gresham’s law）所描述的“劣币驱

逐良币”相反，它是“良币驱逐劣币”，即逆向的格雷欣法则。在纸币制度下，存在着“良币驱逐劣币”现象。当然，一国货币的“良”和“劣”都是相对而言的。货币替代（Currency Substitution）是开放经济中所特有的一种货币性扰动，是一种强势货币驱逐弱势货币的现象。它是指经济实体在一定的利率、汇率、税率及价格差异等条件下，因追求资本安全和利益最大化而采取的一种对某种货币的躲避行为。当外币越来越广泛地作为储备手段或交易的支付手段时，人们将追求把本币兑换成外币作为储备手段或要求用外汇支付国内商品和劳务交易的费用，同时出现外币标价现象。长此以往，涉及大量资金转移的交易会以外币结算，企业会通过使用外币的方式避税，大规模的货币替代就发生了。货币替代在发达国家，主要是为了规避外汇风险、实现投资多元化和降低交易成本，而在发展中国家，表现为国内经济主体为了规避国内经济风险，对本币信心不足而采取的替换本币、持有外币的行为。

由于美元是最主要的国际储备资产，货币替代的主要形式表现为美元化（Dollarization），即美国以外的外国居民因对本币币值的稳定失去信心或本币资产收益率比美元资产收益率低时而发生的大规模货币兑换，进而使美元在价值储藏、支付手段、交易和计价标准等货币职能方面部分或全部替代本币的现象。

货币替代的前提条件包括：本国货币的可兑换程度、外汇市场上的交易成本、对外贸易规模、国内外金融市场的一体化程度、本外币真实收益率的差异、本币汇率是否高估、国内通货膨胀压力等。一般来说，人们愿意持有实际收益率较高的币种，不愿持有相对收益率较低的币种，如果持有本币的实际收益率下降，本币存款就会失去原有的吸引力，国内居民会转而增持实际收益率较高的外币资产。随着收入水平的提高，本国居民对外币的需求就会相应上升，货币替代也就有可能发生。一国货币自由兑换的程度越高，货币替代的渠道就越畅通——人们可以在外汇市场上按照市场汇率兑换任意数量的外币。货币兑换交易成本较小时，人们更愿意用本币购买外币而不是购买商品，因而会加速货币替代。外贸量越大，作为支付手段所需要的外币余额就越多，发生货币替代的可能性就越大。

在开放经济背景下，货币替代会导致一国宏观经济发生较大的波动，如货币政策的独立性和有效性受到影响，扰乱一国正常的金融秩序，使政府财政税基遭到削弱等。首先，在使用本国货币的情况下，当局可以借助本国货币的发行了解当地的经济和金融活动情况，政府信用可以在一定限度内作为货币发行的基础，从而获得更大的宏观经济管理权。而一国发生货币替代后就全部或部分地失去了本国的货币主权和政策决策权，不论是大国还是小国，放弃本国的货币主权都是一种痛苦的选择。其次，货币替代将使被替代国丧失铸币税收益（Seigniorage Revenue）。在出现货币替代的地区，由于本币在价值储藏、交易媒介和计价标准等货币职能方面部分或全部被外币所替代，因而本币需求量下降，货币当局很难再依靠货币发行以铸币税这种形式来融通资金。尽管对本国居民而言，持有本币与持有外币所付出的铸币税成本相差无几，但对一国政府来说却是实实在在的财富外流。

目前，人民币在资本项下的自由兑换尚未实现，大规模货币替代的条件尚不具备。但随着人民币完全自由兑换及国际化的进程，在人民币自由兑换后可能存在货币替代问题。第一，和经济体制改革相比较，中国金融的改革相对迟缓。为降低交易成本，从而可能诱使人们持有外币计值的资产；第二，人民币国际化进程中银行不良债权的风险依然存在，金融系统大量的不良资产将会影响公众对人民币的信心，从而刺激人们获取外币及外币资产的愿望和动机；第三，随着我国对外开放力度的加大和人民币可自由兑换进程的加快，金融市场发育日趋成熟，投资品种日趋多样化，居民的资产选择渠道变得更为丰富，在这种形势下，公众对外币及美元的潜在需求将会增加；第四，随着人们金融意识的增强，理性的经济主体出于对通货膨胀和人民币贬值预期的提前反应，以及美元存款实际利率水平和同期人民币利率水平存有差距的现实考虑，在我国加快人民币自由兑换进程，从而货币转换的交易成本有所下降的基础上，民众可能会通过各种途径将人民币交换成美元以求保值增值。

2. 人民币国际化进程中可能引起资本外逃（Capital Flight）的风险

资本外逃是指资金抽逃到国外，以寻求更大程度安全的行为。其原因是实际存在的货币不稳定，例如汇率波动等。一般来说，使用资本市场管制手段可以防止资本外逃。在货币不可兑换的条件下，资本流动的水平较低，成本较高，因而限制了资本外逃的潜在能力。而在货币可自由兑换的条件下，资本外逃的可能性就大大增加了。货币的相互兑换和流通成为一个明显的漏洞，也可通过在贸易方面伪造票据的方式进行资本外逃。

资本项目可兑换对于中国的最大风险之一是货币替代和资本外逃。资本外逃一方面将会直接减少国内的资本形成，另一方面中央银行为制止这种趋势将被迫提高利率以吸引资本流入，但高利率同样会使国内的投资热情降低。资本外逃可以有多种形式，它本身并不等于货币替代。如果说，发生货币替代的外币还以资金形式滞留在国内的话，发生资本外逃的财产对我国来说就是一种真正的损失。

（三）“特里芬悖论”的困扰

“特里芬悖论”是在布雷顿森林体系下美元作为国际货币从“二战”后的“美元荒”到70年代的“美元灾”的过程中所陷入的一种两难困境。美国陷入它所设计的国际金融格局和国际政治格局的内在矛盾之中。一方面，美元作为储备、交易和干预性货币，扩大了美国在经济和政治上的特权，使它在执行外交政策或管理国内经济时，无须考虑它的国际收支平衡问题。另一方面，与其他国家相比，美国不能让美元贬值，改变美元与其他货币的汇率，以保证自己的贸易和国际收支地位。如果美元不能贬值，势必造成出口劣势，进一步扩大国际收支逆差。“特里芬悖论”其本质含义概括起来就是：国际清偿能力的需求不可能长久地依靠国际货币的逆差输出来满足。此外，若某一主权国货币充当国际货币，则该国的内外政策矛盾也会影响其货币的稳定性。

人民币在国际化的过程中，也不可避免地会陷入这种尴尬困境：作为中国经济持续增长的主要引擎之一的出口在未来很长一段时期内仍须扩大增长，需要对外保持巨额贸易顺差；而同时又要满足其他国家对人民币的必要外汇储备要求。为此，中国就需要扩大对外投资，实现顺差资金的输出。如果中国继续保持巨额贸易顺差，对外投资又相对不足，则势必会引起其他逆差国家人民币短缺，对人民币需求过旺，进而使人民币面临持续升值压力，反过来对中国的经济增长产生不利影响。同理，如果中国长期保持国际收支逆差，货币资金不断流出，将会引起国际社会对人民币价值的质疑，从而导致我国的信用评级下降，导致国际社会对人民币贬值预期增加，削弱其作为国际货币的基础。

（四）宏观金融调控更趋复杂化的风险

人民币成为国际货币后，就会面临既是国内货币又是国际货币双重角色的内在冲突。人民币的汇率必须保持稳定，过分的波动就会遭到指责。对人民币的需求和人民币的利率水平不仅取决于国内的经济形势，还会受到国外经济形势的影响，因此货币政策就要充分考虑两方面的因素，这将导致我国的内部平衡与外部平衡的矛盾更加突出。人民币国际化迫使中国政府在考虑本国的利率、汇率、经济增长等经济指标的同时，还要考虑其他关联国家的经济指标，这样，货币政策将更加难以把握。

人民币国际化还将影响国内货币政策和财政政策的实施效果。由于国际外汇市场上可能发生的对人民币的投机会扰乱我国的金融秩序，人民币作为一种国际货币，以其为直接媒介的资金国际流动（正常移动和投机性移动）会影响我国的利率、汇率和物价，这些因素的变化也必将对我国的国际贸易乃至国际收支产生巨大的不利影响。人民币成为国际货币后，国际金融市场就将流通一定量的人民币，人民币在国际上的流动会削弱中央银行对国内人民币的控制能力，进而干扰国家的宏观经济调控效果。例如，当需要抑制国内通货膨胀而采取紧缩性货币政策，提高利率时，国际上流通的人民币会择机而入，增加人民币的供应量，削弱紧缩性货币政策的效力。而当需要采取宽松的货币政策刺激经济增长时，人民币资金又会大量外流，从而导致国内货币政策的效力减弱。

此外，人民币国际化后，外国居民对人民币资产需求的变化，可能会导致人民币汇率不稳。国内金融市场深度开放后，金融活动所引发的纯金融性资金交易导致的本外币间的转换将增多，市场供求中资本项目性质的外汇比重将增加，决定人民币汇率的因素将逐步由现在的经常项目收支为主转变为经常项目和资本项目综合收支状况。人民币汇率将在更大程度上受到国际金融市场不确定因素的影响，国际游资也能通过外资金融机构更轻易地进入中国市场，冲击人民币的汇率水平。

尤其需要注意的是：资本项目开放将导致外部冲击的风险加剧。人民币的国际化使中国国内经济与世界经济紧密地联系在一起。由于货币管制壁垒的撤除，国际上的经济危机、金融危机、通货膨胀等都可以通过货币兑换直接传导到国内。在资本自由流动的情况下国际游资冲击的风险将急剧增加。国际游资是国际金融市场中最不稳定的因素，对一国宏观经济的变动异常敏感，往往通过迅速改变资本流向和投机方向牟取暴利，同时还能产生巨大的

"羊群效应"，特别是巨额游资借助现代电信技术、金融衍生工具及投机技巧的运用，极大地增加了一国的金融风险。同时，外来资本对投资或投机前景预期的任何变化，在资本项目可兑换的条件下，都将对汇率产生很大的影响，这反过来会使宏观经济稳定的工作更加复杂化。

二、人民币国际化进程中的风险防范

人民币国际化是我国经济金融对外开放发展的总体趋势，但在人民币国际化的进程中，必须对可能引发的各种风险进行有效的防范，以保证我国经济金融持续、稳定、健康地发展。

（一）正确处理币值稳定与经济增长的关系

美国于1879年实行了金本位制，为美元价值的稳定提供了条件，随后，成立了美联储，进一步加强了对金融市场的调控，采取了一系列的措施完善货币运行制度体系。日元屈服于国际压力而被迫升值的货币改革，为人民币国际化提供了前车之鉴。由于对历史上高通胀破坏经济增长的恐惧和痛恨，德国央行始终以稳定币值作为货币政策的首要目标，特别是1975年以来，通过制订和公布货币供应量增长指标来实现这一目标。德国央行这种反通胀的货币政策也因其在法律上具有较大的独立性而获得了制度保障，并取得了较好的效果。同时，德国央行根据经常项目和资本跨境流动状况，动态调整资本管制措施，并主动允许马克升值，保证了货币政策的独立性和有效性，成功实现了长期低通胀的局面。1950—1994年，德国月均通货膨胀率仅为2.89%，而同期日本的通胀水平为4.7%。马克对内价值长期保持稳定，对外价值逐步上升，使马克成为名副其实的"硬通货"，推动了马克国际化。由此可见，一国货币价值稳定是货币国际化的基本条件。马克的国际化实践表明，唯有努力维护人民币币值的稳定，才能避免重蹈日本的覆辙，整体地推进人民币国际化。中央银行应采取措施使物价水平保持在一个合理的范围之内，独立地制定和实施货币政策，以市场为导向，提高中央银行货币政策的可信度。

宏观经济稳定的重要标志是低通货膨胀率，这需要财政政策与货币政策的强力约束。中国货币政策的目标是保持币值稳定，并以此促进经济增长。

调控货币总量、保持币值稳定始终是中央银行的首要任务。通货膨胀是破坏一国经济均衡与稳定的重要因素，严重而持续的通货膨胀会严重影响公众对本国货币的信心，进而可能诱发美元等外币替代人民币的动机。因此政府必须实行连续一贯的平衡财政政策和稳定的货币政策，同时妥善处理币值稳定与经济增长、国际收支等目标的关系，从而保持宏观经济的可持续稳定发展。

（二）加大资本市场监管力度，控制货币替代和资本外逃

金融体系的非市场化以及由此产生的金融市场上最重要的价格信号（利率和汇率）的扭曲，会导致金融市场在资源配置方面的作用受到限制，使经济中不稳定的因素增加，这必然会使公众增加对美元的需求。为避免美元化和资本外逃对国内经济造成冲击，我国必须保持宏观经济和币值的稳定，同时加大资本市场监管力度，稳步推进人民币自由兑换及资本市场开放。

1. 防止货币替代对国内经济的冲击

防止货币替代的措施有以下几种：第一，限制或禁止持有外币和在国内支付中使用外币；第二，对外币存款规定较高的准备金。但上述措施中，第一条可能导致现金经济、地下经济，第二条会加重金融机构运营负担，与公开市场操作背道而驰。一些国家的经验表明：有利于价格稳定和本国货币竞争力的政策，对于鼓励持有以本国货币计值的资产以及阻止用大量本国货币换取外币是必要的。因此，防止货币替代最有效的办法是采取审慎的宏观经济政策，维护居民对本币的信心。为了限制投机和保护国内经济不受货币兑换的影响，还要求汇率符合实际以及国际清偿手段充足。

具体措施是：保持政治经济环境稳定，减少波动因素；提高国内银行体系质量，避免对本币不利的储蓄趋向；促进创造本币金融资产，增加本币资产的投资机会；采用市场机制进行资源配置，而不是采取数量控制和其他行政管理措施①；保持具有国际竞争力的利率水平，使本币有价格和利差优势；鼓励金融创新，为公众开拓新的投资渠道。这些措施对于鼓励居民持有以本币计值的资产，阻止大量换取外币是必要的。

---

① 数量控制和其他行政管理措施可能会导致增加成本、降低效率，甚至引起资源配置扭曲，激化居民外汇资产持有的偏好。

2. 适当控制人民币的国内可自由兑换，限制资本外逃

实行国内可自由兑换可以鼓励居民出售或储蓄他们目前持有的外币，同时，允许居民持有以外币计值的资产有助于将个人持有的、隐蔽的外汇吸引到银行系统，把黑市交易纳入正规渠道，以降低交易成本并促使汇率统一。但是，如果没有合理的宏观经济政策和适当的条件，实行国内可自由兑换会引发用本国货币套取外汇的风险，从而耗尽官方持有的外汇储备。另外，居民外汇存款过多会使货币政策决策复杂化。目前我国实行人民币对内完全可兑换的条件还不具备，适当控制人民币的国内可自由兑换可以控制资本外流的范围，并可防止官方持有的外汇流入国内私人居民手中。

3. 加大对资本市场的监管力度，防范国际游资的冲击

国际游资在国际资本流动中扮演着重要角色。因此，我们要对国际游资的流动进行严格的控制，建立灵敏、高效的危机预警和救援机制。首先，监管当局应密切关注金融市场上的动向，及时披露真实的金融信息，有意识地引导公众的投资行为。其次，市场干预要有超前性，尽可能在挤兑风潮和抛售风潮形成前入市干预，从而有效预防危机从他国传入。最后，对国际游资的流入流出进行控制。直接控制方法包括增大短期资本进入的成本和数量控制。例如，政府可以采用征收“托宾平衡税”的办法，要求外国投资者对基金投资的利息纳税，增加短期资本进入的成本。此时，还可以通过设置向外国银行借款限额和外国直接投资限额等方法对短期资本流入进行数量控制。然而如果直接控制过严就会导致大量资本流向别国，对实现本国经济发展战略造成影响。因此，应更多地使用间接手段对国际投机资本进行控制，主要包括利率、汇率、外汇市场干预、财政政策调整等。此外，各种政策工具的合理搭配和运用次序的优化，可以使国际短期资本流入流出的风险减轻。国际游资都有集中于短期资本市场的倾向，因此，必须通过各种政策措施，把它们吸引到中长期投资和实物投资上来，以控制资本流向，防止泡沫经济的发生。

（三）提高微观金融主体的竞争实力

资本项目可自由兑换后，存在大量不良资产的银行会通过向国内外借款以维持其运营，这容易引起一国对外过度借款而导致外债偿付困难。在存在竞争的情况下，本国银行的不良资产将会诱使居民大量将存款提出转存到国外银行。

因此，尽快解决和化解我国金融机构持续增加的巨额不良债权，对于保持金融系统的稳定和人民币国际化具有重要意义。在金融市场瞬息万变的情况下，金融体系面临的风险会急剧增加。这就要求政府部门维护金融机构的信贷自主权，坚持信贷原则，加强信贷管理，提高信贷资产质量，有效防范和化解金融风险。同时，金融监管当局要加强金融监管的力度，货币当局应该集中精力保持金融体系稳定，完善各种监管法规，建立健全市场运行规则，使金融市场自由而有序地运行。

此外，要规范发展资本市场，稳步提高直接融资的比重。与国际上主要国家相比，我国企业的融资渠道相对狭窄，信用风险过分集中于银行，因此，必须加快发展和不断深化资本市场，拓宽企业融资渠道，减轻银行中长期贷款的负担。要尽快建立完整的资本市场运行机制，扩大资本市场流通规模，增加上市品种和数量，增强市场的流动性。与此同时，要提高投资者抗击市场风险的能力，由此促进我国经济体系中的资产结构和投资主体真正实现多元化，从而实现风险主体和风险结构的转移。

在目前经济金融日益全球化和易引致金融危机的大环境下，如果国内金融市场的稳定和完善程度不够，强行推行货币国际化将面临极大的风险。目前，我国金融市场发展还处于初级阶段，金融市场不完善也不发达，如人民币不可自由兑换，人民币流动性总体仍然较差，实现货币自由可兑换和开放金融市场仍存在诸多困难。若要推进人民币国际化，应采取渐进的推进策略，尽快建立一个完备、高效、开放的金融系统，提高金融市场的稳定和完善程度，同时要从加强人民币交易结算网络系统入手，注重发挥我国在亚洲区域内贸易和直接投资的比较优势，扩大人民币在进出口贸易结算中的比例，为人民币国际化提供强有力的支撑。

（四）适当增加黄金储备

综观世界各国货币发展史，一国货币若要成为国际货币必须要有黄金的支撑作用。“二战”后，美元之所以能够成为世界货币，除了经济总量和世界贸易额庞大，经济实力雄厚外，最关键的因素是美国的黄金储备占到了全世界官方储备的3/4，约2万吨，这也是美国黄金持有量最高的时期。1971年12月，十国财长达成“史密森协定”，规定美元对黄金贬值7.89%，1盎司黄金价格为38美元。之后，1973年2月12日再次宣布美元贬值10%。黄金官价提高到1盎司42.22美元。从美国的实际行动可以看出：尽管从20世纪70年代美国就违背了布雷顿森林体系的承诺，但美元不是立即就完全放弃了与黄金的联系，而是采取了脱钩不脱价的方式，保持着与黄金的联系，尽管黄金对美元的比价一路走高，但美元一直掌握着黄金的定价权。

虽然21世纪初美元与黄金价格脱离关系，但黄金仍然以美元计价，而且为石油美元奠定了稳固基础。世界黄金委员会于2017年8月公布了黄金储备量情况：美国为8133.5吨，在其国际储备中所占比例高达74.5%。之后依次是德国3374.1吨，在其国际储备中的占比为69%；国际货币基金组织2814公吨；中国1842.6吨，在本国国际储备中仅占2.3%①。现代金融学认为：过高的黄金储备量会导致央行的持有成本增加，因为黄金储备的收益率从长期来看基本为零。但看看发达国家储备黄金的实际行为，就会明白许多道理。因此，我国必须有充足的黄金储备以应对人民币国际化后异常的大规模资本流动的风险，黄金还可作为维护国家安全稳定的战略物资。

“二战”后，黄金作为世界货币的时代似乎已经结束。随着1978年3月国际货币基金组织拟定的国际货币基金协定修改草案的正式实施，黄金最终退出国际货币舞台，为不兑现的国际信用货币所代替，仅作为保值或偿债的物质保证。1997年，由于亚洲金融危机的发生，一些国家出售黄金以完成国际债务或贸易的支付，一些国家则动员国民出售黄金给国家，黄金的国际货币功能凸显。金融危机中黄金的“挺身而出”表明黄金地位有所提升。“牙买加协定”提出“黄金非货币化”，人为限制黄金的作用，但由于黄金本身具有其他商品所无法比拟的内在价值，仍是世界上重要的价值贮藏手段，仍行使着国际上的流通手段和支付手段的职能。从存在的事实来看，黄金的国际货币地位目前还没有被其他货币形式完全代替的迹象。美元从20世纪40年代开始就发挥国际货币的功能，但至今也没有能够完全代替黄金。1969年国际货币基金组织设立“特别提款权”，试图使其成为世界性的货币。最初的“特

① 世界黄金委员会（WGC）［EB/OL］. http：//www.gold.org/.

别提款权”是以黄金为价值基础的，后来脱离了黄金基础，但由于没有坚实的价值基础，也没有一个类似于国家主权体的“制度性信用”承诺与保证，故其未能成为国际货币中的重要一员，只是在成员国之间内部发挥着支付作用。因此，黄金在国际货币中的作用必将继续存在。

虽然黄金的储备地位已有所下降，但世界上任何一个拥有国际货币的国家都不会放弃对黄金的储备，目前世界上有70%的国家以黄金作为官方储备。在爆发金融危机时，黄金仍是最主要的国际储备手段，而且它是无障碍的国际性支付手段，没有任何一个国家拒绝接受黄金作为支付手段来开展结算贸易和进行债务清偿。加之目前的浮动汇率体制，主要储备货币之间的汇率剧烈波动，而用黄金作为储备，则可避免各国货币汇率波动的风险。

人民币国际化后，中央银行将在一定程度上成为使用该货币国家的“最后贷款者”，如果充当“最后贷款者”不当，将会受到世界性债权、债务的拖累。在人民币国际化的过程中，出于扩大国际投资的需要，人民币的国际收支结构可能会发生改变，这样就可能面临储备的不足，因而可能会导致清偿能力不足和汇率波动的风险，严重时还可能导致货币替代和资本外逃。而适当地储备黄金，可抵御人民币国际化进程中各类风险的冲击，保持稳定的清偿能力。中国黄金储备变动情况见表8-1。

表8-1　中国黄金储备变动表　　　　单位：万盎司

时间	金额
1980年	1280
1981年至2001年11月	1267
2001年12月至2002年11月	1608
2002年12月至2009年3月	1929
2009年4月至2015年5月	3389
2015年	5666
2016年	5924

资料来源：中国人民银行，http：//www.pbc.gov.cn/。

鉴于我国目前外汇储备存量较大，因此应调整储备的结构，在国际储备中适当增加黄金储备的比重。当然，过多的黄金储备也会减少我国储备资产的收益，但这是人民币国际化进程中进行风险防范的必然选择，也是保持人民币币值稳定和强势的有效手段，是人民币走向国际的重要保证。

（五）加强货币金融领域的国际协调与合作

一国货币的国际化，所面临的最严峻的挑战是货币政策，尤其是能否持续保持经济平稳快速发展。因为一国经济和金融市场的波动，会使总体货币需求变动更加剧烈，也更难预期，从而对宏观当局的调控能力和政策目标的达成构成巨大挑战。因此，中国政府应大力提高宏观调控能力，力争实现高效、灵活，做好应对人民币国际化挑战的准备。我国可借鉴德国当年的货币汇率区域联动机制，通过与主要贸易伙伴国达成货币互换协议等形式开展区域货币合作，以减小汇率升值对我国出口贸易和外国直接投资方面的负面影响。我国应着力完善人民币汇率形成机制，逐步推进资本项目可兑换，在开放可兑换进程中，坚持循序渐进的改革方式，统筹规划、稳妥有序，把握好推进改革的顺序与节奏，维护正常有序的资金流动秩序，防范国际投机资金的恶意冲击。

在经济金融日益全球化的今天，由于各国经济政策的溢出效应（Spill-over-Effect），一国的经济金融政策往往会影响其他国家，其他国家的经济金融政策也会对该国的经济产生影响，各国货币政策的自主性遭到削弱。由于溢出效应的作用方式有所不同，不同的溢出效应不能彼此互相抵消，所以各国所采取的非协调的经济金融政策往往会产生互损的结果。1994 年的墨西哥金融风暴和 1997 年的亚洲金融危机，都是因为某些发达国家实施了非协调性的货币政策，从而导致其他发展中国家（它们与主动调整货币政策的发达国家有密切的资本、贸易往来）发生金融动荡，最终引发了金融危机。所以，宏观经济政策的国际协调是十分必要的。

发展中国家资本市场开放所产生的财富漏出效应及金融危机的发生使我们认识到，要维护金融稳定和世界经济的正常秩序，必须加强国际协调与合作。在金融全球化和经济一体化的今天，任何国家都不能采取以邻为壑的利己政策，而只能在合作与协调中谋求共存和发展。人民币的国际化也是如此，它是一个动态的协调过程。在人民币国际化的进程中，不仅要强调国际货币之间的博弈与竞争，更要强调协调与合作的理念。人民币的国际化，单靠中国自身的努力还远远不够，还必须加强中国与国际社会特别是周边国家和地区的合作与协调。

在国际货币协调与合作的进程中，中国尤其要加强与亚洲国家的货币合作。推进亚洲内部的区域货币合作对中国经济的有利之处主要包括贸易和金融两个方面。中国作为东亚大国，对外关系的重点在亚洲地区，中国的对外贸易和外国直接投资也高度集中于这一地区，中国参与亚洲金融合作可以在多方面受益：

第一，在世界经济全球化的浪潮中，任何一个国家都无法做到不受外部的影响和干扰而独立地发展。各国既可以从市场扩大、技术扩散和资本流动等方面受益，同时也比过去更容易受到外部不利因素的冲击。区域货币合作的一个有利之处是有助于形成和增强多边干预机制，并成为对以国际货币基金组织为中心的国际货币体系的一个有效补充。尽管中国是一个门类齐全、经济多样化的大国，经济发展的回旋余地较大，但随着经济全球化的不断发展，外部世界，包括亚洲地区的经济发展对中国经济的影响越来越显著。中国经济和亚洲经济在一定程度上是一种休戚与共的关系，具有很强的互补性。中国积极参与亚洲金融合作，并在其中起到一个大国的作用，符合中国的长远经济利益。

第二，中国积极参与亚洲货币合作，有助于加快人民币成为区域性国际货币的进程。中国可以通过参与亚洲货币合作，提升人民币的地位，加快人民币的国际化进程。随着中国对外开放的程度逐步加深，人民币也将随着中国经济实力的不断增强和自身价值的稳定而日益为其他国家，特别是亚洲国家和地区所接受。

结束语

人民币国际化是中国经济金融进一步融入国际社会并参与经济金融全球化的一个重要方面，是中国经济国际化和金融国际化的一个重要组成部分，同时也是中国参与全球金融资源配置的重要步骤，其重要意义不言而喻。历史上，多数经济强国都谋求本国货币成为国际货币并从中获益，中国当然也不例外。但货币国际化有其自身的内在特征，它是一个客观的和动态的过程，人民币的国际化自然也要遵循这个客观规律。

通过全文的分析，可得出以下几点结论：

第一，人民币目前已初步具备了成为国际货币的部分条件，但成为国际货币的条件并不充分，其国际化的基础还较为脆弱。除了支持货币国际化的基础——自身经济实力的因素以外，人民币国际化还取决于人民币稳定的价值基础和良好的市场表现。在人民币国际化的进程中，其自身信誉的积累和在市场上的表现将会被国际社会予以充分的关注。

第二，人民币国际化和其自身的可兑换程度以及我国汇率体制的改革密切相关，可兑换程度的高低决定了人民币国际化的进程，而灵活稳定的汇率体制有助于市场机制的完善和对人民币价值的准确判断，并有利于人民币在市场交易中发挥更大的作用。目前可以考虑将增加人民币汇率浮动的灵活性和人民币资本项目的可兑换性结合起来进行，使两者相互促进。

第三，人民币的国际化将是一个渐进的过程，因此应制定人民币国际化的初级、中级及高级战略目标，分层次逐步进行。在未来相对较长的一段时期内，人民币国际化的重点应在亚洲地区。人民币将在一定时期内和美元、日元共存，共同在亚洲地区发挥主要作用。因此，在人民币国际化的进程中，不仅要强调和其他国际货币的竞争与博弈，同时更要强调协调与合作。

此外，中国要积极推动和亚洲各国的货币合作，同时适当考虑作为区域经济金融大国所应发挥的积极作用和承当的义务，这将对人民币的国际化产生有利影响。

第四，政府信用在人民币国际化的进程中发挥着重要的作用，但人民币国际地位的获得不能仅靠政府信用的推动。货币的国际化主要依靠的是支撑一国货币价值基础的经济实力和货币自身在市场上的良好表现，人为地拔高人民币的自身价值只会获得短期的暂时的效果，由于人们心理预期因素的作用，反而会导致在长期中自身价值被低估的后果。

目前中国在人民币国际化进程中需要做到的是：在解决好人民币自身问题的基础上，将人民币的国际化留给市场去决定和检验。如果人民币自身价值稳定并在市场交易中表现良好，那么随着国内、国际各种条件的日趋完善，人民币的国际化就将是在各种条件不断成熟基础上的一个水到渠成的结果。

参考文献

[1] Aliber. R. The Future of the Dollar as an International Currency [M]. New York: Frederick Praeger Publishers, 1966.

[2] Boyer R. S. and Kingston G. H. Curreney Substitution under Finance Constraints, Journal of International Money and Finance, 1987 (6): 235-250.

[3] Bacchetta. Temporary Capital Controls in a Balance-of-payments Crisis [J]. Journal of International Money and Finance, 1990 (9): 246-257.

[4] Buffi, E. Quantitative Restrictions and the Welfare Effects of Capital Inflow [J]. Journal of International Economics, 1985 (19): 291-303.

[5] Cohen, Benjamin J. The Future of Sterling as an International Currency [M]. London : Macmilln, 1971.

[6] Cohen, Benjamin. The Benefits and Costs of an International Currenc Getting the Calculus Right [J]. Open Economies Review, 2012, 23 (1): 13-31.

[7] Chinn M. Frankel J. Why the Euro Will Rival the Dollar [J]. International Finance, 2008, 11 (1): 49-73.

[8] Dooley M. P. Capital Flight: A Response to Difference in Financial Risks [J]. Staff Papers, IMF, 1988, 35 (3): 422-436.

[9] Eichengreen Barry. The Renminbi as an International Currency [J]. Journal of Policy Modeling, 2011, 33 (5): 723-730.

[10] Fischer, Stanley. Seigniorage and the Case for a National Money [J]. Journal of Political Economy, 1982, 90 (2).

[11] George G. Kaufman. The U. S. Financial Systems-Money, Markets and Institutions [M]. Prentice-Hall. Inc, 1995.

［12］ Hazel，J. Johnson. Financial Institutions and Markets－A global Perspective ［M］. McGraw-Hill-. Inc，1993.

［13］ Kindleberger，Charles P. The World in Depression ［M］. Berkeley and Los Angeles：University of California Press，1929-1939.

［14］ Kindleberger，Charles P. The Benefits of International Money ［J］. Journal of International Economics，1975（2）：425-442.

［15］ Krugman，Paul R. Currencies and Crises ［M］. The Mit Press，1992.

［16］ Mundell，Robert. A Theory of Optimum Currency Areas ［J］. American Economic Review，1961（51）：657-664.

［17］ Mckinnon，Ronald I. and Kenichi Ohno. Dollar and Yen：Revolving Economic Conflict between the United States and Janpan ［M］. The MIT Press，1997.

［18］ Peter Newman Murray Milgate，John Eatwell. The New Palgrave Dictionary of Money & Finance ［M］. The Macmillin Press Limited，1992.

［19］ Tavlas，G. and Ozeki，Y. The Japanese Yen as an International Currency ［R］. IMF Working Paper，1991，91（2）.

［20］ Tavals George S. Internationalization of Currencies：The Case of the US Dollar and Its Challenger Euro ［J］. The International Executive，1998：581.

［21］ YuLu Chen，Bo Hu. Internationalization of the RMB：An Evaluation Framework ［J］. Economic and Political Studies，2013，96（1）：5-20.

［22］ 曹勇．国际铸币税的分配、计算与启示［J］. 华南金融研究，2002（5）.

［23］ 陈彪如，等．人民币汇率研究［M］. 上海：华东师范大学出版社，1992.

［24］ 陈彩虹．钱说——货币金融学漫话［M］. 上海：上海三联书店，2002.

［25］ 陈全庚．中国外汇管理体制改革和建设［M］. 南京：江苏人民出版社，2001.

［26］ 陈岱荪，厉以宁．国际金融学说史［M］. 北京：中国金融出版社，1991.

［27］陈野华．西方货币金融学说的新发展［M］．成都：西南财经大学出版社，2001.

［28］陈雨露，王芳，杨明．作为国家竞争战略的货币国际化：美元的经验证据——兼论人民币的国际化问题［J］．经济研究，2005（2）：35-44.

［29］陈虹．日元国际化之路［J］．世界经济与政治，2004（5）：65-70.

［30］丁志杰．发展中国家金融开放［M］．北京：中国发展出版社，2002.

［31］董寿昆．货币自由兑换理论与实践［M］．北京：中国金融出版社，1997.

［32］戴相龙，黄达．中华金融辞库［M］．北京：中国金融出版社，2000.

［33］丁剑平，楚国乐．货币国际化的影响因子分析——基于面板平滑转换回归（PSTR）的研究［J］．国际金融研究，2014（12）.

［34］［法］弗朗索瓦·沙奈，等．金融全球化［M］．北京：中央编译出版社，2001.

［35］管涛．中国资本项目管理现状及人民币资本项目可兑换前景展望［J］．世界经济，2002（3）.

［36］国际货币基金组织．金融部门改革的次序——国别经验与问题［M］．北京：中国金融出版社，2000.

［37］高海红，余永定．人民币国际化的含义与条件［J］．国际经济评论，2010（1）.

［38］［日］关世雄．亚洲货币一体化研究——日元区发展趋势［M］．北京：中国财政经济出版社，2003.

［39］黄梅波．货币国际化及其决定因素——欧元与美元的比较［J］．厦门大学学报（哲学社会科学版），2001（2）.

［40］黄梅波．国际货币合作的理论与实证分析［M］．厦门：厦门大学出版社，2002.

［41］赫国胜．赶超型国家金融体制比较［M］．北京：中国金融出版社，2002.

［42］贺力平．中国外汇和汇率体制发展目标与前景［J］．国际贸易，

2000（1）.

［43］黄寿峰，陈浪南．人民币汇率、升值预期与外汇储备相关性研究［J］．管理科学学报，2011（3）：35-44.

［44］何帆．人民币国际化的现实选择［J］．国际经济评论，2009（4）：8-14.

［45］何国华．西方货币国际化理论综述［J］．经济评论，2007（4）：156-160.

［46］姜波克．货币替代研究［M］．上海：复旦大学出版社，1999.

［47］姜波克，等．人民币自由兑换和资本管制［M］．上海：复旦大学出版社，1999.

［48］姜晶晶，孙科．基于动态面板数据的国际储备币种结构影响因素分析——兼论人民币成为国际储备货币的前景［J］．金融研究，2015（2）.

［49］［日］菊地悠二．日元国际化——进程与展望［M］．北京：中国人民大学出版社，2002.

［50］孔祥毅．百年金融制度变迁与金融协调［M］．北京：中国社会科学出版社，2002.

［51］孔祥毅．中央银行通论［M］．北京：中国金融出版社，2000.

［52］［英］克拉潘．现代英国经济史［M］．北京：商务印书馆，1975.

［53］［英］凯恩斯．货币论［M］．北京：商务印书馆，1986.

［54］雷志卫．欧洲货币联盟的理论基础与运作机制［M］．北京：中国金融出版社，2000.

［55］李华民．国际铸币税及其启示［J］．南方金融，2002（8）.

［56］李雪松．博弈论与国际货币政策协调［M］．北京：中国金融出版社，2000.

［57］李稻葵，刘霖林．人民币国际化：计量研究与政策分析［J］．金融研究，2008（11）.

［58］刘力臻．人民币国际化的独特路径及发展前景［J］．华南师范大学学报（社会科学版），2010（1）.

［59］吕随启．国际金融教程［M］．北京：北京大学出版社，2000.

［60］李稻葵，刘霖林．双轨制推进人民币国际化［J］．中国金融，2008

(10)：42-43.

[61] 李靖，管涛，何帆．人民币跨境流通的现状及对中国经济的影响[J]．管理世界，2004（9）：45-52.

[62] 刘仁武，郑南源，尤瑞章．资金跨境流动与货币政策［M］．北京：社会科学文献出版社，2011：303-329.

[63] ［日］铃木淑夫．现代日本金融论［M］．上海：上海三联书店，1991.

[64] ［美］D. 格林沃尔德．现代经济词典［M］．纽约：麦格劳—希尔公司，1973.

[65] ［美］罗纳德·I. 麦金农．经济发展中的货币与资本［M］．上海：上海三联书店，1997.

[66] ［美］理查德·邓肯．美元危机：成因，后果与对策［M］．大连：东北财经大学出版社，2007.

[67] ［美］罗纳德·I. 麦金农．经济自由化的顺序［M］．北京：中国金融出版社，1993.

[68] ［美］麦金农，等．美元与日元——化解美日两国的经济冲突［M］．上海：上海远东出版社，1998.

[69] ［美］罗伯特·特里芬．黄金与美元危机［M］．北京：商务印书馆，1997.

[70] ［德］马克思．资本论（第1卷）［M］．北京：人民出版社，1975.

[71] ［美］迈克尔·梅尔文．国际货币与金融［M］．大连：东北财经大学出版社，2003.

[72] ［美］蒙代尔．国际货币：过去、现在和未来［A］//蒙代尔经济学文集（第六卷）［M］．北京：中国金融出版社，2003.

[73] ［美］P. 金德尔伯格．西欧金融史［M］．北京：中国金融出版社，1991.

[74] 潘理权．国际货币体系改革与人民币国际化［J］．华东经济管理，2000（4）.

[75] 潘英丽，吴君．体现国家核心利益的人民币国际化推进路径［J］．国际经济评论，2012（3）.

[76] 彭红枫，陈文博，谭小玉．人民币国际化研究述评［J］．国际金融研究，2015（10）．

[77] 乔慧超，沙文兵．日元国际化的宏观经济效应——基于日元境外流通视角的经验研究［J］．世界经济研究，2015（4）．

[78] 宋则行，等．世界经济史（上、中卷）［M］．北京：经济科学出版社，1993.

[79] 孙杰．货币与金融：金融制度的国际比较［M］．北京：社会科学文献出版社，1998.

[80] 孙东升．人民币跨境流通的理论与实证分析［M］．北京：对外经济贸易大学出版社，2008：12-14.

[81]［美］塞缪尔·亨廷顿．文明冲突与世界秩序的重建［M］．北京：新华出版社，1998.

[82] 唐文琳．中国—东盟国际区域性金融问题研究［M］．北京：中国时代经济出版社，2002.

[83] 王岸欣．世界三大货币国际化程度之比较［J］．国际经贸探索，2000（1）．

[84] 王元龙．关于人民币国际化若干问题的研究［J］．财贸经济，2009（7）．

[85] 王贵国．国际货币金融法［M］．北京：北京大学出版社，1996.

[86] 王国刚．人民币国际化的冷思考［J］．国际金融研究，2014（4）．

[87] 王慧．人民币国际化与国际储备货币体系改革［J］．当代经济管理，2015（5）．

[88] 奚君羊．国际储备研究［M］．上海：上海财经大学出版社，1998.

[89] 许祥云，吴烨．货币国际化降低了出口汇率风险吗？——以金融危机中的日本为例［J］．金融研究，2011（2）：17-31.

[90] 谢太峰．人民币国际化：效应、可能性与推进策略［J］．首都经济贸易大学学报，2007（1）：62-68.

[91] 徐明棋．从日元国际化的经验教训看人民币国际化与区域化［J］．世界经济研究，2005（12）：39-44.

[92] 纽曼（Newman，P.），米尔盖特（Milgate，M.），伊特韦尔（Eat-

well, J.). 新帕尔格雷夫货币金融大辞典（1~3 卷）[M]. 胡坚，等，译. 北京：经济科学出版社，2000.

[93] 杨伟国. 欧元生成理论 [M]. 北京：社会科学文献出版社，2002.

[94] 易纲. 汇率制度的选择 [J]. 金融研究，2000（9）.

[95] 易纲，汤弦. 汇率制度"角点解假设"的一个理论基础 [J]. 金融研究，2001（8）.

[96] 于立新，王军. 国际金融学 [M]. 北京：经济管理出版社，1999.

[97] 袁宜. 货币国际化进程规律的分析——对人民币国际化进程的启示 [J]. 武汉金融，2002（6）：8-11.

[98] [美] 约翰·G. 格利，爱德华·肖. 上海：金融理论中的货币 [M]. 上海：上海三联书店，1988.

[99] 张荔. 金融自由化效应分析 [M]. 北京：中国金融出版社，2003.

[100] 张幼文，等. 经济安全：金融全球化的挑战 [M]. 上海：上海社会科学院出版社，1999.

[101] 张幼文，干杏娣. 金融深化的国际进程 [M]. 上海：上海远东出版社，1998.

[102] 钟伟. 金融资本全球化论纲 [M]. 北京：中国财政经济出版社，2000.

[103] 周林，等. 货币国际化 [M]. 上海：上海财经大学出版社，2001.

[104] 钟伟. 略论人民币的国际化进程 [J]. 世界经济，2002（3）.

[105] 张宇燕，张静春. 货币的性质与人民币的未来选择 [J]. 当代亚太，2008（2）.

[106] 周文贵，肖鹍飞. 国际货币制度论 [M]. 广州：中山大学出版社，2003.

[107] 赵冉冉. 人民币国际化背景下我国推动人民币加入 SDR 的动机及路径 [J]. 国际金融研究，2013（3）：49-57.

[108] 郑建华. 关于国际货币体系改革的探讨——兼论人民币国际化问题 [J]. 宏观经济研究，2014（7）：112-135.

[109] 周小川. 关于改革国际货币体系的思考 [J]. 国际金融，2009

(7)：8-9.

［110］中国人民大学国际货币研究所．人民币国际化报告2013：世界贸易格局变迁与人民币国际化［M］．北京：中国人民大学出版社，2013：159-254.

［111］张丽娟，孙春广．人民币在香港流通、使用情况考察［J］．改革，2002（5）：38-41.

［112］张岸元．人民币国际化战略和实施路径初探［J］．经济研究参考，2014（9）.

［113］甄峰．人民币国际化：路径、前景与方向［J］．经济理论与经济管理，2014（5）.

［114］周宇．人民币国际化的进展、问题及对策［J］．国际关系研究，2013（3）.

［115］中国人民银行广州分行“东南亚及港澳金融问题”研究小组．粤港澳三地货币跨境流通问题研究［J］．金融研究，2002（6）：87-94.

重要术语索引